말이 세상을 바꾼다

일러두기

- 도서명은 『 』, 제목은 「 」, 신문과 잡지는 《 》, 방송과 영화·뮤지컬·경연대회 등의 제목은 〈 〉로 사용하였다.
- 직접인용 문구는 " ", 간접인용과 강조 문구는 ' '로 표기하였다.
- 띄어쓰기 및 맞춤법은 국립국어원 표준국어대사전에 따랐다.

말이 세상을 바꾼다

이필형 글

실크로드
silkroad

머리말

　사람은 누구나 말 속에서 살아간다. 돌아보면 어린 시절 내게 힘이 되었던 것은 어른들의 무심히 건넨 짧은 한마디였고, 조금 자라서는 책 속이나 영화의 한 줄이었다. 그 말들은 내가 넘어질 때마다 툭툭 무릎을 털고 일으켜 주었고, 흔들릴 때면 등을 받쳐주었으며 실패의 두려움 속에서는 한걸음 더 나아갈 수 있는 용기를 주었다.

　살다 보면 상처가 되는 말도 있고, 기적처럼 길을 열어주는 말도 있다. 나는 그 사이를 오가며 자랐고, 때로는 쓰러지고, 또 때로는 다시 일어났다. 돌이켜보면 인생을 바꾼 것은 거대한 사건이 아니라 가슴을 흔든 한 줄의 말이었다. 이 책은 그 순간들을 담았다.

　논두렁의 흙냄새 속에서 들었던 말, 좁은 방 안에서 위로가 되어준 말, 살아오며 만난 현명한 분들의 가르침, 그리고 현장에서 주민과 부딪히며 새겨진 목소리까지, 내 삶 곳곳을 채운 목소리를 적어 내려갔다. 그 말들은 나만의 것이 아니라, 누구나 자기 안에서 발견하는 힘과 닮았다.

　우리는 늘 질문을 안고 산다. 나는 누구인가, 무엇을 위해 살아야 하는가, 어떻게 살아야 하는가. 그 질문 앞에서 방황할 때, 수많은 위인들이 남겼던 단순하고 냉철하면서도 따뜻한 말과 글이 방향을 가르쳐주는 나침반이 되었다. 말은 그렇게 사람을 살리고, 세상을 조금씩 움직인다.

이 책이 독자에게 작은 등불이자 온화한 바람이 되기를 바란다. 흔들리는 순간, 책 속 한 줄이 마음을 깨우고 다시 걸을 힘을 주기를. 나 역시 그 많은 말들 덕분에 여기까지 올 수 있었다.

마지막으로, 내게 수많은 말을 남겨주고 삶을 일깨워 준 모든 이들에게 감사 드린다. 이 책이 세상에 나오기까지 함께 애써준 분들에게도 깊은 고마움을 전한다. 이 책은 결국 나 혼자가 아니라, 우리 모두의 목소리로 완성되었다.

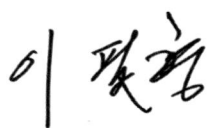

목차

1부
내면의 힘을 만드는 언어 – 나를 마주하는 힘

성공이라는 새로운 종교	· 012
괜찮다, 다시 하면 된다	· 017
주인공이 아니어도 좋아	· 022
네 머리는 나쁘지 않아	· 027
상처 속에 자라는 말	· 031
빛나는 흉터	· 034
멈추지 않는 마음으로	· 039
진짜 무기는 당신 안에 있다	· 045
내 모습 이대로	· 048
삶의 또 다른 얼굴, 스트레스	· 052
성공하는 사람들의 힘	· 056
책이라는 거울 앞에서	· 060
절망의 밤을 밝힌 한 권의 책	· 068
감각, 나의 삶의 지도	· 074
나는 나를 노래한다	· 080
깨어 있는 삶을 위하여	· 085
행복, 정복의 대상인가 삶의 여정인가	· 090
작은 것들의 마법	· 095

순간을 온전히 살아 낸다는 것 · 099
모든 조건을 뛰어넘는 것 · 103
모든 것은 체력에서 시작된다 · 107

2부
마음을 잇는 언어 — 관계와 소통의 지혜

말의 무게 · 114
적당한 거리 · 118
보이지 않는 것을 보는 눈 · 122
시간의 사다리: 놓아주는 용기, 떠나보내는 연습 · 126
모든 것을 품는 지혜 · 130
마음의 온도를 높이는 법 · 133
정직이라는 유산 · 139
같은 길, 다른 마음 · 144
성장의 나침반 · 148
나만의 언어를 가져라 · 151
세상을 얻는 법 · 155
인격의 높이 · 159
아무것도 모르는 것처럼 듣기 · 164

관계가 만드는 온기	· 168
축제가 만드는 기적	· 172
삶의 이야기가 피어나는 곳	· 176
보이지 않는 힘	· 182
말은 씨앗이다	· 187

3부
세상을 움직이는 언어 – 변화의 씨앗을 심다

말이 만드는 기적	· 194
영원을 새긴 사람들	· 198
아무도 아닌 자의 지혜	· 202
어둠 속에서 찾은 빛	· 207
삶이 비범해지는 순간	· 212
모두가 같은 출발선에 서는 날	· 216
평등이라는 이름의 감옥	· 221
보통의 기준이 만드는 사회	· 226
나무처럼 자유롭게	· 230
더 많이 가진 자들의 시대	· 234
우리가 잃어버린 것들	· 238
빵과 서커스	· 244
굽히지 않는 의지가 역사를 만든다	· 248
우리가 만들 세상	· 252
세 단어가 바꾼 역사	· 256
꿈꾸는 사람들의 힘	· 260
백 년 철학자가 건네준 삶의 나침반	· 264

무엇을 해야 하는가 · 269
한 장의 사진이 기억하는 것 · 274

4부

존재의 언어 — 삶의 본질을 깨닫는 시선

생각의 경계를 넘는다는 것 · 282
경탄하는 마음 · 287
어둠과 빛의 무늬 · 290
인생이라는 작품 · 294
작은 것들의 힘 · 298
반복은 차이를 창조한다 · 301
모든 벽은 문이다 · 306
준비된 자의 발자취 · 310
야신(野神)의 시간 · 313
기억을 걷는 길 · 317
땅에 쓰는 시 · 320
나만의 3인치 · 324
길 위에서 나를 만나다 · 331
우리가 보는 하늘색은 모두 같은 색일까 · 336
내가 만난 국가대표 선수들 · 341
우리는 정말 자유로운가 · 345

답은 늘 내 안에 있었다.
다만 그것을 볼 용기가 없었을 뿐.
인생의 막다른 길에서 우리가 할 수 있는
가장 용감한 선택은 한 걸음 더 내딛는 것이다.
그 걸음이 우리를 구원한다.

1부

내면의 힘을 만드는 언어

나를 마주하는 힘

성공이라는 새로운 종교

막스 베버의 프로테스탄트

새벽 4시 30분, 알람이 울린다. 어둠 속에서 스마트폰을 찾는다. SNS 조회수를 확인하고 나니 안도감과 불안감이 교차한다. 침대 옆 자기계발서에는 형광펜 밑줄이 늘어간다. 성공하는 사람들은 남들이 잠든 시간에 깨어 있다고 하지 않는가. 이미 외우고 있을 정도로 수십 번 읽은 문장이지만, 오늘도 스스로를 채찍질한다.

5시, 헬스장 러닝머신 위에서 억만장자들의 미라클 모닝 루틴을 시청한다. 땀방울이 떨어질 때마다 성공에 한 걸음 더 가까워진다는 착각에 빠진다. 7시, 스타벅스 아메리카노를 마시며 네트워킹 모임에 참석한다. 8시 반, 사무실에 도착해 10분간 자기계발서를 읽으며 하루 일정을 점검한다. 점심시간에는 부자 되는 마인드셋 같은 온라인 강의를 듣는다. 퇴근 후에는 외국어 학원, 주말에는 각종 세미나와 워크숍에 참석한다.

이것이 2025년을 살아가는 우리의 자화상이다. 우리는 매일 성공이라는 거대한 제단 앞에 무릎을 꿇는다. 그리고 끝없이 묻는다. 이만하면 충분한가? 이제야말로 구원받을 수 있는가? 이런 강박적인 일상은 어디서 시작되었을까. 놀랍게도 그 뿌리는 100년 전으로 거슬러 올라간다.

독일의 사회학자 막스 베버는 현대인의 성공 강박이 종교적 불안에서 비롯되었다고 분석했다. 16세기 종교개혁 이후 프로테스탄트들은 심각한 신학적 딜레마에 빠졌다. 칼뱅의 예정설에 따르면 누가 구원받을지는 이미 신이 정해놓았다. 그렇다면 나는 과연 구원받을 자로 예정되어 있을까? 이 실존적 불안은 그들을 미치도록 괴롭혔다. 가톨릭처럼 면죄부를 사거나 고해성사를 통해 죄를 사함받을 수도 없었다. 오직 스스로 구원의 증거를 찾아야 했다.

그들이 찾은 답은 의외의 곳에 있었다. 바로 세속적 성공이었다. 직업에서의 성실함, 근면한 노동, 그리고 부의 축적이 신의 은총을 받은 가시적인 증거라고 믿기 시작했다. 게으름은 죄였고, 낭비는 신성모독이었다. 성공은 단순한 개인의 성취가 아니라, 영혼의 구원을 증명하는 수단이 되었다.

베버는 이렇게 탄생한 자본주의 정신이 종교적 토대를 잃은 후에도 살아남았다고 지적했다. 아니, 오히려 더 강력해졌다. 21세기, 성공은 새로운 종교가 되었다. 자기계발서는 경전이 되었고, 멘토는 사제가 되었으며, 세미나는 예배가 되었다. 우리는 신을 잃었지만, 구원을 향한 몸부림은 멈추지 않는다.

이 새로운 종교의 가장 큰 특징은 '전시Display'다. 16세기 프로테스탄트들이 검소함으로 신앙을 증명했다면, 21세기의 우리는 과시로 성공을 증명한다. 해외여행 사진, 미슐랭 레스토랑, 명품, 고급 차. SNS의 좋아요와 팔로워 숫자가 우리의 가치를 매긴다. 자기계발 산업은 이를 부추긴다. 수백만 원짜리 코칭, 끝없이 쏟아지는 자기계발서들, 당신도 할 수 있다는 달콤한 속삭임. 하지만 이 메시지는 잔인하다. 실패를 개인의 노력 부족으로 단정하고, 구조적 문제나 운의 요소는 변명으로 치부한다.

그 결과는 명확하다. 세계보건기구WHO에 따르면 전 세계 직장인의 76%가 번아웃을 경험했다고 한다. 특히 젊은 세대가 심하다. 유치원 입시부터 시작된 경쟁은 평생 이어진다. 보이지 않는 성공은 성공이 아니라는 압박 속에서, 그들은 영혼을 갈아 넣으며 살아간다.

다행히 전 세계적으로 이런 성공 강박에서 벗어나려는 움직임이 나타나고 있다. 우리나라에서도 '소확행'(작지만 확실한 행복)을 찾는 이들이 늘어났다. '더 많이'가 아닌 "충분함"을, '더 빨리'가 아닌 "나만의 속도"를, '남의 기준'이 아닌 "내 안의 기준"을 찾아가는 것이다.

실패에 대한 인식도 바뀌고 있다. 미국 실리콘밸리에서 시작된 페일콘FailCon, Failure Conference은 실패를 축하하는 콘퍼런스다. 창업자들이 모여 실패 경험을 나눈다. 실패는 더 이상 수치가 아니라 소중한 학습의 과정이다. 성공만이 가치 있다는 신화에 도전하고, 실패를 통해 더욱 단단해질 수 있음을 보여준다.

그렇다면 성공을 추구하는 것이 잘못된 일인가? 절대 그렇지 않다. 문제는 성공 자체가 아니라, 성공을 삶의 유일한 목적이자 절대적인 가치로 맹신하는 것이다. 막스 베버가 지적했듯이, 수단이 목적이 되어버린 것. 그것이 우리 시대의 비극이다.

진정한 성공이란 무엇일까? 시간의 자유일 수도, 관계의 깊이일 수도, 마음의 평화일 수도 있다. 무엇보다 그것은 남의 시선에 흔들리지 않고 나답게 살아갈 수 있는 용기다. 남의 평가가 아닌 내 마음의 소리를 따르고, 더 많이가 아닌 더 깊이를 추구하는 삶. 그것이 베버가 말한 '사회 체제의 철장'에서 벗어나는 길이다.

베버는 근대 사회를 '쇠우리Iron Cage'에 비유했다. 합리성을 추구하던 인간이 오히려 그 합리성에 갇혀버린 역설을 지적한 것이다. 우리는 성공을 위해 시작했던 일들에 어느새 종속되어, 본래의 목적을 잃고 수단 자체에 매몰된다. 성공을 추구하다 삶을 잃어버리는 것. 이것이 현대인이 갇힌 철장이다.

누군가에게 성공은 여전히 높은 연봉과 지위일 수 있다. 다른 누군가에게는 매일 저녁 가족과 함께하는 저녁 식사일 수도 있다. 또 다른 이에게는 좋아하는 일을 하며 사는 것 자체가 성공일 수도 있다. 성공의 모습이 천 개라면, 그것을 향해 가는 길도 천 개다.

오늘도 도시는 분주하다. 하지만 자세히 보면 각자의 속도로, 각자의 방향으로 걸어가는 사람들이 보인다. 빠르게 달리는 사람도, 천천히 걷는 사람도, 잠시 멈춰 숨을 고르는 사람도 있다. 그들 모두가 옳다. 목적지보다 중요한 것은 그 여정을 어떻게 걸어가느냐. 우리가 만들어 가는 다양한 길들이 모여 더 넓고 풍요로운 세상이 되기를 바란다.

괜찮다, 다시 하면 된다
아버지의 시간

"아버지, 이제 논에 물을 대지 않아도 되는 건가요?"

창밖으로 스쳐 가는 플라타너스를 보며 철없이 물었다. 버스는 굽이굽이 산길을 따라 서울로 향하고 있었다. 지금은 한 시간이면 닿는 거리지만, 그때는 세 시간이 넘게 걸리는 머나먼 여정이었다. 서울은 농사를 짓지 않는다는 아버지의 짧은 대답이 어린 내게는 해방 선언처럼 들렸다. 논에 물을 대지 않아도 되는 도시, 피를 뽑지 않아도 되는 곳. 서울은 그런 꿈의 도시였다.

어린 시절의 기억이 스쳐 지나갔다. 매일 새벽, 어둠이 채 가시지 않은 시간이면 아버지를 따라 논으로 향했다. 찬 이슬에 바짓단이 젖고, 맨발로 걷는 논둑길의 감촉이 아직도 생생하다. 개구리 울음소리가 가득한 새벽, 아버지는 묵묵히 앞서 걸으셨고, 나는 그 뒤를 졸린 눈으로 따라갔다.

여름이면 가뭄과의 전쟁이었다. 아버지는 논에 물이 마를까 노심초

사하시면서 하루에도 몇 번씩 논을 돌아보셨다. 수로를 따라 흐르는 물소리에 귀를 기울이고, 논바닥의 갈라짐을 손으로 만져보셨다. 물을 대고 나면 안도의 한숨을 쉬셨지만, 그것도 잠시. 이번엔 보리밭으로 발걸음을 옮기셨다.

"휘이, 휘이!" 참새떼가 나락을 쪼아 먹을까 봐 막대기를 흔들며 소리를 지르시던 모습이 떠오른다. 그때 아버지에겐 그 한 톨의 보리도 귀하고 절박했다. 온종일 들판을 지키다 저녁이면 지친 몸을 이끌고 돌아오셨고, 논을 바라보며 길게 한숨을 쏟아 내셨다. 농부의 한숨은 하늘을 향한 원망이자 간절한 기도였다. 비를 기다리는 마음, 풍년을 바라는 소망이 그 한숨 속에 고스란히 담겨 있었다. 그 무게가 우리 가족의 어깨를 함께 짓눌렀다.

가장 고된 일은 피를 뽑는 것이었다. 한여름 뙤약볕 아래, 논에 들어가 허리를 굽히고 벼 사이사이의 피를 골라내는 일은 참으로 고됐다. 진흙에 발이 빠지고, 거머리는 종아리를 타고 오르며, 등은 타들어 가고, 땀은 비 오듯 쏟아졌다. 몸은 불판 위의 감자처럼 익어갔고, 허리는 부러질 듯 아팠다.

"이놈아, 그게 벼야, 피야?"
벼와 피를 구별하지 못해 벼를 뽑기라도 하면 어김없이 아버지의 호통이 떨어졌다. 어린 눈에는 둘이 비슷해 보였다. 단지 피는 벼보다 빨리 자라고, 더 질기고 끈질겼다. 뽑아도 뽑아도 끝이 없었다. 어느 날, 지쳐 있는 나를 보시고 아버지가 무릎을 툭툭 치며 말씀하셨다.

"피도 생명이다. 가뭄에도 죽지 않아. 옛날엔 피죽이라도 끓여 먹었지. '피죽도 못 먹을 정도'라는 말이 거기서 나왔어. 우리 조상들은 그 피죽으로도 연명했단다."

그것이 우리가 서울로 가는 이유였다. 피죽조차 못 먹을 만큼의 가난. 하지만 아이러니하게도 우리는 그 질긴 피처럼 살아남기 위해 고향을 떠났다.

세간살이를 1톤 트럭에 실으며 어머니는 항아리들을 하나도 빠뜨리지 않으셨다. 큰 독부터 작은 단지까지, 마치 이사가 아니라 피난을 가는 것처럼 꼼꼼히 챙기셨다.

"항아리는 왜 이렇게 많이 실었나?"

아버지의 핀잔에 어머니는 담담히 대답하셨다.

"처음 가는 서울에서 이런 걸 어디서 구해요? 김치라도 담가 먹어야죠. 된장, 고추장도 담가야 하고…."

고향의 흙냄새가 밴 항아리들. 그것은 어머니만의 방식으로 불안을 달래는 부적이었다.

서울은 상상과 달랐다. 라디오에서 들었던 화려함 대신 회색빛 건물과 매캐한 공기가 우리를 맞았다. 아버지는 대림상가 커튼 가게 점원으로 새 삶을 시작하셨다. 거친 손으로 부드러운 천 다루는 법을 익혀야 했다. 퇴근 후에도 아버지는 쉬지 않으셨다. 낮에는 남의 일을, 밤에는 자신의 일을. 논에서 벼를 기다리던 그 손으로 한 땀 한 땀 미래를 지어 나가셨다.

"괜찮다. 다시 하면 된다."

터전이 없는 서울에서 실패를 밥 먹듯 하신 아버지의 말씀이다. 실패에도 아버지는 꺾이지 않으셨다. 이미 다음을 준비하고 계셨다. 초크 공장, 소파 공장, 밀링 머신 공장, 인쇄소…. 문을 열고, 닫기를 반복했다. 그때마다 아버지는 같은 말을 되뇌셨다.

"벼가 익으려면 시간이 필요하다."

고등학생 때였던가. 명절에 고향에 내려갔다가 혼자 여주 강가를 거닐었다. 어린 시절 뛰놀던 그 강가에서 큰 바위 위를 기어가는 자라를 발견했다. 자라는 느릿느릿 움직이다 바위 끝에서 멈췄다. 머리와 발을 쏙 집어넣고 한참을 그대로 있었다. 포기했나 싶었는데, 잠시 후 머리를 살짝 내밀더니 아래를 살폈다. 그리고 천천히 바위 가장자리를 돌며 내려갈 길을 찾기 시작했다.

그 순간 깨달았다. 멈춤은 포기가 아니라 다음을 위한 준비라는 것을. 자라의 몸이 마침내 물에 닿자 그 느렸던 동작이 거짓말처럼 날렵해졌다. 육지에서의 신중함이 물속의 자유로 바뀌는 순간이었다. 그 자라를 보며 아버지를 떠올렸다. 논에서 서울로, 농부에서 상인으로. 넘어질 때마다 잠시 멈춰 서서 다음 발걸음을 준비하신 아버지. 아버지께서 논에서 익힌 기다림이 서울에서도 빛을 발했다는 것을 세월이 흐른 뒤에야 알게 되었다.

그날 버스 안에서 철없이 기뻐했던 소년은 몰랐다. 논에서 배운 인내가, 피처럼 질긴 생명력이 얼마나 귀한 유산인지를 말이다. 그래서 지금도 가끔 조급한 마음이 들 때면 나는 여주 강가의 자라를 떠올린다. 그리고 묵묵히 시간을 견디신 아버지를 생각한다.

느린 걸음에는 품격이 있다. 때로는 천천히 가는 것이 가장 확실한 길이다. 그것이 삶이 내게 가르쳐준 가장 큰 지혜다.

주인공이 아니어도 좋아
어머니의 기도

내가 태어났을 무렵, 할아버지는 손주들의 이름을 한꺼번에 지어오셨다. 네 개의 이름이 한지에 정성스레 적혀 있었다. 어머니는 그 종이를 보자마자 시아버님인 내 할아버지께 다가가셨다. 할아버지가 의아해하시자, 어머니는 두 손을 모으고 말씀하셨다.

"아버님, 제가 먼저 고르게 해주실 수 있을까요? 이름은 아이의 평생을 따라다니는 그림자 같은 것으로 생각합니다. 저는 이 아이가 태어나기 전부터 기도했습니다. 어떤 이름을 갖게 될지, 그 이름대로 살아갈 아이를 생각하면서요."

어머니는 이름을 신성하게 여기는 분이었다.
말에는 씨앗이 있고, 매일 불러주는 이름 속에서 아이의 미래가 자란다고 믿으셨다. 네 개의 이름을 하나하나 손끝으로 짚으며 고민하다 마침내 하나를 집어 드셨다. 오얏나무(자두나무) 이李, 반드시 필必, 빛날 형炯. 어머니는 그날 밤 내 손을 잡고 속삭이셨다고 한다.

"네 이름에는 '반드시'가 들어있단다. 반드시 빛나는 사람이 돼라. 너 혼자만의 빛이 아니라, 다른 사람도 환하게 비추는 빛이 되어야 한다."

그 세 글자는 어머니가 내게 준 첫 번째 선물이자, 평생의 숙제였다. 이름을 부를 때마다 어머니의 기도가 들리는 것 같았다.

내 고향은 경기도 여주 양거리. 경주 이씨가 13대째 뿌리내린 작은 마을이었다. 여주라고 하기엔 이천에 가깝고, 이천이라 하기엔 여주에 가까운, 그 어디에도 속하지 못한 변두리였다. 마을 전체가 60가구. 6·25 때 인민군조차 그냥 지나쳤다는, 지도에도 제대로 표시되지 않는 곳이었다.

문명이라곤 주민회관에 놓인 라디오가 전부였다. 하지만 그 라디오는 세상을 향한 우리의 창문이었다. 거기서 흘러나오는 세상 이야기에 온 마을이 귀를 기울였다. 박정희 대통령의 연설도, 이미자의 '섬마을 선생님'도 그 작은 상자를 통해 우리에게 왔다. 바깥세상은 라디오만큼 작았고, 우리의 꿈도 그만큼 작았다.

초등학교 2학년의 어느 날. 어머니가 장날에 새 장화를 사 들고 학교로 찾아오셨다. 교실 문을 여는 어머니의 얼굴엔 아들을 보겠다는 기대로 가득했지만, 내 자리는 비어 있었다. "아니, 어머님. 애를 왜 학교에 안 보내십니까?" 선생님의 질책에 어머니의 어깨가 축 처졌다.

그 소식은 금세 내 귀에 들어왔다. 말도 없이 학교에 안 간 나는 도망쳐야 했다. 작은 마을에서 숨을 곳을 찾아 이리저리 뛰다가 결국 무당집 헛간의 짚더미 속으로 파고들었다. 어둠이 내리고, 무서움에 떨다 어느새 잠이 들었다. 눈을 떴을 때는 우리 집 아랫목이었다. 어머니는 아무 말씀도 하지 않으셨다. 따뜻한 국밥을 내오시며 내 머리를 한번 쓰다듬으셨을 뿐이다. 그 말 없는 사랑에 가슴이 먹먹해졌다.

학교는 여전히 재미없었다. 수업보다는 들판이 좋았고, 책보다는 메뚜기가 신기했다. 농사일 돕는다는 핑계로 조퇴를 밥 먹듯 했다. 길가에서 고구마를 구워 먹다가 수업 시간을 놓치기 일쑤였다. 공부라는 건 그저 통과의례일 뿐, 내 삶의 중심은 아니었다. 키는 작았고 몸은 통통했다. 운동도, 공부도 딱히 잘하지 못했다. 발표 시간이 가장 두려웠다. 모두의 시선이 내게 쏠리는 순간, 나는 투명 인간이 되고 싶었다.

그러던 어느 날, 하굣길에 낯선 풍경이 펼쳐졌다. 관상쟁이 할아버지가 좌판을 펴고 앉아 있었다. 구수한 입담에 이끌려 무리 한쪽에 쪼그리고 앉았다. 팔자가 바뀌는 이야기, 운명이 뒤집히는 이야기들이 신기했다. 좌판 접을 시간이 다가오자 할아버지가 갑자기 내게 물었다.

"학생은 이름이 뭔가?"
"이필형입니다."
"오얏 리李에 반드시 필必, 형통할 형亨인가?"
"아니요, 빛날 형炯입니다."

할아버지의 눈이 반짝였다.

"띠는?"

"개띠요. 12월생입니다."

"겨울 개로구나. 추운 날 태어난 개는 더 영리하지. 자네, 관복官福이 있네. 고집 있어 보이는데, 뜻을 세우면 큰일 할 사람이야."

그 말을 듣는 순간, 내 안의 무언가가 꿈틀거렸다. 평생 가장자리에서 서성이던 내게 처음으로 누군가 '큰일'이라는 단어를 붙여준 것이다.

집으로 돌아오는 길, 할아버지의 말이 계속 맴돌았다. 관복이라니, 큰일이라니. 그게 무엇인지는 알 수 없었지만, 처음으로 내 안에 희미한 기대가 생겼다. 마치 겨울 끝자락에 피어나는 복수초처럼 작지만 확실한 희망이었다. 혹시 내가 모르는 내가 있는 건 아닐까? 눈에 보이지 않는 가능성이 어딘가에 숨어 있는 건 아닐까?

걸으면서 문득 생각했다. 어쩌면 주인공이 아니어도 괜찮을지 모른다고. 조연에도 품격이 있고, 작은 역할에도 의미가 있다고. 무대의 중앙이 아닌 가장자리에서도 충분히 빛날 수 있다는 것을, 그날 어렴풋이 느꼈다.

세월이 흐르고 나서야 주인공이 되지 못한다는 열등감이 오히려 나를 자유롭게 만들었다는 것을 깨달았다. 중심에서 벗어나 주목받지 못했기에 남들을 더 잘 관찰하고, 더 많은 풍경을 눈에 담을 수 있었다. 변두리에 있었기에 더 많은 사람을 이해하고, 더 넓은 세상을 꿈꿀 수 있었다는 것을 말이다.

어느 날 문득, 거울 앞에 선 내게 물었다. 넌 여전히 변두리냐고. 그 시절로 돌아갈 수는 없지만, 만약 열등감에 짓눌린 그 소년을 만난다면 어깨를 토닥이며 이렇게 말하리라.
"얘야, 주인공이 아니어도 괜찮아. 오히려 조연이기 때문에 볼 수 있는 것들도 있단다. 네가 서 있는 그 자리가 바로 네 무대야. 거기서 충분히 빛날 수 있어."

나는 오래도록 그 말을 마음속에서 되새겼다. 그날 할아버지가 준 것은 점괘가 아니라 가능성이었다. 쓰레기통이 아닌 다른 곳에도 내 자리가 있을 수 있다는 희망이었다.

그제야 문득 깨달았다. 어머니가 그토록 정성스레 고르신 내 이름, '반드시 빛날' 이름의 무게를 까맣게 잊고 살았구나. 쓰레기통이니 싸구려니 하는 말들에 갇혀 어머니가 내 이름에 새겨 넣으신 '반드시'라는 약속을 스스로 저버리고 있었던 것이다.

어쩌면 관상쟁이 할아버지는 어머니가 심어놓은 그 씨앗을 다시 일깨워준 것인지도 모른다. 때로는 타인의 말 한마디가 인생의 방향을 바꾼다. 그날 이후, 나는 조금씩 다른 꿈을 꾸기 시작했다.

네 머리는 나쁘지 않아

루소의 『에밀』

어떤 말은 돌처럼 무겁게 가슴에 박혀 평생을 흔든다. 내게 그것은 '머리 나쁘다'라는 한마디였다. 중학교 2학년, 봄비가 창문을 두드리던 어느 오후. IQ 테스트라는 이름의 낯선 시험지가 책상 위에 놓였다. 문제를 펼쳐보는 순간 당황스러웠다. 도형들이 춤추듯 어지럽게 배열되어 있었고, 숫자들은 미로처럼 얽혀 있었다. 국어도 수학도 아닌, 정체를 알 수 없는 문제들이었다.

옆자리 친구는 연필을 빠르게 놀리며 답을 적어 내려갔지만, 나는 첫 문제부터 막막했다. 결국 장난치듯, 아니, 거의 포기하듯 동그라미를 그려 넣었다. 테스트 결과는 비밀이라 했다. 하지만 학교라는 작은 사회에는 비밀이 없었다. 며칠 후, 복도에서, 운동장에서 아이들 사이로 숫자들이 떠돌기 시작했다.

"너는 몇이야?" 그 물음 뒤에서 보이지 않는 서열이 만들어지고 있었다. 130, 100, 125…. 숫자들이 아이들의 이마에 새겨지는 것 같았다. "야, 너는 두 자리잖아." 체육 시간이 끝나고 교실로 돌아오는 길이었다. 친구가 어깨를 툭 치며 말을 던졌다. 농담인지 진담인지 알 수 없는 그 한마디가 대못처럼 가슴에 박혔다. 나는 억지로 웃으며 "응, 맞아."라고 대답했다. 그날부터 나는 머리 나쁜 아이가 되어버렸다. 스스로 만든 감옥에 갇혀버렸다.

집에 돌아와 아버지께 물었다. "아버지, 제 IQ가 낮게 나왔어요?" 아버지는 신문을 내려놓으며 말씀하셨다. "그런 건 신경 쓰지 마라. 우리 집안이 머리 하나는 뒤떨어지지 않았다!" 근거 없는 위로였지만 그 순간만큼은 든든하고 따뜻했다.

하지만 학교에 가면 다시 현실이 시작됐다. 수학 시간에 문제를 풀지 못할 때마다, 영어 단어를 외우지 못할 때마다 '두 자리'라는 낙인이 나를 괴롭혔다. 마치 투명한 유리 벽에 갇힌 것처럼, 아무리 노력해도 넘을 수 없는 한계가 있는 것 같았다.

그나마 역사 시간은 숨 쉴 수 있는 유일한 공간이었다. 과거의 이야기들이 살아 숨 쉬며 내게 말을 걸어왔다. 그런데 그날, 또 사고를 쳤다. 선생님께서 한숨을 쉬며 "팔만대장경판이 훼손되고 있어 안타깝다."라고 말씀하시자, 내가 "왕자 풀로 붙이면 되잖아요?"라고 대답한 것이다.

순간 교실이 조용해졌다. 그리고 곧 폭소가 터졌다. "야, 천 년 전 문화재를 풀로 붙인대!", "필형이는 머리는 나쁜데 순발력은 기가 막혀!" 친구들의 놀림이 쏟아졌다. 선생님도 어이없다는 표정으로 고개를 저으셨다. 그 순간 깨달았다. '머리 나쁜 아이로' 살아가는 길은 참으로 멀구나!

그날 이후 나는 서점을 순례하기 시작했다. 방과 후가 되면 곧장 동네 서점으로 향했다. '머리 좋아지는 법', 'IQ 높이는 비법', '공부 잘하는 아이들의 비밀' 같은 제목의 책들을 닥치는 대로 뒤적였다.

어느 날은 용돈을 모아 장 자크 루소의 『에밀』을 샀다. 사회 선생님이 극찬했던 책이었다. '인간을 인간답게 길러라'라는 문장은 가슴을 울렸지만, 정작 내 머리를 좋게 만드는 방법은 어디에도 없었다. 오히려 더 깊은 미로에 빠진 것 같았다. 책장을 넘길수록 나의 이해력 부족을 확인할 뿐이었다.

참고서도 늘 두세 권씩 샀다. 한 권만 봐서는 불안했다. 이 책 저 책 기웃거리다 결국 아무것도 제대로 하지 못하는 날들이 반복됐다. 나는 점점 더 깊은 자조에 빠져들었다. '그래, 난 정말 머리가 나쁠지도 모르겠다'라고 받아들이게 되었다.

그러다 라디오에서 한 줄기 빛과 같은 말이 흘러나왔다. 습관처럼 켜놓은 라디오에서 교육 전문가가 진행자와 이야기를 나누고 있었다.
"흔히 우리는 머리가 나쁘다는 말들을 많이 합니다. 그런데 무슨 근거로 머리가 나쁘다고들 하는지 모르겠어요. 제가 볼 때는 IQ가 문제가 아니라 집중력이 문제입니다. 머리가 나쁜 게 아니라 집중력이 없는 겁니다. 사실, 머리는 거기서 거기예요. 집중력을 키워야 합니다."

번개가 머리를 때리는 것 같았다. IQ가 아니라 집중력이라니! 마치 오랜 가뭄 끝에 단비를 만난 것처럼 가슴이 벅차올랐다. 그날 밤 나는 일기장에 큰 글씨로 적었다. '집중력을 키우자!'

그 후로 집중력을 높이는 온갖 방법을 시도했다. 1분 명상, 촛불 응시하기, 그림을 사 등분 해서 보기, 깊은 호흡법, 두뇌 체조…. 도서관에서 찾은 모든 방법을 실천했다. 하지만 기적은 일어나지 않았다. 여전히 책을 읽다가 딴생각에 빠졌고, 수업 시간에는 창밖만 바라보았다. 집중력이라는 새로운 열쇠를 찾았지만, 그 열쇠로 열어야 할 문을 찾지 못했다.

두 자리라는 숫자 안에 스스로를 가둔 내 마음이 진짜 감옥이었다. 남이 그은 선 안에 나를 가두고 있었던 것이다. 훗날, 수많은 사람을 만나면서 깨달았다. 그 편견의 시간이 오히려 나를 단단하게 만들었다는 것을. 때로는 상처가 가장 예리한 무기가 된다. 두 자리 숫자의 저주는 훗날 사람의 마음을 이해하는 축복이 되었다.

지금도 가끔 두 자리 숫자에 갇혀 있던 나를 떠올린다. 만약 그때로 돌아간다면 이렇게 말해주고 싶다. "얘야, 네 머리는 나쁘지 않아. 단지 마음이 향하는 길을 찾지 못했을 뿐이지. 지금 네가 받은 그 상처가 너를 가장 반짝이게 해줄 거야."

상처 속에 자라는 말

소통의 기술

　초등학교 시절, 친구들 사이에서 "공부는 못해도 말재주는 이필형이다."라는 말이 돌았다. 그저 농담일 뿐이었지만, 나는 은근히 자랑스러워했다. 그런 내게 어느 날 친구들이 웃으며 말했다. "웅변대회 나가봐!"

　주제는 〈스승의 은혜〉였다. 말재주가 있다는 소리를 들었으니, 즉흥적으로도 잘할 수 있을 거로 생각하며 아무런 준비도 하지 않았다. 그러나 연단에 올라서는 순간, 세상은 완전히 다른 곳이 되었다. 수많은 시선이 한꺼번에 나를 향했고, 머릿속은 새하얗게 비었다. 입에서 나오는 것은 "선생님 고맙습니다"라는 한 마디뿐이었다. 같은 말을 몇 번이나 반복했는지 모른다. 시간은 영원처럼 길게 느껴졌다.

　그날 밤, 잠자리에서 뒤척이며 연단 위에서 느꼈던 그 지독한 막막함을 떠올렸다. 눈앞이 깜깜해지는 느낌, 생각한 대로 말이 나오지 않는 당황스러움. 그것은 어린 내게 깊은 상처로 남았다.

그 경험은 나를 완전히 바꾸어 놓았다. 사람들 앞에 서는 것 자체가 두려워졌다. 남들 앞에 설 기회가 있어도 애써 피했고, 어쩔 수 없는 상황에서는 온몸이 떨렸다. 다리가 후들거리고 목소리가 떨리는 것이 들킬까 봐 전전긍긍했다.

세월이 흐르면서 이 문제와 정면으로 마주해야 할 때가 왔다. 더 이상 피할 수만은 없었다. 그래서 다시 말을 공부하기 시작했다. 좋은 연설이란 무엇인지, 어떻게 해야 사람들에게 진정성 있게 다가갈 수 있는지 배우고 싶었다.

뛰어난 연설가들의 영상을 수없이 보며 깨달은 것이 있다. 가장 중요한 것은 준비였다. 좋은 연설은 절대 즉흥적으로 만들어지지 않는다. 철저한 준비 위에서만 진정한 자신감이 피어난다. 그리고 무엇보다 중요한 것은 자신이 전하고자 하는 메시지에 대한 확신이었다.

연설이란 결국 나의 생각을 당당하게 드러내는 소통의 기술이다. 그리고 그 태도는 그 사람의 인격을 고스란히 드러낸다. 내 이야기를 들어주는 소중한 사람들이 있다. 그들을 진심으로 존중하고, 그들에게 도움이 되는 이야기를 전하려는 마음가짐. 그것이 좋은 연설의 출발점이다.

어린 시절의 그 쓰라린 경험은 이제 다른 의미로 다가온다. 실패의 아픔이 아니라 성장을 위한 밑거름이 된 것이다. 그때의 두려움이 있었기에 더욱 치열하게 준비하는 법을 배웠고, 그 준비가 있었기에 진정한 자신감을 찾을 수 있었다.

연단 위에서 느꼈던 막막함은 이제 겸손함이 되었다. 듣는 사람들에 대한 존경심과 메시지에 대한 책임감으로 바뀌었다. 우리 모두에게는 잊고 싶은 순간들이 있다. 하지만 때로는 가장 아픈 기억이 가장 큰 스승이 되기도 한다. 중요한 것은 그 아픔과 용기 있게 마주하는 것, 그리고 그것을 디딤돌 삼아 더 나은 사람이 되는 것이다. 가장 큰 상처가 가장 위대한 스승이 될 수 있다.

빛나는 흉터

빅터 프랭클, 고난의 의미

거울을 볼 때마다 왼쪽 눈썹 위의 흉터가 먼저 눈에 들어온다. 일곱 살 때, 자치기 놀이를 하다 날아온 막대가 남긴 흔적이다. 어린 시절엔 이 흉터가 부끄러웠다. 하지만 지금은 다르다. 이 작은 상처가 내게 많은 것을 가르쳐주었기 때문이다. 흉터는 우리가 살아있음을, 그리고 견뎌냈음을 증명하는 훈장일 수도 있다.

출가하는 스님들이 팔뚝에 향을 피우는 연비燃臂 의식을 치른다. 자신을 태워 세상을 밝히겠다는 서원誓願을 몸에 새기는 것이다. 뜨거운 향이 살갗을 태우는 고통은 상상조차 하기 어렵다. 그렇게 남은 흉터는 평생 그들에게 묻는다. "당신은 왜 이 길을 선택했는가?" 그리고 스님들은 그 흉터를 볼 때마다 초발심初發心을 되새긴다고 한다.

우리는 모두 저마다의 흉터를 안고 산다. 눈에 보이는 것도, 보이지 않는 것도 있다. 중요한 것은 그 흉터를 어떻게 읽어내느냐다. 어떤 이에게는 아픈 과거의 흔적일 뿐이지만, 어떤 이에게는 성장의 증거가 된다.

인생을 돌아보면, 삶은 어떤 계기를 통해 변화가 찾아온다. 마치 파도를 넘는 항해처럼 인생의 고비마다 절박함과 간절함이 밀려온다. 그럴 때 우리는 선택해야 한다. 그 파도에 휩쓸릴 것인가, 아니면 파도를 타고 새로운 항로를 개척할 것인가. 대나무가 굳건한 마디를 맺고 자라는 것처럼, 인생은 고난 속에서 성숙해진다. 그 고비를 잘 넘기면 우리는 또 다른 자신을 만난다. 어제의 나와는 다른, 한 뼘 더 성장한 나를 만난다.

내 인생의 첫 번째 전환점은 대학 시절 찾아왔다. 방황하던 스무 살, 나는 답이 없는 질문들에 시달리고 있었다. '삶의 의미는? 죽음 이후는? 진정한 사랑이란?' 이런 물음들이 밤마다 나를 찾아왔다.

그러던 어느 날, 성경의 한 구절이 눈에 들어왔다. 마태복음 16장 16절 "너희는 나를 누구라 하느냐?"였다. 예수가 제자들에게 던진 질문이었다. 베드로가 주저 없이 답했다. "주는 그리스도시요, 살아계신 하나님의 아들이십니다." 그 순간, 마치 안갯속을 헤매다가 갑자기 길이 보이는 것처럼 눈앞이 뚜렷해졌다. 진리란 무엇인가? 죽음이란 무엇인가? 사랑이란 무엇인가? 끊임없이 나를 괴롭히던 질문들이 하나씩 자리를 찾아갔다. 그렇게 나는 성경을 통해 세상을 보는 새로운 눈을 갖게 되었다. 삶의 좌표를 찾은 것이다. 그렇게 찾은 나침반은 몇십 년 후, 전혀 예상치 못한 폭풍 앞에서 진가를 발휘했다.

두 번째 전환점은 전혀 예상치 못한 순간에 찾아왔다. 명예퇴직! 그

네 글자가 내 인생을 뒤흔들었다. 하루아침에 직장을 잃었다. 나는 말할 수 없는 공허함에 빠졌다. 그때 무작정 산을 올랐다. 무엇보다 나 자신에게서 도망치고 싶었다. 그런데 신기한 일이 일어났다. 산은 나를 거부하지 않았다. 오히려 따뜻하게 품어주었다.

천천히 와도 괜찮다, 네 속도로 오면 된다고 산이 내게 속삭였다. 그렇게 걷기 시작했다. 걸으면서 생각하고, 생각하면서 메모했다. 처음엔 펜을 쥔 손이 떨릴 만큼 분노로 가득했다.

영화 〈포레스트 검프〉의 한 장면이 떠올랐다. 주인공은 아무 이유 없이 달렸다. 사람들은 그에게 왜 달리냐고 묻지만, 그는 대답하지 않았다. 주인공은 여자 친구를 위해 달렸고, 그러면서 삶의 의미를 찾아갔다. 나는 나를 위해 걸었다. 걷기는 고뇌의 시간을 견디게 했고, 다시 일어설 힘을 주었다.

세 번째 깨달음은 한 권의 책에서 시작됐다. 루마니아의 신부 리처드 범브란트Richard Wurmbrand의 이야기였다. 그는 '공산주의자에게도 천국의 문은 열려 있다'라고 설교하다가 체포되어 14년간 감옥에 갇혔다. 혹독한 고문과 독방 생활 속에서 한 가지 궁금증을 품었다. '두려워하지 말라'는 구절이 성경에 몇 번이나 나올까? 그는 성경 속의 '두려워하지 말라'를 세었다.

놀랍게도 그 구절은 정확히 366번 나왔다. 365일에 하루를 더한 숫자다. 마치 하나님이 매일매일 우리에게 속삭이는 것 같았다. "두려워하지 말라. 내가 너와 함께 있다." 이 발견은 그에게 엄청난 힘이 되었다. 어떤 고난 속에서도 혼자가 아니라는 확신이 그를 지탱해 주었다.

나도 성경을 다시 펼쳤다. 정말로 그 말씀들이 거기 있었다. 요단강을 건너야 하는 이스라엘 백성들에게, 거인 골리앗 앞에 선 다윗에게, 폭풍우를 만난 제자들에게 하나님은 한결같이 말씀하셨다. "두려워하지 말라."

두려움의 본질은 무엇일까. 그것은 눈앞의 위험보다 알 수 없는 미래에 대한 불안에서 온다. 우리가 통제할 수 없는 것들에 대한 무력감이다. 하지만 신앙은 그 두려움을 다른 것으로 바꾸어준다. 혼자가 아니라는 믿음으로 성숙시켜 준다.

빅터 프랭클Viktor Frankl의 말이 새삼 와닿는다. "삶의 의미를 찾는 데 성공하면, 행복해질 뿐만 아니라 역경을 딛고 일어설 수 있는 능력까지 갖추게 된다." 그는 아우슈비츠 수용소에서도 희망을 잃지 않았다. 그의 말에는 깊은 위로의 무게가 실려 있다.

사도 바울의 이야기도 마찬가지다. 그는 복음을 전하다가 수없이 많은 고난을 겪었다. 갈라디아에서는 돌에 맞아 죽은 줄 알고 성 밖에 버려졌다. 서른아홉 대의 매를 다섯 번이나 맞았고, 세 번이나 태장을 맞았다. 배가 파선되어 바다에서 밤낮을 꼬박 표류하기도 했다.

그의 몸에는 모든 고난의 흔적이 남았다. 하지만 그는 갈라디아서에서 이렇게 선언한다. "이후로는 누구든지 나를 괴롭게 하지 말라. 내가 내 몸에 예수의 흔적을 지니고 있노라." 그에게 있어 상처는 부끄러운 것이 아니었다. 오히려 영광스러운 훈장이었다. 사명을 위해 기꺼이 감당한 고난의 증거였다.

상처받을 용기가 있는 사람만이 진정으로 사랑할 수 있다. 실패를 두려워하지 않는 사람만이 진정한 성공에 닿을 수 있다. 이제 나는 두려움 없이 걸어가려 한다. 세상이 아무리 혼탁해도, 불의가 판을 쳐도, 나는 나의 길을 갈 것이다. 삶에 목적이 있다면 고난에도 반드시 의미가 있다. 모든 흉터와 상처는 우리를 더 깊고 넓은 사람으로 만든다. 그것이 우리 존재의 나이테가 된다.

오늘도 거울 속 흉터를 본다. 이제는 미소가 지어진다. 일곱 살의 자치기 사고가 남긴 이 작은 자국은 내 삶의 일부가 되었다. 내 이야기의 시작이 되었다. 시련을 견딜 수 있다는 믿음을 주었다. 흉터는 상처가 아니라 치유의 증거였다. 그리고 우리는 모두 자신만의 속도로 회복하며 성장한다는 것을 깨달았다. 그것이 삶이 우리에게 주는 가장 정직한 가르침이다.

멈추지 않는 마음으로

니체의 운명애

노무현 정부 시절, 나는 청와대 민정비서관실에서 근무했다. 민정 관련 정보 수집과 분석이 내가 맡은 업무였다. 나는 늘 객관적 정보에 기반하여 판단을 내리려 애썼다. 위도 방폐장 건설 때는 현지 상황을 면밀히 파악한 후 대안을 제시했고, 천성산 터널 문제에서는 정책의 일관성을 중시하여 보고했다. 특히 이라크 파병 논의 때 행정관들 사이에서는 신중론이 대세였으나, 나는 동맹국과의 관계, 중동에서의 국가 위상, 재건 사업 참여 가능성 등을 종합적으로 검토한 보고서를 제출했다. 정보 분석관으로서 할 수 있는 최선의 판단이었다.

그해 11월, 자이툰 부대 파병이 결정되었다. 그리고 예상치 못한 국정원 복귀 명령이 떨어졌다. "이 국장님, 이제 돌아가세요." 마른하늘에 날벼락이었다. 청와대를 떠나는 것은 쓸쓸한 일이었다. 파견 근무를 마치고 원소속으로 돌아가는 것이 제도상 당연한 일이었지만, 시기와 방식이 예상 밖이었다. 동료들의 시선이 차가웠다. 누군가는 위로했지만, 대부분은 거리를 두었다.

그때 아버지가 말없이 여행을 떠나자고 하셨다. 단풍이 절정인 내장산을 갔다. 산이 깊었다. "삶에는 벽이 많다. 기다려라. 내장산 단풍은 곧 진다." 그 말씀이 지금도 귓가에 맴돈다. 아버지의 담담한 한마디에는 긴 세월을 살아온 사람만이 가질 수 있는 무게가 느껴졌다.

세월은 흘렀고, 정권은 바뀌었다. 나는 묵묵히 국정원에서 맡은 바 임무를 수행했다. 하지만 조직의 인사는 때로 개인의 노력을 넘어서는 영역이었다. 2013년, 더는 버틸 힘이 없었다. 28년 몸담은 조직을 떠나야 했다. 명예퇴직. 그 네 글자가 내 삶을 송두리째 흔들었다. 국정원 외에 다른 길을 생각해 본 적이 없었다. 하늘이 무너지는 일이었다.

누군가 총상을 입었던 경험을 들려주었다. "쾅 하는 소리와 함께 사방에서 빛이 번쩍했다. 무엇으로도 표현할 수 없는 공허가 밀려왔다. 놀랍게도 통증은 없었다. 그저 빈 자루처럼 무너져 내렸다." 명예퇴직 통보를 받던 날, 나도 그랬다. 통증은 없었다. 다만 모든 것이 비어버렸다. 망연자실茫然自失. 멍하니 자신을 잃어버렸다.

니체는 말했다. "운명을 사랑하라Amor Fati" 운명의 필연을 견디지 말고, 운명을 긍정하고 사랑할 때 비로소 인간은 창조적으로 된다. 하지만 그때의 나는 운명을 사랑하기는커녕 증오했다. 평생을 바친 조직에서 이렇게 끝나는구나, 마지막이 너무 초라하구나!

그동안 믿어왔던 삶의 원칙들이 모두 무너져 내렸다. '절대 포기하지 말라', '내일은 내일의 태양이 뜬다', '민들레처럼 무수한 발길에 짓밟혀도 다시 일어선다'라는 위로의 말들이 가슴에 닿기도 전에 튕겨 나갔다.

"걸어라." 누구였는지 기억나지 않는다. 어쩌면 내 안의 목소리였을지도 모른다. 명예퇴직을 당했다고 말할 수 있게 된 날부터 나는 걷기 시작했다. 딱히 갈 곳이 없었다. 그저 걸었다. 하지만 총알이 지나간 듯 텅 빈 마음은 채워지지 않았다.

그러던 어느 날, 백두 대간 이야기를 들었다. 백두산에서 지리산까지 이어지는 한반도의 등줄기. 680킬로미터가 넘는 그 길을 걷기로 했다. 백두 대간 종주 첫날은 지독했다. 무거운 배낭이 어깨를 짓눌렀고, 발가락에는 물집이 잡혔다. 그런데 이상했다. 아프면 아픈 대로, 숨이 차면 찬 대로, 그저 한 발 한 발 내디뎠다. 생각이 사라졌다. '오직 지금, 이 순간, 나의 걸음'만 있었다.

며칠이 지나자 『순자』에 나오는 구절이 떠올랐다. '규보불휴 파별천리 頍步不休 跛鼈千里'. 작은 걸음도 쉬지 않으면, 절름발이 자라도 천 리를 간다는 뜻이다. 느려도 괜찮다. 절뚝거려도 상관없다. 중요한 것은 멈추지 않는 것이다. 그렇게 걷고 또 걸었다. 뙤약볕 길을 걸었고, 비가 와도 걸었고, 바람이 불어도 걸었다. 한 걸음 한 걸음이 모여 십 리가 되고, 백 리가 되고, 천 리가 되었다.

어느 날, 해발 1,500미터 능선에서 일출을 맞았다. 구름 사이로 빛이 쏟아졌다. 그 순간, 헤르만 헤세의 『데미안』에 나오는 구절이 떠올랐다. "알은 세계다. 태어나려는 자는 하나의 세계를 깨뜨려야 한다."

나는 깨달았다. 내가 부여잡고 있던 국정원이라는 알, 그 단단한 껍데기를 깨고 나와야 했다. 새가 날기 위해 알을 깨듯, 나도 더 큰 세계로 나아가기 위해 과거를 깨뜨려야 했다. 그동안 나는 조직이 나의 전부라고 생각했다. 하지만 산 위에서 바라본 세상은 그보다 훨씬 넓고 깊었다.

백두 대간을 걷는 동안 많은 것을 알게 되었다. 살아오면서 나는 벽을 만날 때마다 깨야 한다고 생각했다. 벽이 깨지지 않으면 넘었다. 벽을 넘고 나면 애초에 벽은 없었다고 자위했다. 그런 깨달음이 대단하다고 여겼다. 하지만 백두 대간이 가르쳐준 것은 달랐다. 벽은 깨는 것도, 넘는 것도 아니었다. 그저 벽과 함께 걷는 것이었다. 운명의 실은 바꿀 수 없다. 하지만 그 실을 바라보는 시선은 바꿀 수 있다. 중요한 것은 운명을 마주한 채 앞으로 나아가는 것이다.

백두 대간을 완주하고 돌아왔을 때, 나는 달라져 있었다. 청와대 복귀자도, 명예퇴직자도 아닌, 그저 '나'로 서 있었다. 국정원에서의 28년은 헛되지 않았다. 국가를 위해 일한 시간, 동료들과 함께한 순간들, 그 모든 것이 나를 만들었다. 비록 조직을 떠났지만, 그 경험과 지혜는 내 안에 남아 있었다. 때로는 떠나야만 볼 수 있는 풍경이 있었다. 그렇게

백두 대간

국정원을 떠나고서야 보인 것들이 있었다. 가족의 소중함, 일상의 아름다움, 그리고 나 자신의 가능성이었다.

지금 나는 새로운 길을 걷고 있다. 때로는 평탄하고, 때로는 가파르다. 하지만 어려울 때는 가장 쉬운 일부터 시작하면 된다. 나에게는 그것이 걷기였다. 조직 생활이 막막할 때, 인사가 뜻대로 되지 않을 때, 좌절감이 밀려올 때가 있을 것이다. 그럴 때 걸어보라. 산이든 들이든, 도시든 시골이든 상관없다. 한 걸음 한 걸음이 답이 된다.

답은 늘 내 안에 있었다. 다만 그것을 볼 용기가 없었을 뿐. 인생의 막다른 길에서 우리가 할 수 있는 가장 용감한 선택은 한 걸음 더 내딛는 것이다. 그 걸음이 우리를 구원한다.

진짜 무기는 당신 안에 있다

나를 만드는 진정성

새로운 길을 찾아야 할 때마다 우리는 습관처럼 밖을 향해 눈을 돌린다. 남들의 눈부신 성공 이야기를 샅샅이 뒤진다. 그들의 전략을 분석하며, 답을 간절히 찾는다. 답을 찾으면 마침내 내가 원하는 삶의 문이 열릴 거라 믿는다. 그러나 그 간절함은 종종 우리를 더 깊은 미로로 이끌곤 한다.

하지만 진짜 경쟁력은 타인의 발자국을 뒤쫓는 데서 찾을 수 없다. 경쟁의 본질은 결국 '나다움'을 찾는 게임이다. 남과 똑같은 무기로는 절대 승리할 수 없다. 우리에게 필요한 것은 세상에 단 하나뿐인, 오직 나만이 가진 독특한 무언가이다. 하지만 사람들은 자신이 어떤 보물을 품고 있는지 잘 알지 못한다. 아니, 알려고 하지 않는다.

자신을 깊이 들여다보는 여정이야말로 모든 시작의 첫걸음이다. 내가 가진 것들을 하나씩 꺼내어 살펴보는 시간이 필요하다. 어떤 것은 버려야 할 짐이고, 어떤 것은 오랜 시간 갈고 닦아야 할 원석이며, 또 어떤 것은 나를 지켜줄 든든한 자산이다. 이 과정 없이는 어떤 의미 있는 도전도 시작할 수 없다.

때로는 싸우지 않는 것이 가장 용기 있는 답일 수 있다. 아무리 생각해 봐도 승산이 희박하다면, 그 전쟁은 내가 치러야 할 싸움이 아닐 수 있다. 차라리 다른 전쟁터를 찾거나, 아예 다른 규칙의 게임을 시작하는 편이 훨씬 현명한 선택이다. 진정한 용기는 전진만 하는 것이 아니라, 언제 멈추고 돌아설지, 혹은 방향을 바꿀지를 아는 지혜에서 나온다. 기필코 싸워야만 하는 순간에는 내가 가진 모든 것을 동원해야 한다.

세상에는 수많은 성공 공식이 넘쳐난다. 하지만 그것은 결국 남들이 걸어온 길일 뿐이다. 우리 각자에게는 나만의 방법이 필요하다. 내 안의 가능성을 발견하고, 내가 잘하는 것을 찾아내며, 그것을 나만의 방식으로 엮어가는 전략이 있어야 한다. 그것이 세상에 없던 나만의 길을 여는 열쇠다. 남을 흉내 내면 가짜에 머물 뿐이다. 당신만의 빛을 발하려면 당신만의 색깔을 찾아야 한다.

결국 모든 일은 나 자신을 이해함에서 시작된다. 내가 무엇을 잘하고, 어떤 상황에서 나의 강점이 빛을 발하는지를 알아야 한다. 타인의 시선이나 세상의 기준이 아닌, 오직 나 자신의 눈으로 나를 평가하는 담대함이 필요하다. 그것이야말로 우리 안에 숨겨진 진짜 무기를 만드는 가장 중요한 재료가 된다. 그 무기는 이미 당신 안에 잠들어 있다.

다만 아직 깨어나지 않았을 뿐이다.

　당신이 진정한 자신을 만나는 순간, 비로소 세상에 없던 새로운 길이 열릴 것이다. 가장 중요한 발견은 자신을 아는 것에서 시작된다. 그 답은 이미 당신 안에 있다.

내 모습 이대로

나는 평범하다

나는 밤 10시에서 11시 사이에 잠이 든다. 새벽 4시 40분이면 어김없이 눈을 뜬다. 이를 닦고, 가볍게 호흡 운동으로 숨을 고른다. 허공을 향해 크게 외치며 내 안의 에너지를 깨우는 의식으로 하루를 시작한다.

이 엄격한 새벽 루틴에 최근 과제 하나가 더해졌다. 바로 영어 공부다. 외국을 방문할 일이 잦아지면서 통역의 벽을 넘어 세계 각국의 지도자들과 깊이 있는 소통을 하고 싶다는 강렬한 욕망이 생겼기 때문이다. 간단한 인사말이나 형식적인 대화로는 만족할 수 없었다. 심도 있는 토론을 나누며 많은 아이디어를 얻고 세상을 폭넓게 이해하고 싶었다. 그렇게 1년 넘게 새벽마다 영어와 씨름했다. 이제는 완벽한 습관으로 자리 잡았다.

2025년 6월 미국 방문을 앞두고 설렘과 기대로 가득했다. 지난 1년간 새벽에 쌓아 올린 시간은 내게 확고한 자신감을 심어주었다.

미국인들과 만나면 통역 없이 유창하게 토론하겠다는 목표를 세웠다. 매일 쌓아 올린 노력이 나를 특별한 사람으로 만들어 줄 것이라 믿어 의심치 않았다. 완벽한 영어를 상상하면서 미국 땅을 밟을 날을 손꼽아 기다렸다. 그러나 첫날, 타마락 초등학교 교장 선생님을 만나는 순간 모든 것이 무너져 내렸다. 토론은커녕 그들의 말조차 제대로 알아듣지도 못하는 나를 발견했다. 당혹감과 민망함이 이루 말할 수 없었다.

"이게 뭐야?", "나, 도대체 1년 동안 뭘 한 거지?" 수없이 자문했다. 순식간에 깊은 우울감에 사로잡혔다. 평소라면 어떤 상황에서도 자연스레 튀어나왔을 말들이 목구멍에 턱 걸렸다. 나도 모르게 마음의 문이 닫혀버렸다. 평소의 나를 아는 사람이라면 상상조차 할 수 없는, 전혀 다른 내가 되어버렸다. 내가 쌓아 올린 모든 노력과 기대가 한순간에 허물어졌다. 좌절감이 밀려왔다.

나의 목표는 정말 순수한 열정의 산물이었을까? 아니면 영어를 통해 사람들 앞에서 우쭐해 보이고 싶었던 자만심이었을까? 나는 내 노력이 고귀한 것이라고 믿었다. 그러나 더 잘하고 싶다는 나를 위한 포장이었음도 깨달았다. 나는 내가 옳다고 믿었던 완벽주의의 덫에 갇혀 나 자신의 위선과 싸우고 있었다. 잘한 것과 못한 것을 칼같이 나누는 이분법적 습관, 스스로에게 결코 만족하지 못하는 습관, 그리고 어느 순간 사회가 인정하는 수준에 나를 맞추려고 애썼던 속물근성까지 그 모든 것이 한꺼번에 드러나는 순간이었다.

그때 포틀랜드 주립대학교 이정희 교수가 내게 건넨 한마디는 절망 속 한 줄기 빛이었다. "선배! 나도, 선배도 영어는 안 돼! 내가 지금까지 30년 가까이 영어를 했는데도 여전히 부족해!" 그의 솔직한 고백은 나를 짓누르던 완벽의 가면을 벗겨내는 바람 같았다. 그제야 깨달았다. 나는 혼자만의 외로운 싸움을 하고 있었다. 타인의 시선과 기준에서 벗어나, 있는 그대로의 나를 받아들여야 한다는 것을 그때야 알았다.

경험은 사물을 바라보는 방식을 근본적으로 변화시킨다. 이 교수의 말을 통해 나는 평범한 사람이라는 너무나 당연한 사실에 눈을 떴다. 그리고 젊은 시절 가슴속에 새겨두었던 주문이 떠올랐다. "내 모습 이대로 살자!"

돌이켜보니 그 말은 내 인생의 굽이굽이마다 나를 든든하게 뒷받침해 준 버팀목이었다. 세상을 향해 발을 내디딜 때마다, 타인의 시선이 두렵고 주눅이 들 때마다 그 마법 같은 말은 나를 지켜주는 방패가 되어주었다. "그렇다! 있는 그대로 세상을 살아야겠다. 완벽하지 않아도 괜찮다."라는 해방감은 나를 옭아매던 모든 족쇄를 풀어주었다.

중요한 것은 결과가 아니라 과정 그 자체였다. 미국 현지에서 유창하게 토론하지는 못했더라도, 지난 1년간 새벽마다 영어와 씨름하며 흘린 땀방울과 그 노력이 나를 새롭게 만들어 가고 있었다는 사실을 깨달았다. 삶은 완벽하지 않다. 아니, 완벽할 필요도 없다. 우리는 그저 각자의 목표를 향해 멈추지 않고 묵묵히 나아가는 존재들이다. 나는 평범하지만, 그 평범함 속에서 나만의 길을 걷는 사람이다.

나는 평범하다. 그래서 자유롭다. 이 단순한 진실 앞에서 모든 것이 명료해진 지금이 좋다. 완벽하지 않아도, 실패해도, 남들만큼 뛰어나지 않아도 괜찮다. 중요한 것은 매 순간 최선을 다하고, 그 과정에서 조금씩 성장하는 것이다. 오늘도 나는 불완전한 나로 살아간다. 그리고 그 불완전함이 주는 자유로움을 만끽하며, 어제보다 조금 더 나은 사람이 되기 위해 한 걸음씩 나아간다.

삶의 또 다른 얼굴, 스트레스

삶은 도전의 연속

"스트레스는 어떻게 이겨내시나요?" 나는 살면서 이 질문을 참 많이 받는다. 하루 다섯 개가 넘는 면담과 만남을 비롯해, 빡빡한 일정을 소화하는 삶을 살다 보니 자연스럽게 듣게 되는 질문이다.

어떤 이들은 정해진 집무실에서 대부분의 시간을 보내지만, 나는 현장을 발로 뛰며 수많은 사람과 직접 교류하는 방식을 택했다. 그러니 그토록 많은 사람을 만나고 예측 불가능한 상황에 부딪히다 보면 스트레스가 많지 않겠느냐는 걱정이 자연스레 따라붙는다.

사실 예전의 나는 스트레스 때문에 정말 많이 괴로워했다. 예상치 못한 일정 변경이나 갑작스러운 문제가 생기면 밤잠을 설치기 일쑤였다. 특히 여러 사람 앞에서 말해야 하는 중요한 순간이 다가오면 며칠 전부터 불안해하며 이것저것 걱정하느라 에너지를 소모했다. 실수하면 어떡하나, 이런저런 생각들이 머릿속을 맴돌았다. 그때의 나에게 스트레스는 분명 피해야 할 적이었다. 극복해야 할 상황이었다.

그런데 어느 순간부터 조금씩 달라지기 시작했다. 수많은 시행착오와 실패를 겪으면서 스트레스를 바라보는 시각이 서서히 바뀌었다. 아마도 스트레스를 피하려고 애쓸수록 오히려 더 큰 압박감에 시달린다는 것을 깨달은 순간부터가 아니었을까? 스트레스는 피할수록 더 강하게 나를 덮쳐왔다. 그래서 도망치는 대신 정면으로 마주해보기로 했다. 그러자 스트레스가 조금씩 다른 얼굴을 보여주기 시작했다.

이 과정에서 가장 중요했던 것은 나만의 회복 루틴을 만드는 일이었다. 사람들은 스트레스 해소를 위해 쉬는 시간을 늘리는 것에 집중한다. 그러나 나는 질적인 회복을 택했다. 새벽마다 하는 호흡 운동과 함께, 헌법 전문과 게티즈버그 연설을 낭독하며 나를 처음 이 길로 이끌었던 가치와 신념을 되새긴다. 이런 루틴을 통해 나는 나를 찾아갔다. 겉으로는 언제나 분주하고 외부의 자극에 노출되어 있어 보여도, 내 안에는 흔들림 없는 평온함이 자리 잡았다.

지금도 스트레스를 아예 받지 않는 것은 아니다. 고된 일정이 연이어 있거나 내 의지를 벗어나는 상황이 오면, 몸과 마음이 긴장하고 한계에 부딪힘을 느낀다. 새로운 도전을 해야 할 때면 걱정도 한다.

하지만 예전과 다른 점이 있다면 그 긴장감을 무조건 나쁜 것으로만 여기지 않게 되었다. 오히려 그 긴장 속에서 '지금 나는 살아있고, 새로운 문을 열고 있다'라는 메시지를 발견한다. 이제 스트레스는 내가 안전지대를 벗어나 새로운 영역에 도전하고 있다는 신호다.

사람들은 가끔 내 모습을 보며 참 여유로워 보인다고 한다. 그러면서도 내심 의아해하며 정말 스트레스를 안 받느냐고 묻는다. 그들의 눈빛에는 '어떻게 저럴 수 있지?' 하는 의문이 서려 있다. 이런 반응을 마주할 때마다 나는 스트레스에 대한 사람들의 일반적인 인식과 지금 내가 가지게 된 생각 사이의 간극을 느낀다.

하지만 과연 스트레스 없는 삶이 정말 우리가 꿈꾸는 이상향일까? 그렇지 않다. 스트레스는 우리를 깨어 있게 하고, 기민하게 만들며, 새로운 것에 도전하게 만드는 원동력이다. 삶의 역동성과 성장은 편안함보다는 예측 불가능한 긴장과 도전을 통해 온다.

스트레스 자체가 문제가 아니다. 그것을 어떻게 받아들이고 다루느냐가 중요하다. 스트레스를 성장의 신호로 받아들이고 건설적으로 활용하려 하면, 그 안에서 새로운 가능성을 발견할 수 있다. 거센 물살이 흐르는 강에서 노를 젓는 상황을 떠올려 보자. 물살의 저항은 분명 힘겹다. 하지만 그 저항이 있기에 앞으로 나아갈 수 있고, 더 강한 노를 젓는 법을 배울 수 있다.

문득, 스트레스는 우리가 살아가는 방식을 보여주는 거울이라는 생각이 든다. 지금 스트레스 때문에 힘들어하고 있다면 잠시 멈춰서 생각해 보자. 그 스트레스는 정말 적일까? 아니면 당신이 무언가에 열정적으로 몰두하고 있다는 증거일까? 완전한 평온보다는 의미 있는 긴장을, 완벽한 안정보다는 역동적인 성장을 선택하는 것이 내가 스트레스와 함께 살아가며 배운 지혜다.

결국 스트레스는 극복해야 할 대상이 아니라 우리를 다음 단계로 이끄는 성장의 신호다. 지금, 이 순간 살아있음을 상기시켜 주는 증거이기도 하다. 우리는 종종 스트레스 없는 삶을 꿈꾼다. 하지만 완전한 평온은 정체를 의미할 수 있다. 적절한 긴장감 없는 삶은 무기력에 빠지기 쉽다. 중요한 것은 스트레스를 제거하는 것이 아니라, 그것과 건강한 관계를 맺는 법을 배우는 것이다.

삶은 쉼 없는 도전의 연속이다. 그 도전이 주는 긴장감을 피하지 말고 품어 보라. 그 안에서 당신만의 리듬을 찾아가다 보면, 스트레스는 더 이상 적이 아닌 동반자가 될 것이다. 그때 비로소 우리는 진정한 성장의 기쁨을 맛볼 수 있다.

성공하는 사람들의 힘

삶을 대하는 태도

성공이라는 단어만큼 오해를 많이 받는 말도 드물다. 우리는 대개 성공을 더 많이 소유하고, 더 빨리 움직이며, 더 치열하게 달려가는 행위의 결과물로 생각한다. 그러나 정작 삶에서 진정한 성취를 이뤄낸 이들을 보면, 그들의 진짜 힘은 우리가 상상하는 것과는 전혀 다른 곳에 있다. 그들이 지닌 본질적인 힘은 바로 삶을 대하는 남다른 태도에서 비롯된다.

성공하는 사람들의 첫 번째 힘은 절제력이다. 그들에게서는 하면 안 되는 일을 참아내는 절제력이 빛난다. 이건 의지력이나 참을성의 문제가 아니다. 자신에게 해로운 것, 핵심 목표에서 벗어나게 하는 것들을 구별해 내는 명확함의 문제다. 그들은 매혹적인 술자리를 단호히 거절하고, 의미 없는 모임을 피한다. 이런 결단과 실천들이 쌓여 인생의 방향을 바꾼다. 많은 사람은 거절이 관계를 해친다고 두려워하지만, 성공하는 사람들은 오히려 명확한 경계를 통해 더 건강한 관계를 만들어 간다.

두 번째 힘은 스스로 약속한 것을 지키는 꾸준함이다. 이는 완벽주의와는 다르다. 완벽주의자들은 모든 조건이 완벽하게 갖춰지길 기다리다가 시작하지도 못한다. 반면 성공하는 사람들은 조건이 다소 불완전하더라도 일단 시작하고, 그 과정에서 부족한 부분을 채워 나간다.

이런 꾸준함의 핵심은 완벽함이 아니라 일관성에 있다. 오늘 정한 일을 묵묵히 해내고, 변함없이 이어간다. 단순해 보이지만 이 강력한 능력이 평범한 삶과 탁월한 성과를 가른다. 기분이 좋을 때만 무언가를 하는 것은 취미에 불과하다. 몸이 피곤할 때도, 별로 내키지 않을 때도 해야 할 일을 해내는 것이 중요하다. 성공하는 사람들은 자신의 감정에 지배당하지 않는다.

세 번째이자 가장 중요한 힘은 어떤 상황에서도 중심을 잃지 않는 것이다. 주변 사람들이 아무리 다른 길을 권해도, 사회적 분위기나 유행이 다른 방향으로 흘러가도 자신만의 확고한 중심을 지킨다. 이는 고집이나 완고함이 아니라, 유연함 속에서도 본질을 놓치지 않는 진짜 강함이다.

중심을 지키는 힘은 홀로서도 굳건히 걸어갈 수 있게 한다. 다른 사람의 격려가 없어도, 눈에 보이는 보상이 없어도, 심지어 결과가 보이지 않아도 자신의 길을 묵묵히 걸어간다. 겉으로 보기에는 특별하지 않지만, 시간이 흐르면 놀라운 결과가 드러난다. 마치 거대한 나무가 눈에 보이지 않는 땅속에 조용히 뿌리내리며 자신의 존재를 단단히

하는 것과 같다.

내가 지금까지 만난 사람 가운데 이 세 가지 힘을 모두 습득하고 지켰던 사람은 홍준표 전 시장이었다. 그는 경남도지사와 대구시장을 지내면서 지역 유지, 사업가, 건설인 등 누구도 집무실이 아닌 외부에서 만나지 않았다. 청렴과 공정성을 위해 청탁이 있을 수 있는 식사자리나 술자리를 모두 거절했다. 그는 점심 식사는 구내식당에서 했고, 퇴근 후에는 집에서 저녁 식사를 했다. "집무실에 비서가 없는 자리에서 할 수 없는 이야기는 하지 마라."라고 공언할 정도였다. 남는 시간에는 국가 경영에 관한 서적을 읽거나 시리즈 드라마·영화를 시청하고, 바둑 등 취미에 몰두했다. 철저하게 자기 주관과 루틴이 있었고, 그것을 지키기 위해서 적당히 타협하는 법이 없었다. 그가 30여 년 정치를 할 수 있었던 것도, 여전히 그의 말에 힘이 실리는 것도 절제와 꾸준함, 중심을 지키는 단단함이 그 안에 있기 때문이 아니었을까 생각된다.

결국 성공하는 사람들이 가진 이 세 가지 힘은 모두 하나로 연결되어 있다. 절제력, 꾸준함, 그리고 중심 지키기. 이 모든 것은 자기 자신에 대한 깊은 이해와 신뢰에서 나온다. 자신이 누구인지 알고, 어디로 가는지 알며, 무엇을 할 수 있는지 아는 사람들은 다른 사람과 비교할 필요도, 외부의 인정을 구할 필요도 없다.

이 힘은 누구나 기를 수 있는 근육과 같다. 오늘부터 하나씩 실천해 보자. 할 일과 하지 말아야 할 일을 정하고 지켜보는 것, 작은 약속 하나를 정해 꾸준히 실천하는 것, 다른 사람의 시선에 흔들리지 않고 내 길을 가는 것. 이런 작은 실천들이 모이면 인생을 완전히 다른 방향으로 이끌어갈 것이다.

책이라는 거울 앞에서
천 개의 삶

　그해 봄, 나는 두 번째로 대학 문턱에서 넘어졌다. 스무 살의 봄은 잔인하게도 아름다웠다. 처음부터 대학에 가고 싶은 마음이 있었던 것은 아니다. 하지만 주변의 기대와 사회의 시선은 나를 억눌렀다. 외우는 건 자신 있었지만, 셈하는 재주는 늘 나의 발목을 잡았다.

　3년을 붙들고 씨름한 끝에야 간신히 대학 문턱을 넘을 수 있었다. 삼수생의 꼬리표 안에 스스로를 가둔 나는 늘 땅만 보고 걸었다. 하늘을 올려다볼 자격조차 없다고 생각했다. 겨우 문턱을 넘은 대학 안에서 만난 세상은 또 하나의 거대한 벽 같았다.

　대학 2학년 봄, 나는 처음으로 내 무지의 거대한 벽과 정면으로 마주했다. 동아리에서 학우들과 마틴 셀리그만의 『경제사관의 제문제』를 펼쳐놓고 열띤 논쟁을 벌였다. 역사의 원동력은 결국 경제적 토대에서 비롯된다는 주장과 인간의 정신이 물질을 규정한다는 반박이 오갔다. '유물론적 사관'이니 '상부 구조와 하부 구조'니 하는 낯선 용어들이 칠판을 가득 메웠다.

그런데 나는 그들이 무슨 말을 하는지 한마디도 알아들을 수 없었다. 나는 그 공간에서 완벽한 투명 인간이었다. 두 시간 동안의 토론회가 끝났다. 슬며시 방을 나와 버렸다. 봄비가 내렸다. 빗속을 걷는 동안 부끄러웠다.

그 부끄러움은 오랫동안 외면했던 나의 민낯을 비로소 마주하는 고통이었다. '그래 나는 아직 세상을 몰라!', '지식이 무엇인가도 몰라!' 정말 나는 세상을 모르고 살았었다. 공부를 왜 하는가도 몰랐다. 그런데 모르는 것을 모른다고 깨닫는 순간, 어깨를 짓누르던 무거운 짐이 홀연히 사라졌다. 비로소 몸이 가벼워졌다. 나는 새로운 길을 찾아 나설 용기를 얻었다.

그날 밤, 『국민윤리』 교재 뒤편에서 먼지 쌓인 추천 도서 목록을 발견했다. 도서관에서 빌려온 책은 묵직했다. 첫 페이지를 펼치자, 고대 그리스의 철학자 소크라테스가 물었다. "정의란 무엇인가?" 그의 질문 앞에서 나는 얼어붙었다. 한 번도 생각해본 적 없는 질문이었다. 정의? 그런 거창한 것에 대해 고민할 여유가 어디에도 없었다. 내겐 그저 생존이 문제였다.

책을 읽어가다 만난 동굴의 비유는 충격적이었다. 태어나서부터 동굴 깊숙한 곳에 묶여 있는 사람들은 벽에 비친 그림자만 바라보며 살아간다. 그림자가 그들에게는 유일한 진실이다. 혹시 나도 그 동굴 안에 있는 건 아닐까? 내가 진실이라고 믿었던 것들, 내가 전부라고 생각했던 세상이 사실은 벽에 비친 그림자에 불과한 건 아닐까? 책을 덮고 한참을 멍하니 앉아 있었다. 등골이 서늘해졌다.

아우구스티누스의 『고백록』은 더 어려웠다. 한 페이지를 읽는 데 많은 시간이 걸렸고, 몇 번을 이해하려 애쓰다가 결국 포기했다. 다시 처음부터 읽기를 반복했다. 그런데 놀라운 변화가 일어났다. 손에서 책을 놓지 않고 끈질기게 붙들고 있었더니, 책이 서서히 내게 말을 걸기 시작했다.

6개월이 지나자 문단과 문단 사이의 연결이 보였다. 1년이 지나니 책 전체의 흐름이 읽혔다. 그리고 더 놀라운 건 내가 쓰는 언어가 달라졌다. 단순한 사실 전달에 그쳤던 나의 말과 글에 감정과 깊은 사유가 담겨 갔다. 책 속의 언어가 내 안으로 스며들어 새로운 생명처럼 피어났다. 나는 새로 태어나기 시작했다.

나만의 독서법이 만들어졌다. 남들의 비판적인 읽기 방식은 나에게 사치였다. 대신 나는 책 속의 주인공이 되어 온전히 그들의 삶을 살아내며 읽었다. 도스토옙스키의 『죄와 벌』을 읽을 때였다. 가난한 대학생 라스콜니코프가 전당포 노파를 찾아가는 장면. 계단을 오르는 그의 발걸음에 내 심장도 함께 뛰었다. 망설이며 멈춰서고, 다시 올라가기를 반복하는 모습에서 나를 보았다. 미움과 용서 사이에서, 포기와 도전 사이에 서 있던 나를 만났다.

빅토르 위고의 『레 미제라블』에서는 용서의 힘을 배웠다. 빵 한 조각을 훔친 죄로 19년을 감옥에서 보낸 장 발장. 출소 후 그는 다시 도둑이 되었다. 은 촛대를 훔쳐 달아났다가 잡혀 왔다. 그때 미리엘 주교는 "그 촛대는 내가 준 것이오."라고 말한다. 그 순간, 장 발장의 눈에서 하염없이 눈물이 흘러내렸다. 나도 용서의 세례를 받았다. 누군가 내게도 괜찮다고 말해주는 것 같았다. 한 사람의 진심 어린 믿음이 한 사람의 인생을 완전히 바꿨다. 그것은 진짜 기적이었다.

가장 여러 번 읽은 책은 알베르 카뮈의 『이방인』이었다. "오늘 엄마가 죽었다. 아니 어쩌면 어제." 이 무심한 첫 문장에 나는 숨이 막혔다. 어머니의 장례식에서 눈물 한 방울 흘리지 않은 뫼르소를 사람들은 괴물이라 손가락질했다. 하지만 나는 이해할 수 있었다. 때로는 슬픔이 너무 커서 눈물조차 나오지 않는 법이다. 아무것도 느끼지 못하는 것도 하나의 감정이다. 무관심의 가면 뒤에는 견딜 수 없는 고독이 숨어 있음을 뫼르소를 통해 배웠다. 또 카뮈는 뫼르소를 통해 세상의 부조리함을 말한다. 뫼르소는 부조리함으로 가득한 세상을 억지로 이해하려 하지 않는다. 있는 그대로 받아들인다. 뫼르소는 마침내 세상의 무관심을 끌어안으며 비로소 완전한 자유를 느낀다. 세상은 뫼르소를 받아들이지 않았으나, 그는 세상을 받아들이는 모습을 통해 내게 많은 질문을 남겼다.

책을 읽으며 나는 천 개의 삶을 살았다. 라스콜니코프가 되어 죄의 무게를 짊어졌고, 장 발장이 되어 용서의 기적을 경험했다. 햄릿이 되어 존재의 의미를 물었고, 돈키호테가 되어 불가능한 꿈을 꾸었다. 그 모든 삶이 내 안에 차곡차곡 쌓여 지금의 나를 만들었다. 나는 더 이상 한 명의 내가 아니었다. 수많은 존재의 지혜와 아픔을 품은 존재가 되었다.

책은 정직한 거울이었다. 도스토옙스키는 내 안의 어둠을, 위고는 내 안의 빛을, 카뮈는 내 안의 공허를 가감 없이 비췄다. 때로는 그 민낯이 견디기 힘들었다. 나의 부족함과 나약함, 그리고 때로는 비겁함까지 마주하는 것은 고통스러웠다. 하지만 진실과 마주하는 고통 없이는 성장도 없다는 것을 책은 가르쳐 주었다.

그렇게 3년 동안 하루도 빠짐없이 책을 읽었다. 아침에 일어나 30분, 점심시간의 고요한 30분, 잠들기 전 긴 호흡으로 읽는 1시간. 하루 2시간씩 천 일이면 2천 시간이다. 그 시간 동안 나는 조용히, 그러나 근본적으로 변해 갔다. 마치 나무가 계절을 거듭하며 묵묵히 자라듯, 눈에 보이지 않는 속도로 내면의 성장을 이루었다.

그러면서 나의 독서법도 함께 성장했다. 처음엔 눈으로만 훑어 읽었다. 문자를 좇는 것이 전부였다. 다음엔 손으로 중요한 구절을 베껴 쓰며 읽었다. 펜을 쥔 손가락이 저릿해질 때까지 필사하며 문장의 리듬과 의미를 체화했다. 마침내 온몸으로 읽기 시작했다. 중요한 문장은 소리 내어 읽었다. 그 말들이 내 호흡 속으로 스며들고, 내 맥박과 함께 뛰고, 내 존재의 일부가 될 때까지 반복해서 읽었다. 책의 언어가 나의 언어가 되는 과정이었다.

독서는 단순히 지식을 쌓는 일이 아니라, 영혼의 순례였다. 플라톤과 함께 동굴을 나왔고, 도스토옙스키와 함께 심연을 들여다보았으며, 카뮈와 함께 부조리를 직시했다. 아프고 부끄러운 여정이었지만 그 모든 과정이 나를 빚어냈다. 좋은 책은 답을 주지 않는다. 대신 우리가 미처 품지 못한 질문을 건넨다. 그래서 진짜 독서는 책을 덮은 후 시작된다. 책장을 닫는 순간부터 우리는 홀로 답을 찾아 나선다. 그 여정이 바로 삶이다.

지금도 나는 매일 아침 책을 펼친다. 책장을 넘기는 손끝이 여전히 떨린다. 하지만 이제는 두려움이 아니라 설렘이다. 그렇게 오늘도 나는 책 속에서 새로운 나를 만난다. 천 개의 삶을 살았지만, 아직도 살아보지 못한 삶이 더 많다. 그것이 독서의 축복이고 삶의 신비다. 내가 살아 숨 쉬는 한, 책이라는 거울 앞에서 나는 계속 성장할 것이다.

소크라테스의 죽음(The Death of Socrates), 자크 루이 다비드(Jacques-Louis David) 작품, 1787년, 캔버스에 유채, 메트로폴리탄 미술관 소장

절망의 밤을 밝힌 한 권의 책

마키아벨리의 『군주론』

　서재 한쪽 구석에서 낡은 『군주론』을 발견했다. 대학 시절 과제로 억지로 읽었던 마키아벨리의 저서였다. 당시엔 권력의 냉혹함만 가득한 교과서로 느껴졌다. 그런데 인생의 큰 전환점을 맞은 순간, 그 책이 전혀 다른 이야기를 들려주기 시작했다.

　책장을 넘기다 문득 한 구절이 떠올랐다. "처절할 때 행복했던 시절을 회상하는 것보다 더 큰 고통은 없다." 바로 이것이 1512년, 모든 것을 잃고 유배 생활을 하던 마키아벨리의 심정이었다. 한때는 피렌체 공화국의 제2서기장으로 외교 무대를 누비던 그가, 이제는 시골 농가에서 생계를 걱정해야 했다. 과거의 영광을 떠올릴 때마다 현재의 처지가 더욱 비참하게 느껴졌을 것이다. 그런 절망 속에서 그는 펜을 들었다. 『군주론』은 그렇게 태어났다. 권력의 교과서가 아니라, 절망의 나락에서 쓴 치열한 생존 일기였던 셈이다.

　"인간의 운명은 파도를 타기는 쉽지만 거역하기는 어렵다. 생각대

『군주론(Il Principe)』, 니콜로 마키아벨리(Niccolò Machiavelli) 저, 1532년 초판
이탈리아 피렌체의 정치가이자 사상가 마키아벨리가 군주와 권력의 본질을 분석한 정치 철학서로,
1550년대 초판본의 표지, 저자 초상화와 '로렌초 데 메디치에게 바침'이라는 헌정 문구가 수록됨

로 되지도 않는다. 그래도 자포자기하지 말라. 희망을 놓지 마라. 인생은 정말 알 수 없다." 이 문장을 쓸 때 마키아벨리는 얼마나 절박했을까. 1512년 11월 7일, 그는 하루아침에 모든 것을 잃었다. 14년간 충성을 다했던 피렌체 공화국은 그를 내쳤고, 메디치 가문이 권력을 되찾자, 그는 반역자로 몰렸다. 가택 연금에 처했고, 날개 꺾기 고문을 여섯 번이나 당했다. 어깨가 탈구되고 인대가 찢어지는, 상상을 초월하는 고통 속에서도 그는 굴복하지 않았다. 고문장에서도 그는 "조국에 대한 나의 충성은 나의 가난이 증명한다."라고 외쳤다.

1513년 3월, 교황이 된 메디치 가문의 조반니가 대 사면령을 내려 그는 겨우 풀려났다. 하지만 공직 복귀는 불가능했다. 학벌도 연줄도 없이 오직 실력으로 올랐던 자리였지만, 그 문은 이제 영원히 닫혔다. 생계를 위해 농사를 짓고, 귀족 자제들에게 라틴어를 가르쳤다. 자존심 상하는 일이었지만, 그는 묵묵히 견뎠다. 그리고 매일 새벽, 산탄드레아의 작은 농가에서 그는 특별한 의식을 치렀다.

"저녁이 되면 집에 와 서재로 들어간다. 일상복을 벗고 관복을 갈아입는다. 매일 서재에서 옛 성현들과 4시간 동안 만난다. 모든 피곤과 시련과 고통도 잊는다. 가난도, 내게 닥쳐올 죽음도 두렵지 않다."

의관을 정제하고 책을 읽는다는 대목에서 나는 숨이 멎는 듯했다. 가장 비참한 순간에도 그는 품위를 지켰다. 아니, 비참할 때일수록 더욱 품위 있게 행동했다. 책 속의 성현들에게 예의를 갖추는 것이 곧 자신에 대한 예의였다.

한동안 나도 그를 따라 했다. 서재에 들어갈 때면 양복을 갖춰 입었다. 처음엔 스스로가 대견하고 멋있어 보였다. 하지만 막상 글을 쓰기 시작하니 불편하기 짝이 없었다. 며칠 만에 포기했다. 그의 정신을 온전히 이해하고 흉내 내기에는 나는 아직도 배울 것이 많은 사람이었다.

마키아벨리가 물려받은 유산은 단 하나, 아버지가 남긴 티투스 리비우스의 『로마사』뿐이었다. 열다섯 살 소년은 포도주 세 병과 식초 한 병으로 너덜너덜해진 그 책을 직접 제본했다. 가난했기에 그 책을 더욱 소중히 여겼다. 수십 번, 수백 번을 읽었다. 로마의 흥망성쇠를 통해 권력의 속성을 파악했고, 인간의 본질을 꿰뚫었다. 그리고 마침내 『로마사 논고』라는 걸작을 남겼다. 한 권의 책이 한 사람의 인생을 바꾸고, 그 사람이 다시 역사를 바꾸는 책을 쓴 것이다. 글의 힘이 이토록 위대하다는 것을 다시금 느끼게 된다.

『군주론』을 다시 읽으며, 나는 그가 분석한 인간의 본성에 주목했다. "인간은 은혜도 모르고, 변덕이 심하며, 위선자이고, 위험을 피하려고만 하고, 물욕에 눈이 어둡다." 이것은 배신 당하고 버림받은 사람만이 쓸 수 있는 정직한 관찰이다. 하지만 그는 여기서 멈추지 않았다. 인간이 그렇게 나약하고 비겁하기에, 오히려 강한 리더십이 필요하다고 역설했다. "사자의 용맹과 여우의 간계를 함께 갖추라"라는 통찰은 인간 본성의 어두운 면을 인정하면서도, 희망을 향해 나아갈 길을 제시한다.

마키아벨리는 '운명의 여신은 과감한 자에게 미소 짓는다.'라는 말로 운명을 해석했다. 절반은 신과 운명이 결정하지만, 나머지 절반은 인간의 의지로 바꿀 수 있다. 아무리 불운해도 절반의 가능성은 남아있다. 우리는 운명에 끌려가는 존재가 아니다. 자신의 선택으로 운명의 절반을 채워가는 존재다.

그는 『군주론』의 모델인 체사레 보르자의 몰락에 대해 이렇게 썼다. "그는 할 수 있는 모든 것을 다했다. 단지 운명이 그를 버렸을 뿐이다." 실패가 항상 우리 탓은 아니다. 하지만 그렇다고 노력을 멈출 이유도 없다. 우리가 통제할 수 있는 절반에 최선을 다하는 것, 그것이 인간의 품위다.

마키아벨리의 "원한은 은혜로 씻어지지 않는다."라는 말은 차갑지만 현실적이다. 그럼에도 그는 원한에 사로잡히지 않았다. 대신 미래를 준비했다. 자신을 파멸시킨 메디치 가문의 로렌초에게 『군주론』을 바치며 "이 책을 읽어주신다면 더 바랄 것이 없다."라고 간절히 호소했다. 이를 굴욕적이라고 여기지 않았다. 자신을 파멸시킨 가문에 고개를 숙이면서도 그는 희망의 끈을 놓지 않았다.

1527년 6월 21일, 마키아벨리는 58세의 나이로 숨을 거뒀다. 죽는 날까지 공직에 복귀하지 못했다. 하지만 그가 남긴 『군주론』은 500년이 지난 지금도 읽힌다. 권력의 교과서로만 읽히는가? 아니다. 절망을 희망으로 바꾸는 방법을 가르치는 책으로 읽히고 있다. 그의 삶과 책은 인간이 어떤 역경 속에서도 다시 일어설 수 있음을 증명한다.

『군주론』의 마지막 페이지를 덮으며 나는 마키아벨리가 남긴 마지막 메시지를 되새긴다. "어떤 재난이 와도 스스로를 포기해서는 안 된다." 이것이 『군주론』의 진짜 메시지다. 권력을 얻는 법이 아니라, 권력을 잃고도 살아가는 법. 모든 것을 빼앗겨도 빼앗기지 않는 것. 그것이 바로 희망이다.

오늘도 나는 서재로 간다. 비록 관복은 입지 못하지만, 그가 가르쳐 준 마음가짐은 잃지 않으려 한다. 가난해도, 실패해도, 배신 당해도, 우리는 여전히 쓸 수 있고, 읽을 수 있고, 꿈꿀 수 있다.

감각, 나의 삶의 지도

홉스의 『리바이어던』

어떤 책은 우리 삶의 상식을 송두리째 뒤집어 놓는다. 토마스 홉스의 『리바이어던』이 그런 책이었다. 나는 기독교인이면서, 기독교가 금서로 지정한 이 책을 사랑한다. 마키아벨리의 『군주론』과 함께 말이다. 두 권의 '금서'가 내게 가르쳐 준 것은 선과 악, 그리고 인간의 본성에 대한 완전히 새로운 시각이었다.

우리는 평생 무엇이 옳은지 그른지, 무엇이 선이고 악인지 찾아 헤맨다. 그런데 홉스는 이 모든 복잡한 고민을 간단명료하게 뒤집었다. 선과 악은 사물 자체에 본질적으로 존재하는 것이 아니라, 그것을 바라보는 사람의 감각과 인식에 달려 있다는 것이다. 좋아하면 선이고, 싫어하면 악이다. 이는 2천 년간 서양 철학을 지배했던 절대적 진리의 틀을 깨뜨린 혁명적 사상이었다. 결국 모든 것은 바라보는 시선에 달린 문제였다.

홉스는 내게 '감각'이라는 단어로 새로운 지평을 열어 주었다. 그는 모든 사고의 근원이 감각이라고 했다. 우리가 생각하고 추론하는 모든 것은 눈으로 보고, 귀로 듣고, 손으로 만지는 것에서 시작된다. 감각이 없으면 생각도 없다. 커피 한 잔의 씁쓸한 향기, 저녁노을의 붉은 빛. 이 모든 감각이 우리의 생각을 만들고, 우리의 삶을 빚어낸다.

홉스를 온전히 이해하려면 그의 탄생부터 들여다보아야 한다. 1588년 봄, 영국 해안가 마을은 공포에 떨고 있었다. 스페인의 무적함대가 침공한다는 소문이 퍼져 나갔다. 홉스의 어머니는 극도의 공포에 사로잡혔고, 그 스트레스로 아이를 3개월이나 일찍 낳았다. 칠삭둥이로 태어난 그는 이렇게 말했다. "어머니는 쌍둥이를 낳았다. 하나는 나였고, 다른 하나는 공포였다."

이 출생의 트라우마는 그의 철학 전체를 관통한다. 공포와 함께 태어난 사람이 평생을 바쳐 추구한 것은 아이러니하게도 안전과 질서였다. 1588년부터 1679년까지 91년간 그가 살았던 시기는 영국사에서 가장 격동적인 시대였다. 끊임없는 혼란 속에서 그는 한 가지 확신에 이르게 된다. "질서 없는 삶은 고독하고, 가난하고, 험악하고, 잔인하고, 그리고 짧다."

이 문장을 읽을 때마다 나는 전율한다. 인간의 삶을 이토록 적나라하게 표현한 문장이 또 있을까? 우리가 당연하게 여기는 일상의 평화가 얼마나 연약한 토대 위에 서 있는지를 강렬하게 일깨워 준다.

「리바이어던(Leviathan)」, 귀스타브 도레(Gustave Doré) 작품, 19세기 후반, 목판화, 성경 『욥기』(Job 41장)에 등장하는 거대한 바다 괴수 리바이어던을 묘사한 삽화
"질서 없는 삶은 고독하고 가난하고, 험악하고 잔인하고, 그리고 짧다."

이런 혼돈에 대한 홉스의 해답은 『리바이어던』에 상징적으로 담겨 있다. 리바이어던은 성서 욥기에 나오는 거대한 바다 괴물이다. 홉스는 이를 국가라는 거대한 인공물로 재탄생시켰다. 표지에 그려진 통치자의 몸은 수많은 개인으로 이루어져 있다. 오른손에는 권력의 칼을, 왼손에는 종교적 권위의 지팡이를 들고 있다. '지상에 더 힘센 자 없으니 누가 그와 겨루랴'라는 욥기 41장 24절의 말씀처럼, 홉스는 절대적 국가 권력을 꿈꾸었다.

『리바이어던』의 첫 문장은 의미심장하다. "자연은 하나님이 세계를 창조하여 다스리는 기예이다. 인간은 이 자연을 모방해 인공동물을 만들어 낼 수 있다." 하나님이 자연을 창조했듯이, 인간은 국가를 창조한다는 의미다.

홉스는 국가 없는 자연 상태를 '만인의 만인에 대한 투쟁'이라 불렀다. 힘이 곧 정의가 되고, 누구도 내일을 보장받을 수 없는 혼돈의 세상. 그런 혼돈을 막는 유일한 방법은 모든 개인이 자신의 권리를 양도하여 강력한 절대 권력, 즉 국가를 만드는 것이었다. 국가는 거대하고 때로는 공포스럽지만, 우리의 안전을 위해 필요한 장치다. 그러나 홉스는 이 모든 것은 우리가 만든 인공물이며, 우리가 지키지 않으면 언제든 무너질 수 있다고 경고한다.

홉스는 갈릴레이의 운동 법칙에서 깊은 영감을 받았다. 움직이는 물체가 계속 운동하듯, 우리의 삶도 끊임없이 움직인다. 한번 시작된

삶은 멈추지 않는다. 어제의 나는 오늘의 나로 이어지고, 오늘의 선택은 내일의 운명이 된다. 생각도, 감정도, 관계도 모두 끊임없이 변화한다. 홉스에게 감각과 상상력이 멈춘다는 것은 곧 죽음을 의미했다. 우리는 늘 새로운 희망을 향해 나아가는 존재다.

완벽한 행복이 없다는 것은, 역설적으로 항상 새로운 행복을 찾을 수 있다는 뜻이다. 삶은 도착이 아니라 영원한 여행이다. 목적지에 도착하면 끝나는 것이 아니라, 계속해서 새로운 길을 찾아 나서야 한다.

홉스를 읽고 난 후, 나는 타인의 시선과 사회의 통념에서 벗어나 내 고유한 감각과 판단을 신뢰하기 시작했다. 그는 내게 합리적으로 사고하는 법을, 논리적으로 추론하는 법을, 무엇보다 내 감각을 믿고 주체적으로 사유하는 법을 가르쳐 주었다.

리바이어던은 무시무시한 괴물이지만, 동시에 우리를 지키기 위해 우리가 만든 필요악이다. 그 거대한 몸체를 이루는 것은 다름 아닌 우리 개개인이다. 국가라는 거대한 기계 속에서도 잊지 말아야 할 것은, 그 모든 것의 시작과 끝이 바로 나라는 사실이다.

감각이 멈추면 삶도 멈춘다. 그러니 계속 느끼고, 생각하고, 움직여야 한다. 그것이 살아 있다는 가장 확실한 증거다. 홉스가 공포와 함께 태어나 평생을 살며 깨달은 것도 바로 이것이었다.

오늘도 나는 내 감각을 믿는다. 아침 커피의 쓴맛도, 스마트폰의 차가운 촉감도 모두 내가 살아있다는 증거다. 이 모든 감각이 모여 생각이 되고, 삶이 된다. 선악의 기준도, 행복의 정의도, 결국은 내가 내 감각과 사유를 통해 정하는 것이다.

이것이 홉스를 통해 내가 깨달은 것이다. 감각을 믿고 삶의 주인이 되되, 리바이어던에 삼켜지지는 말아야 한다. 우리는 모두 자신의 삶을 살아갈 권리가 있고, 그 권리는 우리의 고유한 감각에서 시작된다. 우리 내면의 감각이 곧 우리 삶의 가장 정직한 지도인 것이다.

나는 나를 노래한다

휘트먼의 『풀잎』

"나는 나 자신을 찬양하고, 나 자신을 노래한다." 월트 휘트먼의 시집 『풀잎』을 펼칠 때마다 가장 먼저 마주하는 문장이다. 스스로를 찬양한다니! 겸손을 미덕으로 배워 온 내게는 도발적인 선언이었다. 하지만 그 충격은 이내 가슴 가득한 해방감으로 바뀌었다. 나는 그동안 얼마나 나 자신을 의심하고, 비판하고, 자신을 검열하며 살아왔던가. 남들의 시선을 지나치게 의식하며 목소리를 낮추고, 내 존재를 축소시키려 애쓰지는 않았던가. 그런 내게 휘트먼의 이 당당한 외침은 마치 오래전 잊고 지낸 본래의 나를 흔들어 깨우는 울림과 같았다.

그는 가난했다. 열두 살에 변호사 사무실의 급사가 되었고, 인쇄소 견습공으로 일하며 생계를 이어갔다. 정규 교육이라곤 브루클린의 공립학교에서 보낸 5년이 전부였다. 그러나 그는 도서관을 집처럼 드나들며 호메로스, 괴테, 단테 같은 고전의 거인들을 친구로 삼았다. 바닷가에 나가 파도 소리를 들으며 시를 읊었다. 물질적 풍요는 없었지만, 그에겐 세상을 꿰뚫어 보는 정신의 눈이 있었다. 가난은 오히려 그에게 세상을 넓게 보는 축복이 되었다. "나는 길들지 않는다."라고 선언한 그는 그 어떤 환경에도 굴하지 않고 자신만의 시선으로 세상을 탐구했다.

그는 교사, 인쇄공, 건설 노동자, 간호사 등 수많은 직업을 전전했다. 노잡이, 버스 운전사, 막노동꾼을 가리지 않고 모든 사람과 어울리며 삶의 현장으로 깊이 파고들었다. 그들의 거친 손과 땀에 젖은 이마에서 삶의 진실을 보았고, 궁핍함 속에서도 당당하게 살아가는 영혼에서 경이로움을 발견했다. 그리고 그는 알게 되었다. 위대함은 대리석 위에 박제된 조각상이 아니라, 우리가 매일 밟고 지나가는 일상의 풀잎 속에 살아 숨 쉬고 있음을.

1855년 7월 4일, 그는 시집 『풀잎』을 자비로 출판했다. 이 시집에서 가장 압도적인 시구는 "어떤 일이 있더라도 자유는 끝끝내 지켜야 한다."라는 선언이었다. 그에게 자유란 무엇이었을까? 그것은 바로 자기 자신이 될 권리였다. 남의 눈치를 보지 않고, 남의 기준에 억지로 자신을 끼워 맞추지 않고, 있는 그대로의 나로 살아갈 수 있는 권리. 이 외침은 시대를 넘어 오늘날 우리에게도 변치 않는 울림을 준다. 우리는 이 대목에서 우리 안에 숨겨진 작고도 단단한 자유를 발견할 수 있다.

"내 영혼, 나는 너를 믿는다My soul, I trust in you." 라는 문장은 월트 휘트먼의 시에서 가장 빛나는 선언 중 하나다. 이 구절은 외부의 권위나

규범에 얽매이지 않고, 자신의 내면에서 우러나오는 직관과 감성을 따르겠다는 강렬한 의지를 보여준다. 그는 자신의 영혼을 신뢰함으로써 인간의 무한한 잠재력과 가능성에 대한 굳건한 신념을 표현했다. 나 자신을 믿고, 내면의 소리에 충실하며, 자신의 가능성을 활짝 펼쳐 나가겠다는 그의 가장 깊은 철학적 신념이 이 문장 속에 응축되어 있다. 자신에 대한 이 깊은 신뢰는 우리 모두에게 뜨거운 용기를 불어넣는다.

"어느 날 아이가 말했다. 두 손 가득 풀을 안고 내밀며 이게 뭐냐고 물었다. 어떻게 대답해야 할까? 나도 그것이 무엇인지 그 아이만큼이나 모르겠는걸. 풀은 아마도 내 마음의 깃발, 희망이라는 푸른빛으로 짜인 것이겠지."

이 구절을 읽으며 나는 풀잎이라는 존재의 의미를 새롭게 깨닫게 되었다. 김수영 시인도 풀을 노래했다.

풀이 눕는다
비를 몰아오는 동풍에 나부껴
풀은 눕고
드디어 울었다
날이 흐려서 더 울다가
다시 누웠다

- 김수영의 시 「풀」 중

김수영에게 풀은 바람보다 먼저 눕고, 더 먼저 우는 연약한 존재였다. 하지만 같은 풀을 바라보는 휘트먼의 시선은 달랐다. 그에게 풀은 죽어도 다시 살아나고 짓밟혀도 다시 일어서는 불굴의 생명력 그 자체였다. 그것은 인간 영혼의 불멸성을 보여주는 증거였다. "모든 것은 앞으로 나아가고, 밖으로 나아가며, 아무것도 무너지지 않는다."라는 불굴의 믿음은 바로 이 풀잎의 강인함에서 비롯되었다. 동서양의 두 시인이 같은 풀을 보며 서로 다른 진실을 발견한 것이 흥미롭다. 어쩌면 풀은 연약함과 강인함을 동시에 품은, 그래서 더욱 우리를 닮은 존재인지도 모른다.

휘트먼은 이렇게 단언했다. "지금 이상의 시작은 없다. 지금 이상의 젊음이나 늙음도 없다. 지금 이상의 완벽함도 없다. 지금 이상의 천국이나 지옥도 없다." 이 구절은 내 인생의 전환점을 마련해 주었다. 우리는 늘 더 나은 내일을 기다리며 오늘을 유예하곤 한다. 준비가 되면, 때가 되면, 조건이 맞으면 시작하겠다고 말한다. 하지만 휘트먼은 단호하게 말한다. 지금이 바로 그때라고. 이 순간이 가장 완벽한 순간이라고. 지나간 과거에 머물거나 오지 않은 미래를 염려하지 말고 지금 이 순간을 온전히 살아 내라고 강력하게 권한다. 그의 목소리는 우리에게 현재의 소중함을 일깨워 주는 따뜻한 조언과 같다.

휘트먼을 읽으며 나는 처음으로 나 자신을 긍정하는 법을 배웠다. 그동안 나는 늘 부족한 사람이었다. 더 노력해야 하고, 더 성장해야 하고, 더 완벽해져야 한다고 믿었다. 하지만 휘트먼은 속삭인다. 지금의 너로 충분하다고. 너는 이미 하나의 우주라고. 네 안에는 무한한 가능성이 숨 쉬고 있다고 말이다.

"나는 나 자신을 맹목적으로 사랑한다."라는 그의 외침은 자신을 향한 깊은 사랑이자, 모든 인간에게 베푸는 축복이다. 나는 오늘도 내 안의 목소리에 귀를 기울인다. 조용히, 하지만 확실하게. 그리고 매일 아침 거울을 보며 내게 말한다. 나는 존재 그 자체로 가치가 있다고. 내 상처도, 실패도, 부족함도 모두 나를 이루는 소중한 일부라고.

때로는 길가의 작은 생명에서 큰 깨달음을 얻는다. 보도블록 틈새에서 끈질기게 자라나는 이름조차 알 수 없는 작은 풀 한 포기, 아무도 주목하지 않는 그 생명체가 내게는 기적처럼 다가온다. 척박한 환경 속에서도 포기하지 않고 자라나는 그 모습이 우리 인간과 놀랍도록 닮았다. 아니, 어쩌면 우리가 풀잎을 닮았는지도 모른다. 연약하지만 강인하고, 미미하지만 위대한 존재. 그것이 풀잎이고, 그것이 우리다.

이 모든 깨달음 끝에, 나는 나를 찬양하기로 했다. 우리는 모두 자기만의 노래를 부를 자격이 있다. 남의 곡조에 억지로 맞추지 않은 자신만의 리듬으로, 자신만의 음색으로. 그것이 휘트먼이 우리에게 남긴 가장 아름다운 선물이다. 자기 자신이 되는 용기, 그리고 자신을 사랑하는 지혜. 이제 당신만의 풀잎을 노래할 시간이다. 이 세상은 어디에도 길들지 않은 당신의 노래를 기다리고 있다.

깨어 있는 삶을 위하여

해나 아렌트의 질문

1961년 예루살렘 법정, 방탄유리 안에 한 평범한 중년 남자가 앉아 있었다. 대머리에 안경을 쓴 그는 누가 봐도 성실한 가장의 얼굴이었다. 가족을 사랑하는 아버지였고, 상사의 명령에 충실한 공무원이었다. 그의 이름은 아돌프 아이히만. 600만 유대인을 죽음으로 내몬 홀로코스트의 실무 책임자였다.

전 세계가 그의 재판을 지켜보았다. 사람들은 악마 같은 괴물을 기대했다. 하지만 재판에 참관한 독일의 철학자 해나 아렌트가 발견한 것은 충격적으로 평범한 인간일 뿐이었다. 그녀는 인류 역사상 가장 섬뜩한 통찰에 도달했다. 악은 특별하지 않다는 것, 오히려 지독히 평범하다는 것이었다.

'악의 평범성 Banality of evil'. 아렌트가 아돌프 아이히만의 이야기를 추적하고 분석하며 제시한 이 개념은 우리의 통념을 뒤집었다. 극악무도한 범죄가 극악무도한 인간이 아닌, 생각하지 않는 평범한 사람에

의해 저질러질 수 있다는 것이다. 아이히만의 악은 악의에서 비롯된 것이 아니었다. 그것은 '무사유', 즉 생각하지 않음에서 비롯되었다.

그는 유대인들을 수용소로 보내는 열차 시간표를 짜면서도, 그 행위가 초래할 비극적 결과를 한 번도 숙고하지 않았다. 그에게 그것은 단지 효율적으로 처리해야 할 행정 업무일 뿐이었다. 법정에서 그는 시종일관 자신은 명령에 따랐을 뿐이라고 항변했다. 양심의 가책? 그런 것은 없었다. 생각해본 적이 없으니까.

국가 기관에서 오랜 세월 일해 온 나에게 아렌트의 통찰은 뼈아픈 질문을 던졌다. 나는 얼마나 깊이 생각하며 살아왔을까? 조직의 논리에 순응하며, 위에서 내려온 지침을 따르며, 그것이 옳은지 그른지 진지하게 물어본 적이 있었던가? 매일 반복되는 업무 속에서, 관성적으로 처리하는 공문서 하나하나가 누군가의 인생을 좌우할 수도 있다는 무게감을 느끼며 일했던가?

아렌트는 생각하지 않는 삶을 사는 이들이 악을 범할 수 있다고 경고했다. 우리는 평범한 일상에서 사유의 능력을 잃기 쉽다. 매일 같은 길로 출근하고, 같은 업무를 반복하고, 같은 사람들과 같은 대화를 나누다 보면 우리의 정신은 서서히 마비된다. 그래서 그녀는 '나는 누구인가, 내가 하는 일의 의미는 무엇인가'를 끊임없이 물어야 한다고 강조했다.

모든 사유는 경험에서 움트고, 그 사유는 새로운 시작을 이끈다.

아렌트는 '자신과 만나는 말 없는 대화', 그것을 사유의 힘이라 했다. 오늘 내가 한 말과 행동을 되돌아보고, 그것이 정말 옳았는지 스스로에게 묻는 고요한 성찰의 시간. 그것이 우리를 인간답게 만든다.

그녀의 조언을 따라 나는 매일 밤 잠들기 전 나와의 대화 시간을 갖기 시작했다. 처음엔 10분도 길게 느껴졌다. 하지만 이 짧은 시간이 내 삶을 변화시키는 전환점이 되었다. 당연하게 여겼던 것들이 의문스러워지기 시작했고, 관성적으로 내렸던 결정들의 의미를 다시 생각하게 되었다.

아렌트가 사유의 진정한 모델로 삼은 인물은 2,400년 전의 소크라테스였다. 왜 하필 소크라테스일까? 그는 단순히 지식을 가르치는 철학자가 아니었다. 그는 잠든 사람들을 깨우는 '등에'였다. 아테네라는 거대한 말이 잠들지 않도록 끊임없이 쏘아대는 성가신 벌레 말이다.

소크라테스는 광장에서 사람들을 붙잡고 물었다. "용기란 무엇인가? 정의란 무엇인가?" 처음엔 다들 자신만만하게 대답했다. 하지만 그의 질문이 깊어질수록 확신은 흔들렸다. 마침내 한 젊은이가 "당신과 대화하니, 마치 전기가오리에 쏘인 것처럼 마비되어 아무 말도 할 수 없다."라고 하자, 소크라테스는 미소 지으며 답했다. "나 역시 마비되어 있소. 나도 모르기 때문에 당신까지 모르게 만드는 것이오."

이 '무지의 자각'이 소크라테스의 지혜였다. 대부분의 사람은 자신이 뭔가를 안다고 확신한다. 하지만 진정한 앎은 모른다는 것을 아는 데서 시작된다. 그는 사람들의 얼어붙은 사고를 깨뜨렸다. 당연하게 여기는 관념들에 균열을 내며 새로운 사유의 공간을 열었다.

아렌트가 소크라테스를 통해 전하고자 한 메시지는 분명하다. 아이히만처럼 생각 없이 명령에 따르는 삶을 살지 말라는 것이다. 설령 모두가 하는 일이라도, 상사가 시킨 일이라도 한 번쯤은 멈춰 서서 물어보라. 이것이 옳은가? 내 행동이 누군가를 해치지는 않는가?

그러나 생각하는 사람의 운명은 가혹하다. 기원전 399년, 아테네는 소크라테스를 죽음으로 내몰았다. 젊은이들을 타락시킨다는 죄목이었지만, 진짜 이유는 그의 끊임없는 질문이 기존 질서를 위협했기 때문이다. 철학과 정치의 비극적 충돌이었다. 하지만 아렌트는 희망을 놓지 않았다. 개인의 사유가 공적 영역으로 확장될 때, 우리는 악의 평범성을 막을 수 있다고 믿었다. 혼자만의 생각은 한계가 있다. 아이히만도 나름대로는 생각했다. 문제는 그의 생각이 자기 세계에 갇혀 있었다는 점이다.

그래서 우리는 만나고, 대화하고, 때로는 논쟁해야 한다. 내 생각을 말로 표현하고 다른 사람의 반응을 듣는 과정에서 비로소 내 사유의 한계와 가능성을 발견한다. 이것이 아렌트가 말하는 진정한 정치다. 정치는 국회 의사당에서만 일어나는 것이 아니다. 우리가 모여, 공동의 문제를 논의하는 모든 순간이 정치다.

나이가 들수록 이런 깨달음은 더욱 절실해진다. 오랜 경험이 때로는 독이 될 수 있다. 모든 것을 안다고 착각하기 쉽고, 새로운 시각을 받아들이기 어려워진다. 그래서 더욱 의식적으로 나를 깨워야 한다. 다른 사람들의 목소리에 귀 기울이고, 다른 의견을 환영해야 한다. 최근 한 후배가 내 결정에 이의를 제기했다. 과거의 나였다면 불쾌했을 것이다. 하지만 이제는 감사하다. 그가 나의 등에가 되어준 것이다. 우리는 이렇게 서로를 깨우며 함께 성장한다.

생각하지 않는 삶은 편안하다. 하지만 그 편안함 속에는 치명적인 위험이 숨어 있다. 우리도 모르게 악의 평범성에 빠져들 수 있다. 불의를 목격하고도 침묵한다면, 부당한 지시에 순응한다면 우리도 작은 아이히만이 된다. 그런 작은 침묵들이 모여 거대한 악을 완성한다. 물론 생각하는 삶은 불편하다. 매 순간 끊임없이 자신을 돌아봐야 하고, 익숙한 것들을 의심해야 한다. 하지만 그 불편함이야말로 우리를 깨어 있게 한다. 그것이 인간의 존엄을 지키는 길이다.

아렌트가 우리에게 남긴 유산은 단순하지만 강력하다. 생각하라. 질문하라. 깨어 있으라. 일상에서 던지는 작은 질문들이 세상을 바꾼다. 이것이 평범한 악에 맞서는 우리의 가장 강력한 무기다. 오늘 내가 던진 물음이 누군가를 깨울 수 있고, 누군가의 물음이 나를 깨울 수도 있다. 우리는 이렇게 서로의 등에가 되어 악의 평범함이 발붙일 수 없는, 깨어 있는 삶을 살아간다.

행복, 정복의 대상인가 삶의 여정인가

버드런드 러셀의 『행복의 정복』

"짐승은 몸이 성하고 배가 부르면 행복하다." 영국의 철학자이자 수학자, 그리고 노벨 문학상 수상자인 버트런드 러셀의 『행복의 정복』 첫 문장은 강력하다. 그렇다면 인간은 어떤가? 우리는 배가 불러도, 몸이 건강해도, 심지어 세상의 모든 것을 손에 넣어도 행복하지 않은 때가 많다.

왜일까? 러셀은 1930년, 세계 대공황의 어두운 그림자가 드리운 시대에 이미 현대인의 근원적 불행을 꿰뚫어 보고 있었다. 그는 물질적 풍요가 결코 정신적 충만으로 이어지지 않는다는 것을, 그리고 행복은 저절로 찾아오는 것이 아니라 의지를 가지고 '정복'해야 하는 것임을 선언했다.

다른 사람들에게 행복을 이야기하면서도, 정작 나 자신은 행복이 무엇인지 제대로 알고 있을까? 이런 질문들이 나를 따라다녔다. 그 답을 찾기 위해 오랜만에 『행복의 정복』을 다시 펼쳤다. 평생을 논리와 이성의 세계에서 살았던 수학자이자 철학자가 왜 행복이라는 감정의 영역에 정착했을까.

그는 놀랍게도 젊은 시절 깊은 우울증과 자살 충동에 시달렸다고 고백한다. "만약 수학에 대한 사랑이 없었다면 나는 살아있지 못했을 것이다." 지성의 거인조차도 삶의 의미를 찾기 위해 치열하게 고민했던 것이다. 그런 그가 97세까지 장수하며 충만한 삶을 살 수 있었던 비결이 바로 이 책에 담겨 있었다.

"행복한 인생이란 대부분 조용한 인생이다. 진정한 기쁨은 조용한 분위기 속에서만 깃들기 때문이다."라는 문장을 읽는 순간, 나는 그동안 행복을 엉뚱한 곳에서 찾고 있었음을 깨달았다. 우리는 늘 더 크고, 더 화려하고, 더 자극적인 것에서 행복을 찾으려 한다. 남들보다 더 많이 갖고, 더 높이 올라가야 행복할 것이라고 믿는다.

그러나 러셀은 정반대를 말한다. 고요함 속에서, 평범한 일상 속에서 진정한 행복이 자라난다는 것이다. 돌이켜보니 내 삶에서 가장 행복했던 순간들은 늘 그랬다. 고요한 새벽 시간에 홀로 마시는 차 한 잔의 여유, 오랜 친구와 나누는 소박한 저녁 식사, 가족과 함께 보내는 평범한 주말. 이런 조용한 순간들이야말로 내 삶을 지탱하는 진짜 행복이었다.

러셀은 "성공을 인생의 주된 목표로 삼는 사람은 결코 행복할 수 없다."라고 했다. 성공은 본질적으로 상대적이다. 아무리 높이 올라가도 누군가는 더 높은 곳에 있고, 아무리 많이 가져도 누군가는 나보다 더 많이 가지고 있다. 끝없는 경쟁의 쳇바퀴 속에서 우리는 지쳐갈 수밖에 없다.

내 경우 직장 생활에서의 경력도, 벤처 사업 투자도, 정치 활동도 모두 남보다 더 나은 무언가를 향한 끝없는 질주였다. 그 과정에서 정작 소중한 것들을 놓치고 있었다. 가족과의 시간, 친구와의 우정, 그리고 무엇보다 나 자신과의 고요한 대화를 잃어버리고 있던 것이다.

러셀은 자기 자신에게만 몰두하는 사람의 불행에 대해서도 통찰한다. 그들의 공통점은 자신의 내면에 갇혀 외부 세계와 단절된 채 자신만의 감옥에서 살아간다는 것이다. 러셀은 이런 이들에게 '밖을 보라'고 조언한다. 세상에는 당신 외에도 수많은 사람이 있고, 각자 자신만의 이야기를 가지고 있다. 그들과 연결되고, 소통하고, 공감할 때 비로소 진정한 자유를 누릴 수 있다.

그렇다면 행복의 원천은 무엇인가? 러셀은 열정, 가족, 일, 사소한 관심사, 체념을 꼽는다. 특히 내 마음을 사로잡은 것은 '사소한 관심사'였다. 우리는 늘 거창한 목표, 원대한 꿈에서 행복을 찾으려 한다. 하지만 러셀은 지극히 작은 것들에 관심을 가지라고 말한다. 정원에서 꽃을 가꾸는 일, 새로운 요리를 시도하는 것, 동네 산책로를 걷는 것. 이런 사소한 관심사들이 우리의 일상을 풍요롭게 만든다.

이런 사소한 관심사의 중요성은 러셀의 또 다른 통찰인 '체념'과도 연결된다. "삶을 즐길 수 있었던 비결은 본질적으로 닿을 수 없는 것들에 대해서는 미련 없이 담담히 작별을 고했기 때문이다." 이것은 결코 소극적인 포기가 아니다. 자신이 진정으로 원하는 것과 그렇지 않은 것을 명확히 구별하고, 얻을 수 없는 것에 대해서는 미련 없이 놓아주는 적극적인 선택이다.

나 또한 인생에서 많은 것을 포기해야 했다. 아버지의 사업 실패로 꿈꾸던 미래를 접어야 했고, 정든 국정원을 떠나며 안정적인 직장을 포기했다. 그러나 그 포기가 오히려 나를 자유롭게 만들었다. 이룰 수 없는 것에 매달리며 허비하던 에너지를 이제는 할 수 있는 일, 지금 이 자리에서 마땅히 해야 할 일에 온전히 쏟을 수 있게 되었다.

러셀은 두려움을 극복하는 독특한 방법을 제시한다. "두려움을 집중적으로 생각하면 그 두려움과 친해지고 극복할 수 있다." 도망가지 말고 정면으로 마주하라는 것이다. 두려움의 실체를 똑바로 보면, 그것이 생각보다 크지 않다는 것을 알게 된다.

나도 실패, 가난, 낙오의 불안감 등 수많은 두려움과 마주해야 했다. 그러나 러셀의 조언대로 그것들을 정면으로 바라보니 두려움이 오히려 힘을 잃었다. 상상 속의 괴물이 실제로는 그림자에 불과했다는 것을 깨달은 것이다.

이제는 매일 아침 가족과 나누는 따뜻한 식사, 직원들과의 소박한 대화, 이웃의 진심 어린 감사 인사와 같은 작고 조용한 행복들이 오늘의 나를 지탱한다. 화려한 불꽃놀이는 잠시 밤하늘을 수놓지만, 매일 밤 조용히 빛나는 별들이 우리 마음에 더 깊은 위안을 주는 법이다.

"성공은 행복한 삶이다. 돈도 중요하다. 그러나 목표는 돈보다 행복한 삶이다."라는 러셀의 말은 우리가 자주 빠지는 함정을 정확히 짚는다. 우리는 종종 수단과 목적을 혼동한다. 성공도, 돈도, 명예도 결국은 행복이라는 목적을 위한 수단일 뿐이다. 그러나 우리는 때때로 그 수단에 매몰된 나머지 정작 무엇을 위해 달려가는지를 잊고 만다.

행복한 삶은 조용한 삶이다. 화려함보다는 평온함에서, 자극보다는 고요함에서, 경쟁보다는 만족 속에서 모습을 드러낸다. 이것이 내가 『행복의 정복』에서 얻은 가장 깊고도 소중한 깨달음이다. 행복은 멀리 있는 것이 아니다. 그것은 바로 지금, 여기 우리의 평범한 일상에서 조용히 숨 쉬고 있다.

그래서 행복은 정복의 대상인 동시에 삶의 여정 그 자체가 된다. 우리가 매일 한 걸음씩 나아가는 그 과정이 곧 행복인 셈이다. 오늘도 나는 그 길을 걷는다. 때로는 비틀거리고, 때로는 잠시 멈춰 서더라도 포기하지 않는다. 때로는 흔들리더라도 나만의 속도로 묵묵히 걸어간다. 이 길 위에서 내가 선택한 행복을 정복하고, 그 행복이 다른 이들에게도 닿기를 소망한다.

작은 것들의 마법

일상의 행복

많은 사람이 삶의 궁극적인 목표로 행복을 추구한다. 저마다의 방식으로 행복을 정의하고, 그 행복을 향해 쉼 없이 달려간다. 때로는 크고 화려한 성공을 통해, 때로는 열렬한 사랑 속에서, 혹은 오랫동안 바라던 소망이 이루어지는 순간에 우리는 비로소 행복하다고 느낀다.

그러나 그렇게 어렵게 손에 쥔 행복의 순간조차 시간이 흐르면 어김없이 지나기 마련이고, 찰나의 기쁨은 이내 일상의 평범한 풍경 속으로 스며들어 '생활'이 되어버린다. 영원히 지속되는 행복이라는 말 자체가 어쩌면 우리를 착각하게 만드는 모순일지도 모른다.

그렇다면 행복은 허상일까? 그렇지 않다. 행복은 거대한 완성품이 아니라 작고 투명한 유리 조각들이 모여 만드는 모자이크와 같다. 각각의 조각은 손가락 한 마디도 되지 않지만, 빛을 받을 때마다 제각기 다른 색으로 반짝인다. 크고 화려한 감정은 빨리 소진되지만, 작은 반짝임은 지치지 않고 끊임없이 이어지며 삶을 풍요롭게 채운다.

행복을 찾기 위해 우리는 늘 더 나은 것을 추구한다. 승진 후엔 더 높은 자리를, 집을 사고 나면 더 좋은 동네를 꿈꾼다. 사랑하는 사람과 결혼하고도 더 완벽한 관계를 상상한다. 이렇게 우리는 현재보다 조금 더 나은 미래에 행복이 있다고 믿으며, 그 미래가 현재가 되면 또다시 새로운 미래를 그린다. 이것이야말로 현대인이 빠져 있는 가장 큰 함정이 아닐까?

이 작은 행복의 조각들은 일상의 곳곳에 흩어져 있다. 오랜만에 만난 친구의 다정한 웃음 속에서, 어린아이의 해맑은 미소에서, 우연히 펼쳐 든 책의 한 구절에서 우리는 행복을 만난다. 퇴근길 노을이 하늘에 번져가는 모습을 보며, 따뜻한 차 한 잔의 온기를 느끼며 우리는 행복의 일면을 발견한다.

행복의 조각들은 무심코 지나칠 수도 있는 평범한 순간들 속에서 우리를 기다린다. 중요한 것은 그것을 알아보고 붙잡을 줄 아는 것이다. 길가의 강아지풀을 주머니에 소중하게 넣어두는 아이처럼, 우리도 매일의 작은 기쁨들을 마음 한편에 소중히 간직해둘 수 있다면 어떨까?

작은 조각들을 모으는 일은 특별한 재능이나 부를 요구하지 않는다. 오히려 삶을 대하는 우리의 시선과 태도에 달려 있다. 매일 반복되는 일상에서 잠시 멈춰 서서 주변을 둘러보는 여유, 익숙한 것들 속에서 새로운 아름다움을 찾아내는 섬세함, 그리고 모든 경험에서 긍정적인 의미를 발견하려는 의지가 필요하다.

때로는 이런 생각이 들 수도 있다. 이렇게 작은 것들로 만족하며 사는 것이 소극적인 삶은 아닐까. 하지만 일상에서 기쁨을 찾을 줄 아는 사람은 실패해도 쉽게 무너지지 않고, 좌절해도 금세 일어설 수 있다. 작은 것에서 만족을 얻을 줄 아는 마음이야말로 인생의 긴 여정을 버텨낼 수 있는 가장 든든한 자산이다. 행복의 기초 체력을 기른 사람만이 진정으로 큰 꿈을 품고 도전할 수 있다.

우리가 삶에서 겪는 모든 경험은 결국 이 작은 조각들의 연속이다. 슬픔과 고통이라는 날카로운 파편에 베이기도 하고, 좌절이라는 어두운 그림자에 가려 빛을 잃기도 한다. 하지만 그 모든 순간 속에서도 빛은 존재한다.

90년을 살아오신 한 할머니가 들려준 이야기가 있다. 전쟁과 가난, 질병과 이별을 모두 겪으셨지만 늘 밝은 분이었다. 비결을 묻자 이렇게 답하셨다. "나는 매일 밤 잠들기 전에 그날 가장 좋았던 순간 하나를 떠올려요." 맛있는 반찬이든, 따뜻한 햇빛이든, 길가의 민들레 한 송이든 상관없다고 하셨다. 90년간 모은 그 작은 순간들이 지금의 당신을 만들었다며 웃으셨다.

결국 행복은 멀리 있는 거창한 목표가 아니다. 그것은 삶이라는 거대한 그림 속에서 빛나는 작은 점들이 모여 만들어 내는 총체적인 아름다움이다. 마치 찰나의 순간 피고 지는 꽃잎들이 모여 하나의 계절을 완성하듯이, 작은 행복의 순간들이 모여 비로소 충만한 삶이라는 그림을 완성한다. 우리는 그렇게 매일매일 나만의 행복을 엮어가는 직공이며 삶이라는 이름의 예술가다.

오늘 밤 잠들기 전, 스쳐 지나간 작은 빛들이 얼마나 많았는지 하루를 되돌아보자. 내일은 조금 더 세심한 눈으로 순간들을 붙잡아 보자. 일상 속 작은 기쁨들이 모여 당신의 삶을 가장 아름다운 그림으로 완성할 것이다.

순간을 온전히 살아 낸다는 것

에디슨의 실험

우리가 '혼신渾身을 다해 살아간다.'라는 것은 단순히 모든 에너지를 쏟아붓는 것만을 의미하지 않는다. 삶이 던지는 기쁨과 슬픔, 성공과 실패를 모두 온전히 받아들이며 살아가는 것이다.

삶은 완벽한 시나리오대로 흘러가지 않는다. 예상치 못한 폭풍우에 길을 잃기도 하고, 굳게 믿었던 토대가 무너져 내리는 경험을 하기도 한다. 사랑하는 사람과의 이별, 꿈꿔왔던 일의 실패, 건강에 찾아온 적신호. 이런 순간들 앞에서 많은 이들이 좌절한다. 하지만 진정으로 온 힘을 다해 사는 이는 이 고통의 순간들을 회피하지 않는다. 오히려 그 시련 속에서 삶의 본질을 깨닫는 기회로 삼는다. 쓰디쓴 경험에서 배우고, 넘어져도 다시 일어설 힘을 기르며, 보이지 않는 내면의 근육을 단련한다.

고통은 우리를 더 깊은 곳으로 데려간다. 모든 것이 순조로울 때는 느끼지 못했던 것들을 발견하게 된다. 평범한 아침 식사가 얼마나 큰 축복인지, 가족의 따뜻한 말 한마디가 얼마나 값진 위로인지, 건강한 몸으로 하루를 시작한다는 것이 얼마나 감사한 일인지를 새삼 깨닫는다. 이런 깨달음이 우리를 더 단단하게 만든다.

그렇다면 이런 시련을 견뎌내는 힘은 어디서 나올까? 바로 일상에서 쌓아온 성실함에서 비롯된다. 목표로 정한 일이 있다면 결과만을 좇는 것이 아니라 과정 자체에 온 마음을 다해 헌신해야 한다. 직장인이 매일 같은 시간에 출근하고 맡은 일을 묵묵히 해내는 것, 학생이 시험 결과와 상관없이 꾸준히 공부를 이어가는 것, 예술가가 영감이 없는 날에도 작업실로 향하는 것과 같은 평범한 성실함이 비범한 결과를 만든다. 한 방울씩 떨어지는 물방울이 결국 단단한 바위에 구멍을 내듯, 당장 눈에 보이는 변화는 없어도 시간이 지나면 놀라운 결과를 만들어 낸다.

성실함이란 자신과의 약속을 지키는 용기다. 마라톤 선수가 비 오는 날에도 훈련을 멈추지 않듯이, 작가가 한 줄도 써지지 않는 날에도 책상 앞에 앉듯이, 우리도 각자의 자리에서 꾸준함을 유지해야 한다. 이런 작은 노력이 쌓여 결국 큰 변화를 만든다.

역사를 돌아보면 위대한 변화들은 대부분 화려한 순간이 아니라 평범한 노력의 반복에서 시작되었다. 에디슨의 수천 번의 실험도, 베토벤의 끝없는 연습도 그랬다. 우리 주변에서도 마찬가지다. 20년간 같은 가게를 운영하며 단골손님들과 정을 쌓아온 사장님, 은퇴 후에도 매일 동네 아이들에게 무료로 영어를 가르치는 선생님. 이들의 꾸준함이 작은 기적을 만들어 낸다.

혼신을 다해 살아간다는 것은 결국 삶의 모든 면을 받아들이며 꾸준히 나아가는 것이다. 맑은 날의 기쁨도, 폭풍우 속의 두려움도 모두 내 삶의 일부로 받아들이는 것. 성공의 달콤함도, 실패의 쓴맛도 모두 성장의 자양분으로 삼는 것이다.

이런 삶은 우리에게 무엇을 가져다줄까? 완벽한 행복이나 흠 없는 성공은 아닐 것이다. 대신 어떤 상황에서도 흔들리지 않는 내면의 평화와 좌절 속에서도 희망을 찾아내는 회복력을 준다. 무엇보다 매 순간 온 마음을 다해 살아갈 때, 우리는 결과와 상관없이 과정 자체에서 오는 충만함을 느낀다. 최선을 다했다는 뿌듯함, 어제보다 나아졌다는 성장의 기쁨, 이 순간을 살아있다는 감사함. 이런 것들이 우리의 평범한 일상을 특별하게 만든다. 그것이 온 힘을 다해 사는 삶이 주는 진정한 선물이다.

오늘도 당신이 자신의 자리에서 최선을 다하고 있다면, 그것만으로도 충분히 아름다운 삶이다. 완벽하지 않아도 괜찮다. 넘어져도 다시 일어서면 된다.

삶은 한 편의 교향곡과 같다. 장엄한 선율도 있고 애잔한 화음도 있다. 격렬한 폭풍도 있고 고요한 정적도 있다. 이 모든 것이 어우러져 비로소 하나의 완성된 곡이 된다. 당신의 삶도 그렇다. 모든 순간을 온전히 살아낼 때, 당신만의 아름다운 교향곡이 완성될 것이다.

모든 조건을 뛰어넘는 것

나는 선택한다

비슷한 거리에 있는 식당을 두 군데만 떠올려 보자. 한 곳은 왠지 모르게 자꾸 발길이 향하고, 다른 한 곳은 아무리 가까워도 피하게 된다. 음식 맛도 비슷하고 가격도 크게 다르지 않다. 이 미묘한 차이는 대체 어디서 오는 것일까.

답은 의외로 단순한 곳에 있다. 그곳에서 일하는 사람들의 태도다. 무표정한 얼굴로 주문을 받고, 마치 손님이 번거로운 존재인 양 행동하는 직원. 반대로 따뜻한 미소와 진심 어린 인사로 맞아 주는 직원. 이 작은 차이가 음식 맛을 넘어선 전혀 다른 경험을 만들어 낸다.

이게 과연 식당에만 해당하는 이야기이겠는가? 아니다. 우리 인생 전체가 이 태도의 문제에 직면하고 있다. 같은 상황에서도 어떤 마음으로 접근하고 어떤 시선으로 바라보느냐에 따라 전혀 다른 결과가 펼쳐진다. 사무실에서 보고서를 작성하든, 학교에서 시험을 준비하든, 가정에서 아이를 돌보든, 심지어 낯선 곳으로 여행을 떠나든 관계없다. 태도가 그 사람의 운명과 방향을 결정하는 것이다.

세상에는 참 많은 불평등이 존재한다. 누구는 좋은 집안에서 태어나고, 누구는 그렇지 못하다. 누구는 명문 대학을 나오고, 누구는 학력이 부족하다. 누구는 부모의 든든한 경제적 뒷받침을 받고, 누구는 홀로 모든 것을 감당해야 한다. 이런 현실 앞에서 좌절하거나 분노할 수도 있다.

그러나 태도만큼은 누구나 동등하게 선택할 수 있다. 아니, 정확히 말하면 태도만이 유일하게 우리가 온전히 통제할 수 있는 영역이다. 학벌도, 재산도, 재능도, 심지어 태어난 지역이나 성별까지도 이미 주어진 조건이지만, 태도는 지금, 이 순간 내가 직접 선택하고 바꿀 수 있는 오직 나의 것이다.

그리고 놀랍게도 이 태도라는 것은 다른 모든 외부적인 조건들을 뛰어넘는 강력한 힘을 가진다. 긍정적인 태도는 사람을 끌어당기고, 기회를 만들며, 실패해도 다시 일어서게 한다. 반면 부정적인 태도는 아무리 좋은 조건도 무너뜨릴 수 있다. 명문대를 졸업했든, 부유한 배경을 가졌든, 태도가 잘못되면 그 모든 것이 순식간에 물거품이 될 수 있다.

태도의 힘은 즉각적이면서도 누적적이다. 오늘 하루 좋은 태도로 살아간다고 당장 인생이 바뀌지는 않는다. 하지만 그 하루하루가 쌓여 한 달이 되고, 한 해가 되고, 몇 년이 흐르면 전혀 다른 인생을 발견하게 된다. 눈에 보이지 않는 작은 변화가 거대한 운명의 흐름을 바꾸는 것이다.

그렇다면 좋은 태도란 무엇일까. 거창하거나 특별한 것이 아니다. 지금 하는 일에서 의미를 찾으려 노력하는 것, 함께하는 사람을 진심으로 존중하는 것, 어려운 상황에서도 배울 점을 찾는 것, 실패했을 때 남을 탓하기보다 자신을 돌아보는 것. 이런 소박하지만 확실한 변화들이 모여 인생을 완전히 다른 궤도로 이끈다. 당신의 작은 미소 하나, 따뜻한 말 한마디가 누군가의 하루를 바꿀 수 있다.

태도는 공기처럼 전염된다. 밝고 긍정적인 사람 주변에는 자연스럽게 좋은 사람들이 모이고, 좋은 기회들이 찾아온다. 그가 가는 곳마다 분위기가 밝아지고, 막혔던 일들이 술술 풀린다. 특별한 마법이 아니다. 사람들은 본능적으로 긍정적인 에너지에 끌리고, 그런 사람과 함께하고 싶어 한다. 태도가 곧 그 사람의 명함이 되는 것이다.

결국 인생에서 가장 강력하고 오래가는 무기는 바로 태도다. 학벌, 집안 배경, 물려받은 재산은 단지 시작점을 조금 다르게 해줄 뿐, 당신의 최종적인 목적지를 보장해 주지는 않는다. 그러나 올바르고 긍정적인 태도를 가진 사람은 어떤 시작점에 놓이든, 어떤 난관에 부딪히든 자신만의 특별한 길을 기어이 만들어 간다. 그리고 그 길 위에서 진정한 성공과 오래가는 행복을 찾아낸다.

어떤 상황에 있든, 어떤 벽에 부딪혔던 당신에게는 여전히 선택할 힘이 있다. 오늘 하루를 어떤 태도로 채울지, 어떤 시선으로 세상을 바라볼지를 생각해 보자. 그 선택이 당신의 내일을, 그리고 인생 전체를 가장 빛나는 방향으로 이끌어갈 것이다.

모든 것은 체력에서 시작된다
오늘부터 시작하자

가슴속에 간절히 이루고 싶은 꿈이나 목표가 생겼다면, 그 무엇보다 먼저 해야 할 일이 있다. 바로 체력을 기르는 것이다. 삶이라는 긴 여정을 먼저 걸어본 많은 이들은 한결같이 같은 이야기를 들려준다. 모든 위대한 성취와 행복한 삶의 든든한 바탕에는 건강하고 단단한 몸이 있다고 말이다.

흔히들 꿈을 이루기 위해서는 뛰어난 정신력이나 강한 의지가 가장 중요하다고 생각한다. 물론 그 말도 틀리지 않는다. 그러나 그 단단한 정신력과 흔들리지 않는 의지를 굳건히 뒷받침해 주는 것이 체력이다. 아무리 원대한 꿈을 가져도, 아무리 불굴의 의지를 품어도 몸이 따라주지 않으면 그 어떤 것도 현실로 만들어 낼 수 없다. 훌륭한 엔진을 장착한 최고급 자동차라도 연료가 바닥나면 움직일 수 없는 것과 같다. 체력이야말로 꿈을 향해 나아갈 가장 중요한 연료인 셈이다.

체력이 부족하면 삶의 모든 면에서 제약을 받는다. 무엇보다 집중력이 현저히 떨어진다. 조금만 애써도 쉽게 지치고, 스트레스에 대한 저항력도 약해진다. 가장 치명적인 것은 지속력이 없어서 꾸준히 버텨내며 앞으로 나아가기가 어렵다는 점이다. 반대로 체력이 좋으면 오랫동안 깊이 몰입할 수 있고, 어려운 상황에서도 굴하지 않고 끈기 있게 돌파하는 힘이 생긴다. 같은 일을 하더라도 더 오랜 시간, 더 깊이 있게 파고들며 탁월한 성과를 만들어 낼 수 있다.

더 중요한 사실은 체력이 자신감을 만들어 준다는 점이다. 건강하고 활력 넘치는 사람은 당당하고 활기찬 기운을 내뿜는다. 이러한 자신감은 실제로 눈에 보이는 성과를 만들어 내는 강력한 원동력이 된다. 자신감 있는 사람은 기회를 발견하고 놓치지 않으며, 도전을 두려워하지 않고 과감히 뛰어든다. 설령 실패하더라도 좌절에 오래 머무르지 않고 놀랍도록 빠르게 다시 일어선다. 몸이 건강할 때 마음도 단단해지는 것이다.

몸을 움직이는 시간은 가장 순수한 자기 성찰의 시간이 되기도 한다. 산책하거나, 달리기하거나, 산을 오르거나, 웨이트 트레이닝을 하는 동안에는 외부의 방해 없이 오직 자신에게만 집중할 수 있다. 스마트폰도 없고 다른 사람의 시선도 없는 순수한 나만의 공간에서 우리는 복잡하게 얽힌 생각들을 정리하고, 깊은 내면의 목소리를 들을 수 있다. 체력을 기르는 동시에 우리가 진정으로 원하는 것이 무엇인지, 나아가야 할 방향은 어디인지를 찾아가는 지혜를 얻게 된다.

운동은 또한 우리의 정신 건강에도 직접적인 영향을 미친다. 규칙적인 운동은 스트레스 호르몬을 감소시키고, 행복 호르몬을 분비시킨다. 우울하거나 불안한 마음도 땀과 함께 씻겨 내려가는 것을 느낄 수 있다. 많은 성공한 사람들이 아침 운동을 추천하는 이유가 여기에 있다. 하루를 시작하기 전 운동으로 몸과 마음을 깨우면, 그날 하루가 완전히 달라진다.

육체적으로 피곤하고 지친 상태에서는 자신이 진짜 원하는 것이 무엇인지 알기 어렵다. 남들의 기대나 사회적 압박에 휩쓸리거나, 당장의 편안함을 좇기 쉽다. 하지만 체력이 좋고 정신이 맑을 때는 진짜 욕구와 잠재된 능력을 정확히 파악할 수 있고, 외부의 잡음에 흔들림 없이 나만의 길을 걸어갈 수 있다. 건강한 몸이 맑은 정신을 만들고, 맑은 정신이 올바른 선택으로 이어진다. 이것이 체력이 우리 삶에 선물하는 선순환이다.

체력을 기르는 것은 결코 시간 낭비가 아니다. 오히려 가장 현명하고 효율적인 시간 투자이다. 체력이 부족하면 내게 주어진 일마저도 제대로 집중해서 해낼 수 없지만, 체력에 투자한 시간은 예상보다 훨씬 큰 가치로 되돌아온다. 더 오랜 시간 집중해서 일할 수 있고, 더 창의적으로 생각하며, 어떤 어려움에도 굴하지 않는 회복력을 갖추게 된다.

젊을 때는 타고난 에너지가 있어 체력이 부족해도 어떻게든 버티며 살아갈 수 있다. 하지만 나이가 들면서 체력의 차이는 삶의 질을 좌우하는 결정적 요소가 된다. 건강하고 활력 넘치는 사람은 나이가 들어서도 계속해서 새로운 도전을 시작하고 인생을 풍요롭게 만들어 가지만, 그렇지 못한 사람은 점차 활동 범위와 할 수 있는 일이 줄어드는 한계에 부딪힌다. 꿈을 이루고 싶다면, 그 꿈을 오랫동안 열정적으로 추구할 수 있는 튼튼한 몸부터 만들어야 한다.

오늘부터 시작하자. 거창한 계획은 필요 없다. 매일 15분씩 걷는 것부터 시작해도 된다. 집 근처를 한 바퀴 돌거나, 계단을 오르내리는 것만으로도 충분하다. 나의 경우 엘리베이터 대신 18층을 매일 걷는다. 처음엔 숨이 턱까지 차올랐지만, 이제는 가뿐하게 오를 수 있다. 매일 아침 턱걸이도 빼먹지 않는다. 한 달이 지나면서 몸에 변화가 찾아왔다. 어깨가 넓어지고, 숨이 깊어졌으며, 무엇보다 하루 종일 지치지 않는 활력을 얻었다.

중요한 것은 꾸준히 하는 것이다. 처음엔 작은 목표로 시작해 점차 늘려가면 된다. 체력을 기르는 과정에서 당신은 두 가지 선물을 받게 될 것이다. 하나는 건강한 몸이고, 다른 하나는 명확한 인생의 방향이다. 몸이 건강해지면 마음도 맑아지고, 맑은 마음으로 바라본 세상은 더 큰 가능성을 보여줄 것이다. 이보다 확실한 투자가 또 있을까.

오늘, 당신은 어떤 관계의 씨앗을 뿌릴 것인가?
작은 시작이 만들어 낼 온기를 상상해 보라.
그 온기가 당신의 삶을,
그리고 우리 모두의 삶을
얼마나 풍요롭게 만들 수 있는지를.

2부

마음을 잇는 언어

관계와 소통의 지혜

말의 무게
아리스토텔레스의 통찰

말은 일상 그 자체다. 아침에 눈을 뜨는 순간부터 깊이 잠들 때까지, 우리는 끊임없이 말로 세상과 소통한다. 말은 사람과 사람의 마음을, 생각과 생각을, 그리고 과거와 미래를 잇는 다리다. 말에는 우리 존재를 규정하고 세상을 만들어 가는 강력한 힘이 있다.

말은 그 사람의 정체성을 고스란히 보여준다. 어떤 단어를 선택하고, 어떤 어조로 표현하며, 어떤 맥락에서 사용하느냐에 따라 그 사람의 인격과 가치관이 선명하게 드러난다. 우리가 말로 상황을 어떻게 규정하느냐에 따라 현실의 의미가 달라지고, 나아가 우리 자신의 정체성까지도 변화한다.

한 프레젠테이션을 준비하던 때가 생생히 기억난다. 몇 주에 걸쳐 완벽한 자료를 만들었다고 자신했다. 발표 당일, 질의응답 시간에 한 분이 날카로운 질문을 던졌다. "이 계획이 실패하면 누가 책임질 건가요?" 준비해 온 답변들이 모두 무의미해지는 듯했다. 그때 나는 담담히 답했다. "제가 책임지겠습니다. 하지만 실패하지 않도록 최선을 다하겠습니다." 그 한마디가 회의실의 분위기를 바꾸었다. 프로젝트는 승인되었다. 완벽한 계획보다 진실하고 책임감 있는 한마디가 얼마나 큰 힘을 가지는지 체득했다.

그 경험 이후 아리스토텔레스의 통찰이 새롭게 다가왔다. 그는 인간을 '정치적 동물'이라 불렀는데, 여기서 정치적이란 공동체 안에서 언어를 통해 소통하며 더 나은 삶을 함께 추구하는 존재라는 뜻이다. 그는 "언어는 무엇이 유익하고 유해한지, 무엇이 옳고, 그른지를 밝히는 데 쓰인다."라고 강조했다. 언어는 단순한 의사소통 도구가 아니라, 공동체의 가치를 만들어 가는 핵심 수단인 것이다.

말에는 한 사람의 삶을 일으켜 세울 수도, 한순간에 무너뜨릴 수도 있는 힘이 있다. 공동체를 하나로 묶을 수도, 갈라놓을 수도 있다. 그래서 아리스토텔레스는 말하는 사람의 덕성을 강조했다. 덕성 없는 언어는 인간을 가장 위험한 존재로 만든다고 경고했다.

안타깝게도 오늘날 많은 이들이 말을 정반대로 사용한다. 진실을 위한 언어가 거짓을 퍼뜨리는 데 쓰이고, 화합을 위한 말이 분열을 조장하는 데 남용된다. 특히 온라인에서는 익명성 뒤에 숨어 독화살 같은 말을 퍼붓는 일이 일상이 되었다. 다른 의견을 가진 사람을 적으로 여기며 인격까지 모독하는 모습을 볼 때마다, 우리가 언어라는 선물을 제대로 사용하고 있는지 돌아보게 된다.

그렇다면 말의 덕성이란 무엇일까?

첫째는 진실성이다. 내가 하는 말이 사실에 바탕을 두고 있는지, 과장이나 왜곡은 없는지 점검하는 것이다. 잘 모르겠다고 솔직히 인정하는 것이 어설픈 추측보다 낫다.

둘째는 책임감이다. 한번 뱉은 말은 주워 담을 수 없다. 내 말이 가져올 결과를 예상하고, 그 결과에 책임질 각오로 말해야 한다. 가벼운 농담이 누군가에게는 깊은 상처가 될 수 있음을 기억해야 한다.

셋째는 배려심이다. 같은 내용도 어떻게 표현하느냐에 따라 전혀 다른 결과를 낳는다. "틀렸다"보다는 "다른 관점도 있다"라고, "안 된다"보다는 "이런 방법은 어떨까?"라고 말하는 작은 배려가 대화의 질을 바꾼다.

말의 덕성은 거창한 연설에서만 필요한 것이 아니다. 가족과의 일상 대화에서, 동료와의 업무 소통에서, 모르는 사람과의 짧은 만남에서도 중요하다. 우리가 주고받는 작은 말 한마디가 모여 나의 인격을 만들고, 우리 사회의 품격을 결정한다.

말하는 이의 덕성은 건강한 공동체의 토대가 된다. 정치적 성향이나 가치관이 달라도, 공정과 존중이라는 원칙 아래서 진정성 있게 소통할 때 우리는 함께 성장할 수 있다. 덕성 있는 말은 다름을 인정하면서도 하나로 연결하는 다리가 된다.

언어는 하늘이 우리에게 선사한 더없이 소중한 선물이다. 이 선물을 어떻게 사용할지는 각자의 선택이다. 오늘 내가 건넨 말들을 돌아보자. 누군가를 격려했는가, 아니면 상처를 주었는가. 진실을 전했는가, 아니면 오해를 만들었는가. 화합의 씨앗을 뿌렸는가, 아니면 분열의 가시를 심었는가.

오늘부터라도 내가 하는 말 한마디에 더 깊은 책임감을 가져 보자. 아침 인사에 따뜻함을 담고, 감사의 표현에 진심을 실으며, 비판보다는 격려를 선택해 보자. 그 작은 변화가 당신의 하루를 바꾸고, 당신의 관계를 바꾸며, 결국 우리가 사는 세상을 조금씩 바꿔 갈 것이다. 말의 덕성은 멀리 있지 않다. 바로 지금, 이 순간 당신이 선택하는 한마디가 세상을 바꾸는 힘이 될 것이다.

적당한 거리

쇼펜하우어의 고슴도치

혹독한 겨울밤, 고슴도치들은 온기를 나누기 위해 서로에게 바짝 다가섰다. 하지만 이내 날카로운 가시에 찔려 뿔뿔이 흩어졌다. 추위에 못 이겨 다시 모여들고, 상처에 놀라 또 흩어지기를 반복했다. 고통스러운 시행착오 끝에 그들은 서로를 다치게 하지 않으면서도 온기를 나눌 수 있는 '적당한 거리'가 존재한다는 것을 깨달았다. 19세기 독일 철학자 쇼펜하우어는 이 고슴도치 우화에서 인간관계의 본질을 꿰뚫어 보았다.

나 역시 삶의 숱한 굴곡 속에서 관계의 거리를 배워야 했다. 가까이 다가가 깊은 유대를 맺고 싶은 간절한 마음과 동시에 상처받고 싶지 않다는 본능적인 방어심리 사이에서 끊임없이 흔들렸다. 사람이 그리우면서도 두려웠고, 함께하고 싶으면서도 홀로 있고 싶었다.

이는 나만의 고민이 아니라, 인간이라면 누구나 겪는 숙명적인 딜레마일 것이다. 쇼펜하우어는 인간의 본성이 까칠하여 서로의 성격을 온전히 용납하기 어렵다고 했다. 처음엔 너무도 냉소적인 말이라 여겼지만, 살아가며 마주친 수많은 관계 속에서 그 진실을 인정하지 않을 수 없었다. 우리는 각자의 가시를 가지고 있다. 지울 수 없는 과거의 상처, 고집스러운 성격, 바꾸기 어려운 오랜 습관들. 이 가시들은 가까이 다가선 이들에게 의도치 않은 아픔을 주곤 한다.

그래서 인간은 예의와 정중함이라는 완충 장치를 만들었다. 적절한 거리를 유지하면서도 서로에게 온기를 전할 수 있는 지혜로운 방법을 찾아낸 것이다. 너무 가까이 다가가면 서로의 가시에 찔려 상처 입고, 너무 멀리 떨어지면 외로움에 얼어붙을 수밖에 없다.

관계의 균형은 그 양극단 사이 어딘가에 존재하며, 우리는 평생 그 미묘한 지점을 찾아 헤매는 존재들이다. 수많은 시행착오를 겪으면서 나는 하나의 원칙을 세웠다. '사람이 먼저이되, 결코 선을 넘어서는 안 된다.'

하지만 현실 속 인간관계는 원칙대로 흘러가지 않는다. 사람과 사람이 만나면 필연적으로 감정이 싹트고, 감정은 이성적인 거리를 흐트러뜨린다. 함께하는 시간이 늘어날수록 나의 약점이 드러나고, 상대방의 민낯 또한 조금씩 보이기 시작한다. 내가 가장 어려움을 겪었던 것도 바로 이 거리 조절이었다. 머리로는 적당한 거리가 필요하다는 것을 알면서도, 마음은 자꾸만 그 안전선을 넘어서려 했다. 때로는 너무 깊이 들어가 서로를 할퀴었고, 때로는 너무 멀리 떨어져 관계가 소원해졌다.

 그러던 어느 날, 나는 중요한 진실 하나를 깨달았다. 완벽한 거리란 애초에 존재하지 않는다는 것을. 모든 관계는 상황과 시간에 따라 그 거리가 끊임없이 변했다. 때로는 가시에 찔리는 아픔을 감수하고서라도 깊이 다가가야 할 순간이 있었다. 상처받을 위험을 무릅쓰고 나의 진심을 온전히 보여줘야만 비로소 진정한 온기를 나눌 수 있는 관계도 존재했다.

 시간이 흐르면서 나는 또 다른 진실을 깨달았다. 관계에서는 '진짜'가 되어야 했다. 적당한 거리를 유지하는 척, 예의 바른 척하는 가면들은 결국 껍데기만 남겼다. 진정한 관계는 두려움을 극복하고 자신의 진짜 모습을 드러낼 때 시작되었다.

 모든 사람에게 나의 모든 것을 보여줄 필요는 없다. 직장에서 만나는 동료들과는 전문적이면서도 따뜻한 거리를, 오랜 친구들과는 편안하면서도 존중하는 거리를, 가족과는 가깝지만, 서로의 독립성을 인정하는 거리를 유지해야 한다. 세상에는 적당한 거리를 유지하는 것이 현명한 관계도 있고, 깊은 공감과 이해를 바탕으로 다가가야 할 관계도 있다. 중요한 것은 그 차이를 아는 지혜이다. 언제 가까이 다가가야 하고 언제 한 발짝 물러서야 하는지, 언제 나의 가시를 세우고 언제 마음의 문을 활짝 열어야 하는지를 아는 것이다.

그것이 바로 성숙한 인간관계의 첫걸음이다. 고슴도치들이 수많은 시행착오 끝에 자신들만의 적정 거리를 찾아내듯, 우리 또한 상처받고 회복하며 각자의 관계를 조율해 나간다. 이 과정은 성장을 위한 필수적인 여정이다. 상처 없이는 진정한 성숙도 없고, 실패 없이는 깊이 있는 지혜도 얻을 수 없다. 계속해서 다가가고, 때로는 물러서며, 끊임없이 관계를 조율해 나가는 노력이 필요하다.

적당한 거리의 온기, 그것이 우리가 평생을 통해 찾아야 할 관계의 이상이다. 너무 뜨겁지도, 너무 차갑지도 않은, 상처 주지도, 외롭지도 않은 그런 관계를 만들어 가는 것이다. 이것이 바로 쇼펜하우어의 고슴도치 우화가 우리에게 가르쳐 주는 삶의 가장 중요한 기술이자 지혜일 것이다.

보이지 않는 것을 보는 눈

아버지와의 마지막 동행

　세상은 모두에게 같은 모습으로 존재한다. 그러나 우리는 각자의 시선으로 저마다 다른 세상을 살아간다. 누군가에게는 평범한 돌멩이가 다른 이에게는 고귀한 보석일 수 있고, 흔한 새소리가 어떤 이에게는 위로의 노래가 될 수 있다.

　이처럼 '본다'는 것은 눈으로 사물을 인지하는 것을 넘어선다. 그것은 삶의 경험과 지식이 쌓여 형성된 내면의 필터를 통해 세상을 해석하고 의미를 부여하는 일이다. 아는 만큼, 그리고 경험하는 만큼 세상의 숨겨진 얼굴들이 우리에게 모습을 드러낸다.

　개인적으로 이 깨달음을 뼛속 깊이 새겼던 순간은 아버지가 마지막 길을 가실 때였다. 거친 숨을 몰아쉬는 아버지는 구급차에 실려 병원으로 향하셨다. 나 역시 그 작은 공간에 아버지와 함께 앉아 있었다.

　세상의 모든 소리가 아득하게 멀어지는 듯했지만, 구급차의 날카로운 사이렌 소리만큼은 귓속을 파고들었다. 그 소리에 맞춰, 앞서 달리던 모든 차량이 기적처럼 일제히 길을 비켜 주었다. 아버지의 손은 서서히 힘을 잃어가고 있었지만, 아버지를 위해 세상이 길을 열어주고 있는 듯했다. 그 장엄하면서도 비극적인 풍경 앞에서 나는 그저 무력하게 아버지를 바라볼 수밖에 없었다.

아버지는 결국 돌아가셨지만, 그날 이후 내게 구급차의 사이렌 소리는 이전과 전혀 다른 의미로 다가왔다. 부끄러운 마음으로 고백하건대 그전까지는 시끄러운 경고음에 불과했고, 무심하게 스쳐 지나가던 도시의 흔한 배경음 중 하나였다.

그러나 이제는 그 소리가 들릴 때마다 그 안에 누군가의 아버지가, 어머니가, 혹은 사랑하는 이가 타고 있을지도 모른다는 생각에 잠긴다. 사이렌 소리는 타인의 절박한 생명을 향한 간절한 기도이자, 무수한 가족들의 눈물을 함축한 가슴 저미는 울림이 되었다. 내가 경험한 비극의 순간이 세상을 바라보는 나의 눈을 완전히 바꾸어 놓았다.

이런 경험을 통해 깨달은 것은 우리는 관심이 없으면 아무리 명확한 것도 보지 못하고, 자기가 알고 경험한 만큼만 세상을 인지한다는 사실이다. 각자의 경험이라는 렌즈를 통해 세상을 바라보기에, 내가 경험하지 못한 타인의 고통이나 기쁨은 투명한 벽 너머의 풍경처럼 느껴진다.

문제는 우리가 그것을 보려 하지 않거나, 볼 수 있는 경험의 폭이 부족하다는 점이다. 현대 사회는 점점 더 개인화되어 가면서 타인에 대한 관심과 공감 능력이 줄어들고 있다. 스마트폰 속 작은 화면에 갇혀 주변의 진짜 세상을 놓치는 일이 많다. 멀리 있는 유명인의 일상은 상세히 알면서도, 바로 옆에 앉은 동료의 속마음은 전혀 모르고 지나친다.

삶에서 보는 능력을 키운다는 것은 타인의 이야기에 귀 기울이고, 그들의 감정을 이해하려 노력하며, 기꺼이 타인의 세계로 들어가는 일이다. 이는 호기심에서부터 시작된다. 왜 저 사람은 저런 표정을 짓고 있을까? 저 건물은 어떤 이야기를 품고 있을까? 이런 작은 물음들이 우리의 시야를 넓혀준다.

호기심 다음에는 열린 마음이 필요하다. 첫인상이나 편견에 사로잡히지 말고, 상대방의 상황과 입장을 먼저 이해하려 노력해야 한다. 섣부른 판단은 진실을 가린다. 그리고 무엇보다 중요한 것은 공감이다. 타인의 감정을 내 것처럼 느껴 보고, 그들의 처지에서 생각해 보는 것. 이것이야말로 보이지 않는 것을 보게 하는 가장 강력한 힘이다.

이런 노력이 쌓일 때 우리는 보이지 않던 것들을 보기 시작한다. 카페에서 혼자 앉아 있는 어르신의 쓸쓸한 뒷모습에서 외로움을 보고, 버스 정류장에서 차를 기다리는 학생의 들뜬 표정에서 설렘을 읽어낸다. 평범한 일상이 특별한 순간들로 변화한다.

세상을 더 깊이 본다는 것은, 더 넓은 세상을 사랑하게 된다는 의미와 같다. 우리가 관심이라는 빛을 비추고, 경험이라는 렌즈를 통해 바라볼 때 평범했던 일상은 경이로운 순간들로 가득 찬다.

오늘부터라도 세상을 조금 다르게 바라보자. 스마트폰 화면 대신 주변 사람들의 표정을 관찰하고, 가족과 친구들의 말 뒤에 숨은 진짜 마음을 읽어 보려 노력하자. 마주치는 모든 존재를 선입견 없이 바라보면서 그들만의 이야기를 헤아려 보자.

어쩌면 우리가 놓치고 있는 것은 특별한 무언가가 아니라, 늘 곁에 있던 평범한 일상의 아름다움일지도 모른다. 시선이 닿는 모든 곳에 삶의 경이로움이 이미 펼쳐져 있다. 보이지 않던 것을 보는 눈이야말로 삶을 가장 풍요롭게 만드는 마법이다.

시간의 사다리: 놓아주는 용기, 떠나보내는 연습

금강경의 자유

 강물은 쉼 없이 흐르고, 나는 뗏목 위에 서서 저편 언덕을 바라본다. 거센 물살에 몸이 흔들리지만, 이 투박한 뗏목은 나를 안전하게 지탱해 준다. 그런데 언덕에 닿으면 뗏목은 더 이상 필요 없다. 이제부터는 내 발로 걸어야 할 길이다.

 하지만 나를 여기까지 안전하게 데려다준 뗏목을 버려두고 가도 될까 하는 망설임이 든다. 이 뗏목처럼 우리 삶에도 한때는 더없이 소중했지만, 미련 없이 놓아야 할 것들이 있다. 그것을 놓을 때 우리는 비로소 진정한 성장의 다음 단계에 이르는 길을 찾는다.

 사벌등안捨筏登岸은 금강경에 나오는 이야기다. 강을 건넌 뒤에는 뗏목을 버리고 언덕으로 오른다는 말이다. 강을 건널 때 뗏목은 생명줄과 같았지만, 언덕으로 향할 때면 그저 발목을 잡는 무거운 짐이 될 뿐이다. 필요에 따라 취하되 어떤 것에도 매달리지 말라는 이 가르침을 이성으로는 받아들이면서도, 마음 한편에 자리한 불안과 아쉬움 때문에 선뜻 손을 떼지 못하는 것이 인간의 본성이다.

불교 경전 『금강경』의 집착을 버리라는 가르침도 같은 맥락이다. 우리는 만사에 집착하지 말라는 가르침을 받아들이면서도 여전히 손에 쥔 것들을 놓지 못한다. 과거의 성공 방식, 편안한 환경. 이 모든 것이 우리에게는 소중한 뗏목이었다. 분명 한때는 필요했고 도움이 되었으나, 강을 건넌 후에도 뗏목을 끌고 언덕을 오르려는 어리석은 행동은 결국 우리를 집착이라는 감옥에 가두고 성장의 기회를 빼앗는 족쇄가 된다.

일하면서 수많은 뗏목이 필요하다는 것을 나는 경험으로 깨닫는다. 새로운 프로젝트마다 새로운 도구가 필요하다. 새로운 사람들과의 관계가 필요하다. 새로운 사고방식이 요구된다. 여기서 중요한 것은 그 뗏목들에 집착하지 않는다는 점이다. 강을 건널 때는 온 마음을 다해 그 뗏목을 믿고 의지하지만, 강을 건넌 후에는 미련 없이 손을 놓을 줄 알아야 한다.

일하는 방법도 마찬가지다. 사안에 따라, 상황에 따라, 사람에 따라 달리해야 한다. 법과 원칙이라는 명확한 기준만 있다면 방법은 얼마든지 바꿀 수 있다. 아니, 바꿔야 한다. 유연함이야말로 변화하는 세상에서 살아남는 가장 강력한 무기다. 낡은 뗏목에 대한 집착이 새로운 길을 막듯이 과거의 성공 방식에 갇히는 순간 우리는 앞으로 나아가지 못하고 정체된다.

매번 깨닫는 것은 균형의 중요성이다. 이것이 얼마나 어려운 일인지 현실에서 부딪힐 때마다 실감한다. 그래서 모든 사람을 만족시킬 수는 없지만, 최소한 공정함은 잃지 않으려 한다. 옳고 그름의 기준을 명확히 하고, 누구에게든 동일하게 적용하려 한다. 이 균형 감각은 뗏목을 버리는 용기만큼이나, 삶의 파도 속에서 나를 지탱해 주는 중요한 나침반이 된다.

복잡한 문제일수록 서두르면 안 된다는 것을, 인생을 통해 뼈저리게 배웠다. 서두를수록 감정이 격하게 부딪히고, 예상치 못한 사고가 터지기 마련이다. 급한 마음에 성급한 판단을 내리면 결국 더 많은 시간과 에너지를 잃게 된다. 마치 강을 건너기도 전에 뗏목을 너무 빨리 버리거나, 너무 오래 붙들고 있어 다음 기회를 놓치는 것과 같다. 때로는 잠시 멈춰 서서 강물의 흐름을 읽는 지혜가 필요하다.

놓아주는 것도 때가 있다. 너무 이르게 놓으면 아직 필요한 것을 잃게 되고, 너무 늦게 놓으면 이미 쓸모없어진 것에 매달리게 된다. 이 적절한 시기를 아는 것, 그것이 바로 삶의 지혜다. 새로운 상황을 만들어낼 생각의 힘을 기르는 것도 중요하다. 같은 상황을 보고도 다르게 해석할 수 있는 능력, 막다른 길에서도 새로운 길을 찾아낼 수 있는 창의력은 수많은 경험과 성찰의 시간이 축적되어야 비로소 빛을 발한다.

결국, 인생은 뗏목을 타고 내리기를 반복하는 여행이다. 어떤 뗏목은 짧은 거리만 함께하고, 어떤 뗏목은 긴 여행을 함께한다. 중요한 것은 각각의 뗏목이 필요한 순간에는 온전히 의지하되, 그 역할이 끝나면 미련 없이 보내주는 것이다.

손을 움켜쥐는 것만큼 중요한 것이 손을 펴는 것이다. 붙잡는 것만큼 소중한 것이 놓아주는 것이다. 이것이 바로 삶의 예술이자, 우리를 더 큰 자유와 성장으로 이끄는 길이다. 우리의 삶이 매 순간 새로운 강을 건너고 새로운 언덕을 오르는 여정임을 깨달을 때, 우리는 비로소 진정한 자유를 얻는다. 놓아줄 수 있는 용기가 있을 때, 더 큰 것을 받아들일 수 있는 공간이 생긴다.

오늘도 나는 어떤 뗏목 위에 서 있을까. 그리고 이제는 놓아야 할 뗏목은 무엇일까. 강물 소리에 귀 기울이며 자신에게 묻는다. 때로는 아직 놓을 준비가 되지 않았음을 인정하고, 때로는 이미 놓았어야 할 것을 너무 오래 붙들고 있었음을 깨닫는다. 그러나 그것도 괜찮다. 삶은 완벽한 타이밍을 요구하지 않는다. 다만 계속해서 배우고, 용기를 내어 시도하며, 조금씩 더 자유로워지는 것으로 충분하다.

모든 것을 품는 지혜
바다처럼 살자

나는 내 방식을 고집하지 않으려 애쓴다. 옳다고 믿었던 신념도, 편안하게 느꼈던 익숙함도 기꺼이 내려놓는다. 비판과 충고는 물론 때로는 날카로운 지적까지도 받아들이려 노력한다. 처음에는 자존심이 상하고 억울했다. 하지만 시간이 흐르며 놀라운 변화를 경험했다. 내 안에 모인 다양한 생각들이 서로 뒤섞이고 발효되어, 전혀 새로운 무언가로 태어났다.

말이 모이는 곳은 바다와 같아야 한다. 바다는 세상의 모든 강물을 받아들인다. 맑은 산속 계곡물도, 도시를 관통한 탁한 강물도 거부하지 않는다. 거대한 물줄기든 이름 없는 실개천이든 구분하지 않는다. 그런데도 바다는 더러워지지 않는다. 오히려 모든 것을 품고 정화 시킨다.

인간의 마음도 그래야 한다. 우리는 살아가며 수많은 사람을 만난다. 지혜로운 스승도 만나고, 상처 주는 사람도 만난다. 격려하는 친구도 있고, 비난하는 이들도 있다. 중요한 것은 이 모든 만남을 거부하지 않는 것이다.

좋은 사람만 골라서 만나려 하면 작은 우물에 갇힌다. 편안한 관계에만 머물면 성장은 멈춘다. 바다가 모든 물을 받아들여 거대해지듯, 우리도 모든 만남을 통해 넓어지고 깊어진다. 맑은 영혼이 우리를 정화 시키고, 어려운 사람이 우리의 포용력을 키운다.

바다의 지혜는 낮은 곳에 머무는 겸손함에 있다. 물은 높은 곳에서 낮은 곳으로 흐르고, 바다는 가장 낮은 곳에서 모든 것을 받아들인다. 우리도 자신을 낮출 때 모든 것을 품을 수 있다. 겸손할 때 지혜가 모이고, 낮아질 때 사람이 모인다.

물론 모든 것을 받아들인다고 해서 모든 것에 물들라는 뜻은 아니다. 바다가 자신의 본질을 잃지 않듯, 우리도 중심을 지켜야 한다. 열린 마음과 분별력, 이 둘의 균형이 필요하다.

바다처럼 산다는 것은 적을 만들지 않는다는 의미이기도 하다. 누군가를 적으로 규정하는 순간, 우리는 스스로 감옥을 만든다. 미움은 상대보다 나를 더 병들게 한다. 바다는 어떤 물도 거부하지 않지만, 어떤 물에도 지배당하지 않는다. 그것이 진정한 자유다.

바다는 가만히 있는 것 같아도 끊임없이 움직인다. 파도치고, 순환하고, 증발하여 비가 되어 돌아온다. 우리 마음도 그래야 한다. 고여 있으면 썩는다. 계속 흐르고 순환해야 한다. 주고받고, 품고 놓아주며,

살아 움직여야 한다.

오늘도 누군가가 내 삶으로 흘러들 것이다. 기쁨을 주는 사람일 수도, 시련을 주는 사람일 수도 있다. 하지만 나는 더 이상 두렵지 않다. 내 안의 바다가 아주 넓고 깊어지고 있음을 알기 때문이다.

모든 것을 품되 물들지 않고, 모든 것을 받되 잃지 않는 법을 조금씩 배워가고 있다. 때로는 거센 파도에 흔들리고, 때로는 고요한 수면처럼 평온하다. 그 모든 변화가 나를 더 깊고 넓은 존재로 만들어 간다.

바다가 수많은 생명을 품고 기르듯, 나도 만나는 모든 이들에게 쉼과 위로가 되고 싶다. 누군가는 내게서 희망을 길어 가고, 누군가는 내게 지혜를 남기고 갈 것이다. 그렇게 주고받으며, 우리는 서로를 살리는 바다가 된다.

바다처럼 낮고 넓고 깊게. 이것이 내가 꿈꾸는 삶이다. 모든 것을 품을 수 있는 너른 마음으로, 어떤 물결도 받아 낼 수 있는 깊이로, 가장 낮은 곳에서 모든 것을 아우르는 겸손함으로. 그렇게 살아갈 때, 우리는 자유롭고 평화로운 삶을 살게 된다.

마음의 온도를 높이는 법

마크 스미스의 『감각의 역사』

"당신은 공감 능력이 없어."

결혼 10년 차, 아내가 조심스럽게 꺼낸 말이었다. 처가의 가족사를 상의하던 중이었다. 아내는 구체적인 조언을 원했지만, 나는 늘 그랬 듯 "당신이 알아서 해."라고 답했다. 그날 밤, 아내의 눈에서 본 것은 실망도 분노도 아닌, 깊은 외로움이었다. 비난이 아닌 간청의 눈빛으로 나를 바라보고 있었다.

공감 능력. 애초에 몰랐던 말이다. 감정은 오롯이 개인의 것이라고 믿었다. 내 감정을 다스려 남에게 폐를 끼치지 않으면 충분하다고 생각했다. 타인의 감정은 그들의 몫이었고, 나는 내 감정의 주인이면 족했다. 그것이 성숙한 어른의 자세라고 믿어 의심치 않았다.

가족회의가 열릴 때마다 5인 가족 중 내 의견은 항상 소수였다. 간혹 맏딸이 내 편을 들어줬지만, 소수를 벗어나진 못했다. 왜 내 합리적인 판단이 받아들여지지 않는지 이해할 수 없었다. 공감이라는 단어 자체가 벽처럼 느껴졌다. 사람마다 느끼는 감정이 모두 다른데, 그 감정을 어떻게 내 것처럼 느낄 수 있단 말인가.

그래도 할 줄 아는 게 책 읽는 것이라 마크 스미스의 『감각의 역사』를 펼쳤다. 감각이 생물학적 기능일 뿐 아니라 문화적, 역사적으로 형성된다는 스미스의 통찰은 신선한 충격이었다. 같은 음식을 먹어도 문화에 따라 다르게 느끼고, 같은 소리를 들어도 경험에 따라 다르게 해석한다는 것이다.

스미스의 책을 읽으며 감각과 감정의 연결을 생각하다가, 문득 공감에 대해 더 알아보고 싶어졌다. 다른 책들을 찾아보니 공감에도 종류가 있다는 것을 알게 되었다. 뜨거운 공감이라 불리는 감정적 공감은 상대의 기쁨과 슬픔을 내 것처럼 느끼는 것이다. 친구가 승진했을 때 함께 기뻐하고, 실연의 아픔을 겪을 때 가슴 아파하는 것. 반면 차가운 공감이라 불리는 인지적 공감은 왜 저 사람이 저렇게 느낄까를 이해하는 능력이다. 상대의 입장에서 생각해 보는 것, 우리가 흔히 말하는 역지사지易地思之가 바로 이것이었다.

사회생활에 문제는 없었다. 아니, 없는 줄 알았다. 친밀함으로 이루어지는 관계와 필요에 의한 관계를 구분하지 못했을 뿐이다. 갈등이 생기면 피했고, 적당한 거리를 유지했다. 안전했지만 외로운 방식이었다.

공감이 왜 중요할까? 우리는 그 어느 때보다 연결된 시대를 살고 있다. SNS로 전 세계와 소통하고, 실시간으로 정보를 주고받는다. 하지만 역설적으로 그 어느 때보다 외롭고 단절된 시대이기도 하다. 디지털 기기 속에서 우리는 점점 더 고립되어 간다. 이모티콘으로 감정을 표현하고, '좋아요'로 관심을 대신한다. 진짜 감정을 나누는 법을 잊어가고 있다. 그래서 공감이 더욱 절실해졌다. 인간다운 연결을 회복하는 열쇠가 바로 공감이기 때문이다.

내가 부족하다는 것을 알았으니 채워야 했다. 그 첫째가 듣기였다. 진짜로 듣는 것. 귀로만이 아니라 마음으로 듣는 것. 상대의 말 너머에 있는 감정을 듣는 것이었다. 둘째가 역지사지였다. 나의 감정이 소중하다면 타인의 감정도 소중하다. 내가 이해받고 싶다면 먼저 이해해야 한다. 단순한 이치였지만 실천은 어려웠다. 셋째는 받아들임이었다. 다름을 인정하고 같음을 찾아가는 과정. 타인을 있는 그대로 내 안에 들이는 연습이었다.

그날 밤부터 작은 변화를 시도했다. 아내가 말할 때 핸드폰을 내려놓고 눈을 맞췄다. 고개를 끄덕이며 온전히 아내에게 집중했다. "오늘 친정에서 전화가 왔는데…" 예전 같으면 '또 무슨 일인가?' 하고 생각했을 것이다. 하지만 이번엔 달랐다. 아내의 목소리에 담긴 미세한 떨림, 잠시 멈추는 호흡, 불안하게 움직이는 손. 그 모든 신호가 내게 말을 걸었다.

"무슨 일인데? 걱정되는 일이야?" 아내가 놀란 표정을 지었다. 그리고 천천히 이야기를 풀어놓기 시작했다. 10년 만에 처음으로 진짜 대화를 나눈 것 같았다. 나는 그저 들어주었다. 해결책을 제시하는 대신, "많이 걱정되겠네. 혼자 고민하느라 힘들었겠다." 라고 말했다. 아내의 시선이 편안해짐을 느낄 수 있었다.

변화는 조용히, 그러나 확실하게 찾아왔다. 아침 인사가 달라졌다. 어깨와 등을 가볍게 두드리는 작은 접촉, 퇴근 후 아이들과 나누는 눈맞춤. 처음엔 어색했지만, 점차 자연스러워졌다. 가족의 표정이 보이기 시작했다. 아들의 들뜬 기분, 큰딸의 피곤함, 막내의 기대 어린 눈빛. 늘 거기 있었지만 보지 못했던 것들이었다.

회사에서도 변화가 일어났다. 부하 직원의 고민을 들어주는 시간이 늘었고, 동료들과의 관계가 깊어졌다. 그저 업무를 함께 처리하는 관계에서 서로를 이해하는 관계로 발전했다. 성과도 자연스럽게 향상되었다.

무엇보다 공감이 가져온 가장 큰 변화는 나 자신과의 관계였다. 타인을 이해하려 노력하다 보니, 나 자신도 더 깊이 들여다보게 되었다. 내가 왜 감정 표현을 어려워했는지, 왜 거리를 두려고 했는지 이해하게 되었다.

인간은 감정의 연결고리로 성장한다. 나를 성숙하게 한 것은 공감을 향한 서툰 노력이었다. 마크 스미스의 『감각의 역사』를 읽으며 깨달았다. 우리가 무엇을 보고, 듣고, 느끼는가가 우리의 세계를 만든다. 공감은 거창한 게 아니었다. 상대의 숨소리에 귀 기울이는 것, 떨리는 목소리 속에 숨은 불안을 알아차리는 것, 그저 곁에 있어 주는 것이었다.

우리 시대가 잃어버린 것은 속도가 아니라 온도다. 더 많은 정보가 아니라 더 깊은 이해다. 서로의 마음을 들여다보고, 손을 잡아주는 일. 그 작은 온기가 모여 세상을 바꾼다. 빈방이었던 내 마음에 이제는 사람들이 드나든다. 가족의 숨결이, 그들의 이야기가, 웃음과 눈물이 하나둘 쌓여 간다.

어제는 손녀가 그림을 그려왔다. "할아버지 얼굴이야." 종이 위에 삐뚤빼뚤 그려진 얼굴이 환하게 웃고 있었다. 예전의 나라면 그저 "잘 그렸네."라고 말하고 지나갔을 것이다. 하지만 이제는 달랐다. 손녀의 눈높이에 맞춰 앉아, 그림을 함께 들여다보며 대화했다. 그 순간, 마음의 온도가 확 올라갔다.

마음의 온도를 높이는 법은 생각보다 간단하다. 상대의 이야기에 귀 기울이고, 그 마음을 내 마음처럼 느끼려 노력하고, 서툴더라도 다가가는 것. 누구나 아는 이야기다. 하지만 아는 것과 사는 것은 하늘과 땅만큼의 차이가 있다. 그래서 공감은 어렵다. 우리가 함께 살아가는 방식은 이토록 단순하지만, 실천은 평생의 숙제다.

아직도 때로는 옛 습관이 튀어나와 아내를 서운하게 만들기도 한다. 하지만 이제는 서툴러도 계속 노력하는 것이 사랑이라는 것을 안다. 오늘도 나는 연습한다. 가족의 표정을 읽는 연습, 동료의 마음을 헤아리는 연습, 나 자신을 이해하는 연습. 때로는 실패하고, 때로는 오해받는다. 그래도 괜찮다. 마음의 온도는 하루아침에 오르지 않는다. 천천히, 꾸준히, 따뜻해지는 중이다. 그것으로 충분하다.

정직이라는 유산

사람을 품어라, 나누어라

새벽 다섯 시. 인천의 어느 주물 공장 용광로가 깨어나는 시간이다. 쇳물이 끓어오르는 소리가 고요한 새벽을 가르면 아버지의 하루가 시작된다. 천도가 넘는 온도로 녹아내리는 쇠처럼, 아버지의 삶도 그렇게 뜨겁게 끓어올랐다.

사양 산업이라 불리던 주물 제조업. 남들은 미래가 없다고 고개를 저었지만, 그곳은 아버지에게 희망의 용광로였다. 여러 번 공장을 여닫으며 고비를 넘긴 끝에 마침내 인천에 뿌리를 내렸다. 현장에 서면 늘 미소가 번지셨다. 검게 그을린 작업복, 쇳가루가 날리는 공장 한복판에서도 아버지의 얼굴엔 빛이 났다. 자신의 일터를 사랑하는 사람만이 가질 수 있는 특별한 빛이었다.

점심은 언제나 김이 모락모락 피어오르는 어머니의 도시락이었다. 아버지는 늘 같은 말씀을 하셨다. "네 엄마가 내 구세주다. 아직도 이렇게 밥을 챙겨주지 않니?" 도시락 속 반찬 하나하나에는 어머니의 정성이 듬뿍 담겨 있었다. 그것은 단순한 한 끼가 아니라 가족의 온기였다.

어머니 이야기가 나올 때마다 IMF 시절 이야기가 자연스레 이어졌다. 1997년 겨울, 20억의 자금 압박에 시달리던 아버지는 가족을 불러 모으셨다. 부도밖에 답이 없는 것 같다며 무겁게 입을 여셨다. 그때 어머니가 일어서셨다. "우리 가족이 남의 돈을 갖고 훔쳐 살 수는 없어요! 이 아이들을 그늘 속에 살게 할 수는 없어요." 그날 이후, 어머니는 18억이라는 거금을 마련해오셨다. 나도 나머지를 가까스로 메웠지만, 어머니는 늘 큰일 했다며 장남의 체면을 세워 주셨다.

그렇게 지켜낸 가업이었기에 아버지의 애착은 남달랐다. 새벽마다 용광로에 첫 전기를 올리며 아버지는 말씀하시곤 했다. "이 소리가 우리 가족의 심장 소리다." 그 말씀처럼 공장은 우리 가족의 심장이었고, 아버지는 그 심장을 뛰게 하는 사람이었다.

내가 명예퇴직했을 때, 망연자실해 있던 나를 아버지가 불러세우셨다. "더 이상 남의 밑에 있지 말고 나와 함께 일하자!" 그렇게 시작된 아버지와의 동행은 내 인생의 전환점이 되었다. 매일 아침, 아버지는 내가 운전하는 차의 보조석에 앉으셨다. "국가 공무원 출신 아들 옆에 앉아 볼까?" 농담처럼 던지신 말씀에는 아들에 대한 자부심이 묻어났다.

출근길 한 시간, 그 차 안은 우리 부자의 특별한 대화방이 되었다.

어느 날 아버지는 차창 밖을 바라보시다가 조용히 말씀을 꺼내셨다. "우리는 경주 이씨다. 여주에서 13대를 살았다." 잠시 침묵이 흘렀다. "뿌리를 아는 것이 중요하다. 그리고 서울에 올라와 자리를 잡을 때 가장 큰 힘이 된 것은 정직함이었다."

신호등에 걸려 차가 멈췄다. 아버지는 나를 돌아보며 말씀하셨다. "정직함은 사업의 그릇이다. 그릇이 깨끗해야 무엇을 담아도 썩지 않는다." 아버지께서는 나의 공직 생활을 들여다본 듯이 말씀하셨다. 돌이켜보면 나의 삶이 늘 정직했던 것은 아니었다.

아버지의 인생철학 중 가장 인상 깊었던 것은 사람에 대한 통찰이었다. "살아보니 사람은 바뀌지 않더라. 그러니 사람을 잘 사귀어야 한다." 처음에는 그 말씀이 냉정하게 들렸다. 하지만 아버지는 계속 말씀하셨다. "간사한 사람도 있다. 하지만 속아 주어라. 알아도 모른 체하고 들어 주어라. 들으면 답이 있다." 시간이 지나며 깨달았다. 그것은 용서와 포용의 다른 표현이었다.

"게도 등딱지 크기에 맞춰 굴을 판다. 사람도 자기 크기에 맞는 굴을 파기 마련이다." 각자의 그릇과 능력에 맞게 살아간다는 것을 인정하고 받아들이는 것이 함께 살아가는 지혜라고 가르치신 것이었다.

돈이 있으면 나눠야 한다는 말씀의 진정한 의미를 알게 된 것은 아버지의 칠순 때였다. 자식들이 잔치를 준비하려 하자 아버지는 단호히 거절하셨다. 얼마 후 그 답을 알게 되었다. 아버지는 중랑구청으로부터 감사패를 받아 오셨다. 쌀 100가마를 기부하셨다는 것이었다. 칠순 잔칫상 대신 어려운 이웃들의 밥상을 차리신 것이다.

그날 저녁, 나는 어머니와 함께 아버지를 성토했다. "아버지, 왜 말씀도 없이 그렇게 하셨어요?" 아버지는 그저 웃으셨다. "나눔은 자랑하려고 하는 게 아니다. 그냥 해야 할 일을 한 것뿐이다." 놀라운 일은 그다음에 일어났다. 기부 이후 사업은 눈에 띄게 성장했고, 평생의 빚도 모두 갚으셨다.

아버지의 임종은 조용히 찾아왔다. 마치 평생을 시작하셨던 그 새벽처럼 조용하고 엄숙하게. 병상에서 아버지는 가족들을 한 명씩 눈으로 훑어보시며 마지막 당부를 남기셨다. "아이들에게 뿌리를 알려주어라. 가족 간에 화목해라. 그리고 정직해라." 마지막 순간까지도 정직을 강조하신 아버지. 그것은 평생을 관통한 아버지의 신념이었다.

아버지가 떠나신 후, 유품을 정리하며 우리는 놀라운 사실들을 발견했다. 서류 뭉치 사이에서 발견한 것은 몇 년 동안 이어진 기부 영수증들이었다. 아버지는 교회를 통해 소년 소녀 가장들에게 매달 장학금을 보내고 계셨던 것이다. 며칠 후, 장학금을 받았던 학생들이 찾아왔다. 그들이 들려준 이야기를 통해 우리는 아버지의 또 다른 모습을 만났다. "정직하게 살아라.", "어려움은 지나간다.", "포기하지 마라…." 아버지는 우리에게 하셨던 이야기를 그들에게도 전하고 계셨다.

이제 내가 누군가의 기둥이 되어야 할 나이가 되었다. 무거운 결정 앞에서 나는 자문한다. '아버지라면 어떻게 하셨을까.' 그럴 때면 여주 선영을 찾는다. 산소 앞에 서면 바람 속에서 아버지의 음성을 듣는다. "정직해라. 사람을 품어라. 나눠라."

내 집무실 책상 뒤에는 손자 사진이 걸려 있다. 그 맑은 눈빛을 마주할 때마다 다짐한다. 이 아이에게 부끄럽지 않은 할아버지가 되겠다고. 아버지가 내게 그러셨듯, 나도 이 아이에게 정직과 나눔의 가치를 전하겠다고.

말은 사라져도 그 울림은 남는다. 아버지가 내게 심어준 말의 씨앗은 이제 내 안에서 나무가 되었고, 그 나무는 다시 열매를 맺어 다음 세대로 이어질 것이다. 돈도 재산도 아닌, 살아가는 지혜와 가치가 아버지가 내게 남긴 가장 큰 유산이다.

오늘도 나는 온 힘을 다해 산다. 아버지가 그렇게 살라고 하셨으니까. 그 말씀을 지키는 것이 아버지께 드리는 나의 답이다.

같은 길, 다른 마음
괜찮아, 우리가 있잖아!

    2013년 1월, 가족과 함께 유럽으로 떠났다. 여행이라는 이름을 붙였지만 실은 명예퇴직 후 집에서 무기력하게 시간을 보내는 내가 안타까웠던 가족들의 배려였다. 그들은 내가 다시 일어설 수 있기를 바라며 이 여행을 제안했다.

    하지만 당시 나는 깊은 자괴감에 빠져 있었다. 가족들의 따뜻한 마음이 전혀 와닿지 않았다. 한때 풍요롭게 여겨졌던 내 인생이라는 숲이 어느 순간 메마른 사막으로 변해 있었다. 모든 것이 막막했고, 어디를 바라봐야 할지 몰랐다.

    유럽의 아름다운 거리를 걸어도, 수백 년 된 화려한 건축물을 바라봐도, 깊은 역사의 흔적들을 마주해도 전혀 감흥이 일지 않았다. 마음이 닫혀 있으니 세상의 모든 아름다움이 그저 의미 없는 풍경일 뿐이었다.

첫째 딸이 "아빠, 괜찮아! 우리가 있잖아!"라고 다정하게 위로해 주었다. 막내딸은 멍하니 있는 나를 보며 "아빠, 나는 아빠면 충분해!"라고 말했다. 돌이켜보니 아버지의 무너진 모습을 지켜보는 그 어린 마음이 얼마나 불안했을까. 하지만 그때의 나는 그 소중한 말들조차 제대로 받아들이지 못했다. 고맙다고 건조하게 대답했지만, 메마른 땅에 스며들지 못하는 빗방울처럼 그 말들은 내 마음을 적시지 못했다. 그런 막막한 날들이 있었다.

그리고 10년이 훌쩍 지난 오늘, 회사 동료들과 함께 독일 하이델베르크의 성 앞을 다시 지나게 되었다. 똑같은 풍경이었는데 그 순간 10년 전의 기억들이 밀물처럼 밀려왔다. 그저 증발해서 사라진 줄 알았던 그때의 모든 것들이 사실은 내 안에 오아시스처럼 고여 있었다. 가족들의 사랑, 격려, 따뜻한 말들이 샘물처럼 솟아올라 지금의 새로운 숲을 이루는 밑거름이 되었다는 것을 불현듯 깨달았다.

동료들에게 10년 전 이야기를 들려주었다. 한 직원이 "지금은 저희와 함께 있는데 어떠세요?"라고 물었다. "길을 헤매다가 다시 길을 찾았다."라고 답했다. 정말 그런 기분이었다. 같은 장소, 같은 풍경인데 내 마음은 완전히 달라져 있었다. 10년 전에는 절망으로 가득했던 곳이 이제는 희망의 상징처럼 느껴졌다.

돌이켜보니 내가 길을 잃고 헤맬 때도 나를 마르지 않게 해준 것들이 있었다. 그 모든 것의 원천은 결국 가족이었다. 넘어지고 힘들 때마다 곁에서 묵묵히 지켜봐 준 사람들, 너무 당연해서 가끔 그 존재조차 잊어버리는 소중한 사람들이 있었기에 오늘 이렇게 새로운 마음으로 동료들과 길을 걸을 수 있게 되었다.

한때 실패했다고 생각했던 그 길, 앞이 막막하다며 한탄으로 물들었던 그 길이 어느새 새로운 길이 되었다. 그것은 실패와 한탄의 길도 주저 없이 함께 걸어준 사람들이 있었기 때문이다. 같은 길을 걷고 있는데 10년 전의 길과 오늘의 길이 이렇게 다를 수 있다는 것이 새삼스러웠다. 풍경은 그대로인데 내 마음이 달라져 있었다.

인생에서 정말 중요한 것은 어떤 길을 걷느냐가 아니라 누구와 함께 걷느냐이다. 힘든 시간을 보낼 때 받은 사랑과 격려는 결코 사라지지 않는다. 당장은 받아들일 힘이 없어서 어쩔 수 없이 외면하더라도, 그 모든 것들이 마음 깊은 곳에 차곡차곡 쌓여서 언젠가 다시 일어설 힘이 되어 준다.

사막 같았던 시간도 결국은 의미가 있었다. 그 메마름이 있었기에 지금의 풍요로움이 더욱 소중하게 느껴진다. 가족들이 그때 해준 말들이 이제야 진짜로 들린다. "우리가 있잖아", "아빠면 충분해." 그 말들이 10년이 지나서야 마음에 제대로 스며들었다.

사랑하는 사람들과 함께 걷는 길은 설령 험하고 어려워도 결국 나를 좋은 곳으로 이끌어 준다. 그리고 내 곁에는 생각보다 많은 사람이 함께 걸어 주고 있었다. 오늘도 나는 감사한 마음으로 이 길을 걷는다. 혼자가 아니라 정말 행복하다.

독일 하이델베르크성

성장의 나침반

감사와 겸손

삶의 여정에서 우리는 모두 무너지는 순간을 만난다. 때로는 한순간에 쌓아 올린 모든 것이 허물어지기도 하고, 때로는 서서히 스며드는 절망감에 숨이 막히기도 한다. 나는 그런 순간들 앞에서 종종 고개를 돌리곤 했다.

자존심이라는 방패막이로 자신을 가리고, 상처받지 않으려 단단한 갑옷을 두르며 살았다. 하지만 어느 날, 더 이상 도망갈 곳이 없다는 것을 깨달았다. 그리고 고개를 숙이고 겸허히 나 자신을 돌아보게 되었다.

쉬운 일은 아니었다. 자존심을 벗어던지고 완벽하지 않은 자신을 마주하는 것은 날카로운 유리 위를 맨발로 걷는 것과 같았다. 내가 얼마나 나약하고, 얼마나 많은 것을 모르고 살아왔는지 깨닫는 순간 부끄러움이 밀려왔다.

그런데 놀랍게도 그 고통스러운 과정에서 발견한 것은 다름 아닌 감사의 힘이었다. 감사는 나를 가장 겸손한 자리로 이끌어 주는 강력한 변화의 동력이었다. 감사는 내 영혼에 새로운 숨결을 불어넣어 주었다.

심지어 지금 이 순간 숨 쉬고 있다는 사실조차 나의 노력만으로 이루어진 것이 아님을 깨달았다. 그 깨달음의 순간, 오만함이라는 두꺼운 껍질은 저절로 벗겨지고, 닫혔던 마음은 한없이 부드러워졌다. 감사는 나를 나 자신의 좁은 틀로부터 자유롭게 해주었다.

이 깊어진 감사의 마음은 나를 새로운 형태의 겸손으로 이끌었다. 단순히 나를 낮추는 행위를 넘어, 세상 모든 존재와 연결되어 있음을 온몸으로 느끼는 겸손함이었다. 내가 발 딛고 선 이 땅이 수많은 사람의 땀과 노고와 희생 위에 세워졌음을 이해하게 되었다. 세상은 혼자서 살아가는 외로운 무대가 아니었다. 나와 당신, 우리 모두 서로에게 기대어 살아가는 거대한 연결망이었다.

이러한 깨달음과 함께 찾아온 겸손은 마법의 열쇠가 되었다. 지금까지 굳게 닫혀 있던 문들을 하나씩 열어 주었다. 고개를 숙이자 주변의 풍경이 눈에 들어왔다. 겸손함은 나의 부족함을 기꺼이 인정하게 하는 용기를 선물했다. 스스로 완벽하다는 착각에서 벗어나 불완전한 내 모습을 있는 그대로 받아들이게 되었다.

내가 나의 불완전함을 인정하고 타인과의 연결성을 깨달았을 때,

기적 같은 일이 일어났다. 나는 그 도움의 손길들을 잡고 한 걸음씩 앞으로 나아갔다. 처음에는 비틀거리고 불안한 걸음이었지만 점차 단단해졌다. 절망의 그림자가 서서히 걷히고 그 자리에 희망의 빛이 스며들기 시작했다.

하지만 무엇보다 중요한 것은 이 과정에서 발견한 성장의 진정한 의미이다. 성장은 내면이 단단해지고, 세상을 바라보는 시야가 넓어지며, 더 깊이 공감하고 사랑할 수 있는 존재로 변화하는 과정이었다.

돌이켜보면, 그 모든 변화의 시작에는 작지만 강력한 언어가 있었다. 바로 '감사합니다'라는 말이다. 진심 어린 감사는 나를 낮춘 자리에서 세상과 만나게 해주었고, 그 만남 속에서 내가 얼마나 많은 것들과 연결되어 있는지를 깨닫게 해주었다. 감사는 가장 낮은 곳에서 피어나는 가장 아름다운 언어였고, 그 언어는 나를 변화시켰다.

겸손함으로 세상을 마주하고, 감사의 마음으로 타인의 손길을 기꺼이 받아들이며, 그 속에서 진정한 나를 찾아가는 것. 이것이야말로 삶이라는 거대한 미로 속에서 우리가 길을 잃지 않도록 돕는 나침반이다.

진정한 성장은 결코 홀로 우뚝 서는 것이 아니다. 그것은 낮아진 곳에서 손을 내밀고, 서로를 통해 피어나는 것이다. 우리 모두 그 성장의 꽃을 피울 수 있다. 그리고 그 첫 번째 씨앗은 바로 감사와 겸손이라는 작지만 위대한 마음에서 시작된다.

나만의 언어를 가져라

배우 유동근의 세상

　문화에 관한 이야기는 언제나 넘쳐난다. 하지만 그 시간을 온몸으로 살아낸 이의 이야기는 흔치 않다. 배우 유동근 선배와 마주 앉은 그날, 나는 예술과 삶, 그리고 언어의 본질에 대해 깊이 있는 대화를 나누게 되었다.

　선배는 먼저 뜻밖의 고백으로 이야기를 시작했다. 젊은 시절, 교통사고로 치아를 잃었다는 것이다. 배우에게는 치명적일 수도 있는 상황. 하지만 그는 연기를 포기하지 않았다. 틀니를 끼고 무대에 서는 것이 부끄럽지 않았냐는 질문에 그는 담담히 답했다. "연기를 할 수 있어서 고마웠어요."

　그 한마디에는 시간을 견뎌낸 사람만이 가질 수 있는 깊은 겸허함이 담겨 있었다. 고통 뒤에 기쁨이 오고, 살을 찢는 아픔이 있어야 진짜가 된다는 그의 말은 수십 년 연기 인생을 통해 체득한 삶의 진리였다.

"같은 악보, 같은 건반이라 해도 연주자에 따라 전혀 다른 울림이 나오지 않습니까?" 선배가 피아노를 비유로 들었다. "고통을 지나온 이의 손끝에서 나오는 소리는 그 자체로 깊고 단단합니다. 삶이 그러하고, 예술도 그러하며, 결국 진짜 언어는 그렇게 피어나는 것입니다."

이야기는 자연스럽게 한국 대중문화의 뿌리로 이어졌다. "K-컬처가 어느 날 갑자기 생긴 게 아닙니다. 사당패부터 시작해서 수백 년을 이어온 이야기의 힘이죠."

이 땅의 대중문화는 그 어떤 제도적 보호도 받지 못했다. 딴따라라는 말이 공공연히 오갔던 시절, 예술은 불필요한 사치로 여겨졌다. 그럼에도 사람들은 연기했고, 노래했고, 무대에 섰다. 누가 시켜서가 아니라 스스로를 표현하기 위해서였다.

"한국의 대중문화는 지원이 아닌 고통을 먹고 자랐기에 더욱 단단합니다." 선배의 말이 이어졌다. "그리고 그 모든 것을 지탱한 건 화려한 무대가 아니라 평범한 사람들의 사랑이었죠. 진심으로 박수 치던 관객들, 주말 저녁을 드라마와 함께 보내던 가족들. 그들의 변함없는 사랑이 있었기에 오늘날 세계가 주목하는 K-컬처가 될 수 있었습니다."

그는 배우의 삶을 '분을 바르는 인생'이라고 표현했다. 늘 누군가가 되어야 하지만, 정작 진짜 연기를 위해서는 자기 자신부터 되어야 한다는 것이다. 자기 자신을 온전히 살아보지 못한 사람은 타인을 제대로 표현할 수 없고, 자기 마음을 다 들여다보지 못한 사람은 어떤 역할에도 진실하게 다가갈 수 없다고 했다.

그리고 그는 당부했다. "남의 것을 흉내 내지 마세요. 유행에 기댈 생각도 마시고요." 선배의 목소리에는 단호함이 묻어났다. "오직 자기의 삶에서 길어 올린 목소리를 가지세요. 남의 말을 반복하는 이들은 언젠가 사라지지만, 자기 말로 세상을 건너는 이들은 기억 속에 영원히 남습니다."

그날의 대화는 강렬한 울림으로 남았다. '자기 말로 말하라'는 그의 당부는 비단 작가나 배우에게만 해당하는 것이 아니었다. 어떤 길을 걷든, 어떤 일을 하든, 결국 사람은 누구나 자기만의 언어로 세상을 살아내야 한다는 깨달음이었다.

자신만의 언어를 갖는다는 것. 그것은 남과 다른 특별함을 추구하는 것이 아니다. 자신의 삶을 정직하게 마주하고, 그 안에서 길어 올린 진실을 담담히 표현하는 것이다. 때로는 서툴고, 때로는 아프더라도 자신의 목소리로 말하는 것. 그것이 진정한 소통의 시작이며, 영원히 남는 울림의 비밀이다.

선배와 헤어지며 나는 생각했다. 내 문장 하나하나가 과연 내 삶에서 우러나온 것인가. 내가 쓰는 글들이 정말 나만의 언어인가. 그 질문은 지금도 매일 나를 깨운다.

내 작은 문장 하나가 누군가의 마음에 깊이 닿을 수 있기를 소망한다. 진정한 언어는 화려함이 아닌 진실함에서 나온다. 고통을 통과한 삶에서 우러나온 한마디가 수천 마디의 빈말보다 강하다. 삶이 곧 언어가 될 때 세상은 그 목소리에 귀 기울인다. 이것이 유동근 선배가 내게 남긴 가장 소중한 가르침이다.

세상을 얻는 법

CEO 이수만의 문화론

　1990년대 초, 서울의 한 카페. 창밖으로 보이는 거리는 활기찼지만, 대중문화를 바라보는 사회의 시선은 여전히 차가웠다. '딴따라'라는 말이 서슴없이 오가던 시절이었다. 가수나 연예인은 존경의 대상이라기보다 은근한 멸시의 대상이었다.

　바로 그런 시절에 나는 고등학교 선배인 이수만을 만났다. 가수 활동을 접고 새로운 도전을 준비하던 그는, 훗날 SM엔터테인먼트를 창업하고 K-POP의 지평을 열었지만, 그때는 아무도 그의 미래를 예견하지 못했다.

　커피잔에서 모락모락 피어오르는 김을 바라보며 그가 조용히 물었다. "문화에 관심이 있어요?" 나는 어리둥절했다. 문화라면 으레 미술관의 그림이나 콘서트홀의 클래식을 떠올리던 때였다. 대중음악을 하던 사람이 문화를 논한다는 게 어색하게 느껴졌다. 하지만 그의 다음 말은 내 편견을 산산조각 냈다.

"제국주의 시대를 생각해 봐요. 유럽 열강이 어떻게 세계를 지배했나요? 군대를 보내기 전에 선교사를 먼저 보냈어요. 종교라는 문화로 사람들의 마음을 얻은 다음에야 진정한 지배가 가능했죠. 문화가 먼저예요. 항상." 그의 눈빛에는 확신이 가득했다. 단편적으로 역사를 해석하는 것이 아니라 미래를 내다보는 통찰이 담겨 있었다. 그는 말을 이었다. "우리는 중국으로 가야 해요. 그런데 제품을 팔기 전에 문화를 먼저 보내야 해요. 한국 음악, 드라마, 패션, 음식. 중국 사람들이 한국을 좋아하게 만들면 나머지는 저절로 따라올 거예요."

그 순간 나는 깨달았다. 시장을 얻으려면 먼저 마음을 얻어야 한다는 것을. 경제보다 앞서야 할 것이 감정이며, 상품보다 먼저 전해져야 할 것이 스토리라는 사실을. 그것은 내가 그동안 믿어왔던 비즈니스의 공식을 완전히 뒤집는 발상이었다.

30년이 흐른 지금, 나는 그의 예언이 얼마나 정확했는지 매일같이 목격한다. H.O.T.가 중국에 진출했을 때 사람들은 회의적이었다. 하지만 곧 놀라운 일이 벌어졌다. 베이징 콘서트장을 가득 메운 1만 2천 명의 관객들, 800만 명에 달했다는 팬클럽 회원 수. 이후 중국의 젊은 이들이 한국 아이돌에 열광하기 시작했고, 한국어를 배우려는 열풍이 불었으며, 한국 패션과 화장품이 날개 돋친 듯 팔려 나갔다. 문화가 길을 열자 경제가 그 길을 따라 질주했다.

문화의 힘은 보이지 않는 곳에서 작동한다. 총과 대포가 몸을 지배한다면 문화는 마음을 지배한다. 강제로 시킬 수 있는 것은 한계가 있지만, 스스로 선택하게 만드는 것에는 한계가 없다. 한 곡의 노래가, 한 편의 드라마가, 한 장의 사진이 때로는 수백억의 마케팅보다 더 큰 파급력을 발휘한다. 그것들은 논리가 아닌 감정에 호소하고, 머리가 아닌 가슴에 닿기 때문이다.

이수만이 30년 전에 본 것은 시대정신의 변화였고, 패러다임의 전환이었다. 20세기가 하드 파워의 시대였다면, 21세기는 소프트 파워의 시대다. 물리적 힘보다 문화적 매력이, 위협보다 유혹이, 명령보다 공감이 더 강력한 무기가 되는 시대. 그는 딴따라라는 조롱 속에서도 그 변화를 읽어 냈고, 남들이 무시하던 대중문화의 가능성을 믿었다.

사람의 마음을 얻는 것이 먼저다. 30년 전 이수만이 내게 건넨 이 한마디는 내 인생의 나침반이 되었다. 지금도 나는 중요한 결정을 앞두고 있을 때면 그날의 카페 풍경을 떠올린다. 눈앞의 성과보다 10년 후의 영향력을 생각하고, 효율성보다 그 안에 담긴 철학과 스토리를 먼저 고민한다.

이것은 무엇을 우선시할 것인가의 문제다. 눈앞의 이익에 급급할 것인가, 아니면 사람들의 마음속에 오래 남을 무언가를 만들 것인가. 30년 전 내게 던져진 화두는 여전히 유효하다. 아니, 시간이 갈수록 더욱 빛을 발한다.

오늘도 어디선가 누군가는 새로운 문화를 만들고 있을 것이다. 중요한 것은 그것이 사람들의 마음에 닿느냐는 것이다. 마음에 닿는 순간, 그것은 단순한 콘텐츠를 넘어 시대의 아이콘이 되고, 변화의 촉매가 된다.

문화의 세기는 이미 시작되었다. 우리는 무엇을 만들고, 어떤 이야기를 전할 것인가. 우리가 원하는 미래는 우리가 만들어갈 문화 속에 있다.

인격의 높이

시인 김지하의 초연

1974년 여름, 서울의 한 감옥에 어둠이 깊게 드리워져 있었다. 대한민국의 민주화를 열망했던 시인 김지하는 민청학련 사건民靑學聯事件으로 사형을 선고받고 독방에 갇혀 있었다. 그의 목숨은 꺼져가는 촛불처럼 위태로웠지만, 바깥세상에서는 그의 구명을 위한 움직임이 거세게 일었다.

프랑스의 장 폴 사르트르와 시몬 드 보부아르, 미국의 놈 촘스키와 같은 세계적인 지성인들이 국경을 넘어 한국의 한 시인을 위해 목소리를 높였다. 그의 투쟁은 인류의 양심을 일깨우는 외침이 되어 많은 이들의 심장을 울리고 있었다.

그 절박한 순간, 감옥의 철문이 열리고 한 방문객이 찾아왔다. 일본의 대표적 지성인이자 하버드 출신의 철학자, 그리고 평화 운동가였던 쓰루미 슌스케였다. 그는 전 세계 여러 나라 시인과 학자들의 서명이 담긴 탄원서를 들고 왔다.

그것은 김지하의 사형에 반대하는 국제적 연대의 증표이자, 한 인간의 생명을 구하려는 인류애의 간절한 외침이었다. 죽음의 그림자가 드리운 독방 안에서 그 서명들은 한 줄기 빛처럼 김지하를 향해 뻗어가는 듯했다.

보통의 사형수라면 어떻게 반응했을까. 아마도 감격에 겨워 고맙다는 말을 연발하며, 생면부지의 외국인들이 자신의 목숨을 구하려 애쓰고 있다는 사실에 희망의 끈을 필사적으로 붙잡았을 것이다. 그러나 김지하의 대답은 달랐다. 침묵이 흐르는 독방 안에서 낮지만 단호한 목소리가 울려 퍼졌다. "당신들의 운동이 나를 구하지는 못할 것이오. 그러나 당신들의 운동을 돕기 위해 나도 서명에 참여하겠소."

훗날 쓰루미 슌스케는 이 순간을 평생 잊을 수 없었다고 회상했다. 만약 내가 그의 입장이었다면 갑자기 나타나 나를 구명하겠다는 외국인에게 이런 말을 할 수 있었을까. 아마도 감사의 말 외에는 어떤 말도 떠오르지 않았을 것이다. 그러나 김지하는 생명보다 더 큰 가치를 보여주었다. 그의 그 한마디는 존재론적 깊이를 지닌 선언이었다.

더욱 놀라운 것은 김지하가 중학교 수준의 영어로 이 모든 뜻을 전달했다는 점이다. 서툰 발음과 문법 속에서도 그의 메시지는 명확하게 쓰루미 슌스케의 심장에 와닿았다. 언어의 장벽은 그의 숭고한 정신을 막지 못했다. 그것은 언어를 넘어선 인격의 힘이었다. 세상의 모든 고통과 절망을 넘어선, 인간 본연의 존엄성이 발현되는 순간이었다. 죽음 앞에서 인간은 가장 솔직해진다고 한다. 체면도, 허세도, 가식도 모두 벗어던지고 맨 얼굴을 드러낸다.

그런데 김지하는 죽음 앞에서 오히려 더 큰 인간이 되었다. 자신의 생명이라는 가장 절박한 가치보다 더 넓은 연대의 가치를 높이 두었고, 도움을 받는 처지에서도 기꺼이 도움을 주는 존재가 되었다. 그의 모습은 마치 폭풍우 속에서도 흔들림 없는 거목 같았다.

쓰루미 슌스케가 목격한 것은 단순한 용기가 아니었다. 그것은 극한의 상황에서 발현된 진정한 품위였다. 그것은 좋은 환경에서 배우고 익히는 세련된 매너나 화려한 언변이 아니다. 극한의 상황에서도 흔들림 없이 지켜지는 인간다움이다. 목숨이 경각에 달한 순간에도 타인의 고통에 공감하고, 더 나은 세상을 위한 연대의 끈을 놓지 않는 마음. 그것이 바로 인격의 높이를 결정하는 기준이다.

우리는 삶의 작은 불편함이나 사소한 손실 앞에서도 쉽게 무너지고 분노하지 않는가. 그러나 김지하는 그 모든 것을 넘어섰다. 그의 행동은 단지 한 시인의 생존 투쟁이 아니라, 인간 정신의 가장 고귀한 면모를 드러내는 순간이었다.

그해 겨울, 운명의 수레바퀴가 돌기 시작했다. 김지하는 결국 무기징역으로 감형되었고, 이듬해 형 집행 정지로 석방되었다. 기적 같은 생존이었다. 그러나 그의 동료 중 인혁당 관련자 8명은 대법원 판결

후 불과 18시간 만에 처형되었다.

김지하에게 살아남았다는 것의 의미는 결코 가볍지 않았다. 그것은 죽은 이들의 몫까지 살아야 하는 무거운 십자가이자 영원히 벗을 수 없는 삶의 굴레가 되었다. 그의 삶은 단순 생존을 넘어선, 역사의 증인이자 고통받는 이들을 위한 속죄의 삶이 되었다.

세월이 흐른 뒤 김지하는 많은 논란의 중심에 섰다. 그의 사상적 변화를 두고 변절이라 비난하는 이들도 있었다. 하지만 1974년 그 감옥에서 보여준 인격의 높이는 시대를 초월하여 변하지 않는 진실로 남아 있다. 절망적 상황에서도 품위를 잃지 않았던 한 인간의 모습은 여전히 우리에게 깊은 울림을 준다.

그날 독방에서 김지하가 보여준 것은 극한 상황에서도 흔들림 없이 지켜진 인간 정신의 고귀함이었다. 시련이 빚어낸 영혼의 결정체였고, 삶과 죽음의 경계에서 더욱 선명하게 빛나는 존엄이었다.

이 만남은 단지 한 시인을 위한 구명 운동의 한 장면이 아니다. 그것은 인간의 인격이 어디까지 높아질 수 있는지를 보여주는 증거다. 절망적 상황에서도 희망을 만들어 내고, 도움을 받는 자리에서도 기꺼이 도움을 주는 존재가 되며, 죽음 앞에서도 삶의 의미와 존엄을 잃지 않는 것. 그것이 바로 인간의 위대함이다.

일상의 사소한 불쾌감조차 넘어서지 못하고, 보잘것없는 손실에도 맹렬히 분노하는 나의 모습을 부끄러이 돌아본다. 김지하가 죽음 앞에서 보여준 그 초연함의 만분의 일이라도 삶에 담을 수 있다면 나도 조금 더 나은 인간, 조금 더 높은 인격을 지닌 존재가 될 수 있지 않을까?

인격의 높이는 지위나 학식, 부의 많고 적음으로 측정되지 않는다. 그것은 극한의 순간에 드러나는 영혼의 품격이다. 1974년 어느 여름날, 일본의 지성인은 한국의 한 감옥에서 존엄의 크기를, 인격의 높이를 목격했다. 당신의 영혼은 어떤 무게를 지니고 있는가? 나는 여전히 이 질문에 대한 답을 찾고 있는 중이다.

아무것도 모르는 것처럼 듣기

총사령관이 하는 일

깊은 사색에 잠겨 삶의 방향을 모색하던 시기가 있었다. 사람들과 어떻게 관계를 맺어야 할지, 어떤 태도로 세상을 마주해야 할지 좀처럼 답을 찾지 못해 마음 한구석이 늘 허전했다. 그러던 어느 날, 한 가지 일화가 뇌리를 스쳤다. 메이지 시대 일본 육군의 거물이자 러일전쟁을 승리로 이끈 오야마 이와오 원수와 어린 아들의 대화였다.

"아버지, 총사령관이 하는 일이 뭐예요?" 아들의 천진난만한 질문에 그는 나직이 답했다. "아무것도 모르는 것처럼 들어주는 일이다." 처음엔 그 말이 아리송했다. 전쟁을 지휘하는 최고 사령관이 아무것도 모른다니. 그러나 곱씹을수록 그 안에 담긴 깊은 통찰에 전율했다. 그것은 결코 무지를 가장하는 것이 아니었다. 모든 것을 안다는 오만을 버리고, 빈 그릇처럼 타인의 말을 받아들이는 겸손, 곧 편견 없이 듣는 자세를 의미했다.

오야마는 그 태도로 사람의 진심을 읽었고, 말 속에 숨은 진실을 찾아냈으며, 심지어 침묵 속에서도 무한한 가능성을 발견했다. 러일 전쟁의 영웅 고다마 겐타로를 참모 총장으로 발탁한 것 또한 그의 혜안, 즉 경청의 지혜가 빚어낸 결과였다. 나폴레옹도, 히틀러도 정복하지 못한 러시아를 상대로 승리할 수 있었던 배경에는 이처럼 깊이 있는 경청의 힘이 자리하고 있었다.

오늘날 우리는 너무나 많은 것을 안다고 착각한다. 경험이 쌓이고 나이가 들수록 그 확신은 더욱 강해진다. 그러나 안다는 확신이 강해질수록 역설적으로 우리가 놓치는 것들도 많아진다. 아이의 순수한 질문 속에 숨어 있는 본질을, 친구의 사소한 이야기 속에 담긴 진심을, 낯선 이가 전해준 다른 관점 속에 감춰진 지혜를 우리는 얼마나 자주 스쳐 지나가는가.

경청의 진정한 힘은 정보를 얻는 데 있지 않다. 그것은 깊은 연결을 만들고, 이해를 심화시키며, 함께 성장하는 데 있다. 내 말을 진심으로 들어주는 사람 앞에서 우리는 더 많이 말하게 되고, 더 깊이 생각하게 되며, 더 진실하게 자신을 드러낸다. 이것이 바로 경청이 가진 마법 같은 힘이다.

오야마의 이야기는 내게 인간관계의 본질을 다시금 생각하게 했다. 좋은 관계는 서로에게서 배우려는 겸손한 자세에서 시작된다. 자신의 이야기를 들려주는 것도 중요하지만, 상대의 이야기를 경청하는 것이 훨씬 더 중요하다. 그리고 무엇보다, 내가 상대를 완전히 이해했다고 착각하지 않는 것이 가장 중요하다.

오늘도 나는 '아무것도 모르는 것처럼 듣는' 연습을 한다. 내가 오랜 시간 쌓아온 경험과 지식이라는 견고한 틀을 잠시 내려놓고, 상대방의 이야기에 온전히 집중하는 연습이다. 쉬운 일은 아니다. 판단하고 싶은 욕구, 조언하고 싶은 충동, 내 이야기를 하고 싶은 유혹이 끊임없이 내 안에서 솟아오른다.

하지만 그럴 때마다 오야마의 말을 떠올린다. "아무것도 모르는 것처럼 들어주는 일이 진정한 소통의 시작이다." 그 말을 되새기며 조용히 내 안의 소란스러운 목소리들을 가라앉히고, 상대의 이야기 속으로 깊이 들어간다.

경청은 단순한 침묵이 아니라 가장 적극적인 참여이며, 가장 깊은 공감이고, 가장 큰 존중이다. 상대방의 말뿐 아니라 말하지 않는 것까지 듣는 일, 언어뿐 아니라 그 이면에 숨겨진 감정을 읽는 일, 표면뿐 아니라 그 이면의 본질까지 꿰뚫어 보는 일, 그것이 바로 '아무것도 모르는 것처럼 듣는 일'의 진정한 의미다.

우리 시대는 말하는 사람은 넘쳐나지만 진정으로 듣는 사람은 드물다. 모두가 자신의 목소리를 높이려 하지만 타인의 목소리에 귀 기울이려는 사람은 찾기 어렵다. 그래서 오야마의 지혜는 더욱 빛난다. 백 년 전 전쟁터에서 발견된 이 단순하지만 강력한 진리가 오늘날에도 여전히 유효한 이유가 여기에 있다.

오늘 당신은 누구의 말을 들었는가? 어떤 마음으로 들었는가? 진정으로 들었는가? 아니면 그저 듣는 척만 했는가? 내일은 조금 다르게 들어보자. 마치 아무것도 모르는 사람처럼, 처음 듣는 이야기인 것처럼 그 속에 보물이 숨어 있을지도 모른다는 기대를 품고. 그 작은 변화가 우리의 삶을 더욱 풍요롭게, 우리의 관계를 더욱 깊고 단단하게 만들어 줄 것이다.

관계가 만드는 온기

풍요로운 삶 만들기

요즘 사람과 사람의 관계에 대해 자주 생각한다. 어쩌면 우리가 살아가는 방식 자체가 변하고 있는 것은 아닐까. 농경 사회에서는 거리가 모든 것을 결정했다. 앞집과 뒷집, 이웃 마을과의 거리가 삶의 반경을 정했고, 물리적 근접성이 곧 관계의 깊이였다.

하지만 지금은 다르다. 학교와 직장, 취미 동아리나 커뮤니티, 같은 관심사를 가진 사람들과의 온라인 모임까지, 거리와 상관없이 마음이 통하는 사람들과 관계를 맺으며 살아간다. 같은 지향점을 가진 사람들이 소통하고 협력하며 새로운 공동체를 만들어 가는 시대가 된 것이다.

그런데 이상한 일이다. 관계를 맺을 수 있는 방법이 이렇게 다양해졌는데도 사람들은 외롭다고 말한다. 수백 명의 연락처를 가지고 있으면서도 정작 마음을 나눌 사람이 없다고 한다. SNS에서는 수많은 사람과 연결되어 있지만 진정한 소통은 점점 어려워진다. 왜 그럴까?

수많은 연결 속에서 우리는 역설적으로 더 깊은 단절감을 느끼고 있는 것은 아닐까?

서울 답십리의 한 아파트 단지에서 작은 기적이 일어났다. 평소에는 서로 인사도 나누지 않던 한 층의 주민들이 우연한 계기로 관계를 맺기 시작했다. 처음에는 택배를 대신 받아주는 작은 일부터였다. 그러다 아이들 간식을 함께 만들어 먹고, 어르신들의 안부를 챙기는 일로 이어졌다. 몇 년 동안 스쳐 지나가기만 하던 이웃들이 어느새 서로를 챙기는 관계로 발전했다. 특별한 사건이 있었던 것도 아니다. 작은 관심이 차가운 벽을 허물고 따뜻한 온기를 불어넣었을 뿐이다.

이 이야기가 특별한 이유는 우리가 잃어버린 것이 무엇인지를 보여주기 때문이다. 아파트 옆집에 누가 사는지 모르고, 엘리베이터에서 마주쳐도 서로 스마트폰만 바라보는 것이 당연한 일상이 되어 버렸다. 개인화와 사생활에 대한 의식이 높아지면서 물리적으로 가까운 사람들과의 관계가 도리어 축소되었다. 이웃의 온기 대신 차가운 벽에 둘러싸인 채 각자의 고립을 견디고 있다.

그러나 사람은 본래 소통하고 교류하며 자신의 존재를 확인하는 존재다. 혼자서는 완전할 수 없다. 사회적 관계는 노력이 필요하지만, 물리적 근접성에 기반한 관계는 자연스럽게 형성된다. 같은 공간을 공유한다는 것은 생각보다 훨씬 큰 의미를 지닌다. 어린 시절 동네 친구들, 학창 시절 동창들이 유독 가깝게 느껴지는 것도 같은 장소에서 함께 보낸 시간이 만들어 낸 특별한 유대감 **때문이다**.

과거에는 일자리와 성공의 기회를 찾아 고향을 떠났다. 치열한 경쟁 속에서 정이나 끈끈한 공동체 관계는 비효율적인 것으로 여겨졌다. 공동 주택은 편리함을 가져다주었지만 동시에 단절의 상징이 되기도 했다. 소통과 공유는 점차 기능을 잃었고, 사람들 사이의 보이지 않는 장벽은 높아졌다.

하지만 변화의 바람이 조용히 불어오고 있다. 젊은 세대들 사이에서 품앗이나 공동육아 같은 새로운 형태의 공동체가 생겨나고 있다. 같은 관심사를 가진 사람들이 온라인에서 만나 오프라인에서 실제 모임을 갖는다. 일인 가구가 늘면서 소규모 스터디 그룹이나 취미 공유 모임이 활발해지고 있다. 혼자서는 할 수 없는 일들을 함께하면서 새로운 가능성을 발견하고, 그 과정에서 잊었던 유대감과 소속감을 다시 경험하는 것이다.

관계는 기다린다고 저절로 생기는 것이 아니다. 작은 관심과 배려에서 시작된다. 엘리베이터에서의 짧은 인사, 복도에서 마주친 이웃 아이에게 건네는 따뜻한 말 한마디가 관계의 실타래를 엮어 낸다. 그 실타래가 모여 든든한 그물이 되고, 외로움과 고립감에 빠진 이들을 받쳐주는 안전망이 된다.

어우러짐을 배우고, 함께 나아갈 길을 찾을 때 우리는 더 나은 미래를 만날 수 있다. 관계가 만드는 온기 속에서 각자의 삶이 더욱 풍요로워진다. 그 온기는 한 사람에서 시작되어 가족으로, 이웃으로, 그리고 더 큰 공동체로 퍼져나간다.

'혼자 가면 빨리 가지만, 함께 가면 멀리 간다.'는 아프리카 속담이 있다. 속도보다 중요한 것은 지속 가능성이다. 관계가 만드는 온기 속에서 우리는 더 멀리, 더 의미 있게 나아갈 수 있다. 그 온기는 한 사람에서 시작되어 가족으로, 이웃으로, 그리고 더 큰 공동체로 퍼져나간다.

변화는 거창한 곳에서 시작되지 않는다. 이웃에게 건네는 미소, 현관 앞에서 나누는 안부 한마디에서 시작된다. 관계는 우리 삶의 가장 소중한 자산이다. 그 자산을 하나씩 정성스럽게 가꾸어가는 일이야말로 우리가 매일 선택할 수 있는 가장 아름다운 삶의 방식이다.

오늘, 당신은 어떤 관계의 씨앗을 뿌릴 것인가? 작은 시작이 만들어 낼 온기를 상상해 보라. 그 온기가 당신의 삶을, 그리고 우리 모두의 삶을 얼마나 풍요롭게 만들 수 있는지를.

축제가 만드는 기적

세상은 조금씩 따뜻해진다

    사람들의 이야기를 들으면 마음이 따뜻해진다. 그들이 걸어온 걸음걸음은 모두 소중하다. 평범한 일상 속에서도 사람들은 저마다의 흔적을 남기며 살아간다. 꿈을 품고 살아가는 흔적, 서로를 사랑하며 살아가는 흔적, 때로는 아픔을 견디며 살아가는 흔적까지. 이 모든 삶의 흔적들을 기념하고 축하하는 것이 바로 축제다.

    축제가 시작되면 마법 같은 일들이 벌어진다. 어느 건물의 자투리 공간, 도로 주변의 작은 공터, 평소에는 그냥 지나쳤던 모든 곳이 기꺼이 무대가 된다. 몇 시간 전 지하 공연장에서 하던 공연이 갑자기 눈앞에 펼쳐지기도 하고, 방금 전까지 눈에 띄던 예술가가 신기루처럼 사라지며 사람들을 신기한 경험 속으로 이끌기도 한다. 축제는 일상의 경계를 허물고, 우리를 예상치 못한 기쁨의 세계로 초대한다.

    그 공간에서는 자연스럽게 이야기꽃이 핀다. 처음 만난 사람들도 금세 친구가 되고, 나이와 직업을 뛰어넘어 순수한 즐거움을 나눈다.

비일상의 순간은 영원히 기억 속에 남아 어느 날 문득 즐거움으로 돌아온다. 이것이야말로 삶의 원동력이다.

문득 2006년 노벨 문학상 수상자인 오르한 파묵의 소설『내 이름은 빨강』이 떠올랐다. 16세기 이스탄불을 배경으로 한 이 작품에서 베네치아에서 온 화가들은 신의 관점이 아닌 인간의 시선으로 그림을 그렸고, 이는 전통에 익숙했던 오스만 제국 화가들에게 큰 충격을 주었다. 술탄의 개입과 분열 속에서도 서양과 동양의 문화가 뒤섞이며 이스탄불만의 독특한 예술이 탄생했다.

축제 또한 이와 같다. 전통과 현대가 충돌하고 융합하며 새로운 문화를 꽃피운다. 때로는 갈등이 생기기도 하지만 그 갈등마저도 창조의 에너지가 된다. 마치 서로 다른 빛깔의 실들이 얽혀 하나의 아름다운 직물을 만들어 내듯, 다양성 속에서 조화를 찾아가는 과정을 보여 준다.

축제가 열리는 날이면 거리는 완전히 다른 모습으로 변한다. 평소에는 바쁘게 지나다니기만 하던 사람들이 여유롭게 걸으며 주변을 둘러보기 시작한다. 아이들의 웃음소리가 골목골목 울려 퍼지고, 어른들은 오랜만에 만난 친구처럼 서로 인사를 나눈다. 예술가들의 공연에 박수를 보내고, 함께 노래를 부르고, 춤을 춘다. 그 순간만큼은 모든 사람이 주인공이다.

특히 아름다운 것은 세대의 벽이 무너지는 모습이다. 할아버지가 손자와 함께 거리 공연을 보며 즐거워하고, 젊은 예술가의 작품을 보고 진심 어린 감탄을 표하는 모습을 보면 축제가 가진 놀라운 힘을 느끼게 된다. 나이와 배경이 다른 사람들이 하나의 공간에서 같은 즐거움을 나누는 것, 그것이야말로 축제가 만들어 내는 기적이다.

축제가 끝난 후에도 그 아름다움은 오래 남는다. 아이들은 축제에서 본 공연을 따라 하며 놀고, 어른들은 문득문득 그날의 즐거움을 떠올리며 미소 짓는다. 축제는 끝나도 축제가 심어준 아름다움은 사람들의 마음속에서 계속 자란다. 그 여운은 일상에 스며들어, 우리 삶을 더욱 풍요롭게 하는 마르지 않는 샘이 된다.

축제의 진정한 의미는 무엇일까. 겉으로는 오락과 볼거리처럼 보이지만, 실은 사람들이 서로 연결되고, 꿈을 나누고, 새로운 가능성을 발견하는 소중한 시간이다. 축제는 흩어진 사람들을 다시 모으고, 잊혀진 공동체의 따뜻함을 되살리는 힘이 있다. 우리의 잃어버린 연결고리를 찾아주고, 마음속 깊이 잠들어 있던 공동체 의식을 일깨운다.

인생도 이런 축제와 같지 않을까. 때로는 무대 위의 주인공이 되기도 하고, 때로는 박수를 보내는 관객이 되기도 하면서 우리는 각자의 인생이라는 축제를 만들어 간다. 기쁨과 슬픔, 만남과 이별, 성공과 실패가 어우러져 하나의 아름다운 이야기를 완성해 간다.

축제가 우리에게 가르쳐 주는 것은 결국 삶의 아름다움이다. 작은 것에서도 기쁨을 찾고, 다른 사람과 함께 나누며, 매 순간을 소중히 여기는 것. 일상에서도 축제와 같은 마음으로 살아간다면 우리 인생은 얼마나 풍요로워질까.

축제는 끝나지만, 축제가 남긴 아름다움은 영원하다. 그 아름다움이 우리 삶을 조금씩 바꾸고, 세상을 조금씩 따뜻하게 만든다. 이것이야말로 축제가 우리에게 주는 가장 소중한 선물이다.

2024 동대문 페스티벌_이동 무대

삶의 이야기가 피어나는 곳

세계의 시장들

 오가는 이들로 북적이는 경동시장 한 켠, 8천 원짜리 손칼국수 한 그릇을 앞에 두고 문득 생각에 잠겼다. 김이 모락모락 피어오르는 면발 위로 넉넉하게 올려 주신 김치 한 젓가락. 이곳에는 허기를 채우는 것 이상의 무언가가 있다.

 상인과 손님 사이에 오가는 정다운 안부, 오랜 세월 시장을 지켜온 이들의 이야기가 고스란히 담긴 따뜻한 한 끼. 소비 구조의 변화와 시설 노후화로 설 자리를 잃어가던 전통 시장이 사람들의 마음을 다시 움직이고 있었다.

 해 질 녘 경동시장은 또 다른 모습으로 변모한다. 루프탑 야시장에 삼삼오오 모인 사람들이 마천루를 배경 삼아 음식을 나누는 풍경은 도시의 숨결을 느끼게 한다. 그들에게 이곳은 낡은 과거의 흔적이 아니라 현재의 생생한 일상이며, 미래의 무한한 가능성이다.

최근 서울 중심부나 강남의 높은 임대료를 피해 전통 시장으로 눈을 돌린 로컬 크리에이터들이 하나둘 특색 있는 가게를 열고 있다. 오래된 건물의 고풍스러운 멋을 살리면서도 현대적인 감각을 더한 공간들, 소셜 미디어를 통해 입소문이 퍼지며 자연스럽게 형성되는 새로운 상권들. 이런 작은 움직임들이 모여 골목 전체에 활기를 불어넣는다.

시장이라는 곳이 한 지역의 역사와 문화가 켜켜이 쌓인 소중한 자산임을 새삼 깨닫는다. 하나의 상점이 사라지는 것은 그 안에 깃든 수많은 이야기와 추억이 함께 사라지는 것과 같다. 그렇기에 청량리 주변 상가들이 활력을 되찾는 모습은 큰 희망을 안겨준다.

런던의 버로우 마켓을 처음 방문했을 때의 놀라움은 지금도 선명하다. 천 년이 넘는 역사를 자랑하는 그곳에서 신선한 농산물부터 세계 각국의 향신료와 디저트까지 다채로운 맛과 향이 어우러져 있었다. 무엇보다 인상 깊었던 점은 많은 이들로 북적이는 공간임에도 깔끔하게 정돈되어 있었다는 것이다. 오래된 것과 깨끗함이 이토록 자연스럽게 조화를 이룰 수 있다는 사실은 우리에게 중요한 시사점을 던져 준다.

코벤트 가든에서는 또 다른 감동을 받았다. 17세기부터 1974년까지 런던의 식량 창고 역할을 했던 이곳은 이제 먹거리와 앤티크 작품, 핸드메이드 액세서리를 판매하는 복합 문화 공간으로 거듭났다. 광장에서 펼쳐지는 거리 공연에 아이들이 눈을 반짝이고, 주변 로열 오페

영국 런던 버로우 마켓

영국 런던 코벤트가든

스페인 바르셀로나 산타카타리나 시장

독일 프랑크푸르트 클라인마크트 할레

라 하우스와 자연스럽게 연결되는 문화적 동선들. 이 모든 것을 보며 우리 전통 시장 역시 문화와 함께할 때 더욱 큰 매력을 발산할 수 있다는 확신을 갖게 되었다.

스페인 바르셀로나의 산타 카타리나 시장은 전통과 현대의 조화가 얼마나 아름다울 수 있는지를 보여 준다. 멀리서도 눈에 띄는 67가지 색깔의 물결무늬 지붕은 1848년부터 이어온 전통 위에 2005년 도시 재생이라는 새로운 옷을 입힌 결과였다. 이곳을 보며 동대문 전통 시장에 계획 중인 나인보우 프로젝트에 대한 기대감이 더욱 커졌다. 1층은 기존 시장의 정취를 살리고 2층에는 공중 정원과 산책로를 조성해 다양한 방식으로 시장에 접근할 수 있도록 하는 구상이 현실화된다면, 우리도 이처럼 아름다운 조화를 만들어 낼 수 있을 것이다.

독일 프랑크푸르트의 클라인마크트 할레에서는 공간 활용의 지혜를 배웠다. 1870년 지역 농부들의 물물교환으로 시작된 이곳은 버려진 체육관을 리모델링하여 150명이 넘는 판매자들이 입주한 활기찬 실내 시장으로 재탄생했다. 기존 공간을 어떻게 활용하느냐에 따라 완전히 새로운 가능성이 열릴 수 있다는 것을 실감했다. 젊은이들을 위한 광장 축제와 세계 각국의 특산품이 어우러진 이곳은 이제 미식 여행객들의 필수 코스가 되었다.

이러한 해외 시장들의 사례는 시장의 진정한 가치가 어디에 있는지를 깨닫게 한다. 가치는 저렴한 가격이나 옛 맛에만 존재하는 것이 아니라, 그곳에서 흘러가는 일상의 삶, 세대를 이어온 소통의 문화, 그리고 끊임없이 변화하며 적응해 나가는 생명력에 있다.

요즘 시장 일대를 걷다 보면 참으로 따뜻한 풍경들을 마주한다. 60년 넘게 한자리를 지켜온 떡집 할머니 옆에 갓 서른을 넘긴 청년이 작은 카페를 열었고, 오래된 철물점 앞에는 핸드메이드 액세서리를 파는 젊은 작가의 작업실이 들어섰다. 서로 다른 세대, 서로 다른 꿈을 가진 사람들이 한 공간에서 자연스럽게 어우러지는 모습이야말로 우리가 지향해야 할 도시의 모습이 아닐까 싶다.

무엇보다 중요한 것은 성급하게 모든 것을 바꾸려 하지 않는 지혜다. 시장이 가진 고유한 정체성과 매력을 훼손하지 않으면서도 시대가 요구하는 변화를 포용하는 균형 감각이 필요하다. 상인과 손님 사이의 정겨운 대화, 덤으로 주는 넉넉함, 오랜 시간 그 자리를 지켜온 가게들만의 독특한 이야기들. 이런 것들은 그 어떤 대형 마트나 온라인 쇼핑몰에서도 느낄 수 없는 전통 시장만의 소중한 자산이다.

시장이 새로운 생명력을 얻어 가는 모습을 보며 희망을 느낀다. 그곳에서 새로운 꿈을 키우는 젊은 창업자들, 전통을 지키면서도 변화를 받아들이는 기존 상인들, 그리고 이러한 변화를 즐기며 찾아오는 사람들. 이들이 함께 써 내려가는 이야기들이 모여 우리 도시의 새로운 매력이 되고 있다.

시장은 단순히 물건을 사고파는 곳이 아니다. 삶이 흘러가는 곳이다. 사람이 모이고 이야기가 피어나는 곳이다. 그래서 시장의 미래는 곧 우리 삶의 미래다. 전통 시장에 스며든 넉넉하고 따뜻한 '정'의 문화가 새로운 감각과 만나 더욱 풍성해지길, 그래서 우리 도시 곳곳에 이런 살아있는 공간들이 더욱 많아지길 기대한다.

보이지 않는 힘

진정한 신뢰는 축적이다

몇 년 전 동네 과일 가게에서 본 풍경이 아직도 기억에 남는다. 단골 할머니 한 분이 싱싱한 참외를 고르시다가, 그만 집에 지갑을 두고 왔다는 것을 뒤늦게 알아차리신 거다. 당황하시는 할머니의 얼굴을 본 사장님은 푸근하게 웃으며 말했다. "괜찮습니다, 할머니. 내일 주시면 돼요." 사장님의 그 말 속에서 돈으로는 결코 값을 매길 수 없는 신뢰라는 보물이 환하게 반짝였다.

우리는 늘 눈에 보이는 것들에만 온 신경을 쏟으며 살아간다. 은행 잔고, 넓은 집, 최신 기술, 높은 학벌 같은 것들 말이다. 물론 이런 것들도 분명 우리 삶에 중요한 영향을 미친다. 하지만 정작 우리를 지탱하고, 사회를 움직이는 가장 거대한 힘은 보이지 않는 곳에 숨어 있다. 마치 우리가 평소에는 그 존재를 의식하지 못하는 공기처럼, 없으면 모든 것이 멈춰버리고 마는 절대적인 존재. 그것이 바로 사회적 자본이다.

사회적 자본은 바로 신뢰다. 서로를 믿는 마음, 상대방이 약속을 지킬 것이라는 따뜻한 기대, 함께 살아가는 사람들에 대한 근본적인 믿음이 사회적 자본의 핵심이다. 우리는 이 보이지 않는 신뢰를 매일매일 사용하며 살아간다. 온라인으로 물건을 주문할 때 약속된 배송이 이루어질 것이라는 기대, 은행에 소중한 돈을 맡기면 안전하게 지켜질 것이라는 확신. 이 모든 순간이 신뢰라는 사회적 자본 위에서만 가능한 일들이다.

신뢰는 하늘에서 뚝 떨어지는 기적이 아니다. 그것은 사람들이 모여 함께 무언가를 만들어 가는 과정에서 자연스럽게 쌓이는 귀한 보물이다. 아파트 부녀회에서 시작되는 작은 소통이나 주말 아침의 등산 동호회 활동, 기꺼이 시간을 내어 참여하는 자원봉사, 마음을 나누는 종교 모임과 같은 크고 작은 모임들이 바로 신뢰를 키우는 온상이 된다.

진정한 신뢰는 눈을 마주 보고, 함께 밥을 먹고, 같은 목표를 향해 땀 흘리는 진솔한 경험에서 비로소 싹튼다. 디지털 세상 속에서 온라인으로만 소통하는 것도 의미가 있지만, 얼굴을 맞대고 직접 만나는 경험은 그 무엇과도 바꿀 수 없는 가치가 있다.

신뢰가 넘치는 사회는 모든 일이 놀랍도록 매끄럽고 효율적으로 흘러간다. 북유럽 국가들을 여행하다 보면 그 차이를 몸으로 실감할 수 있다. 버스에서 승객들의 표를 일일이 검사하지 않아도 사람들이 스스로 요금을 낸다. 가게에서 물건값을 깎으려 하거나 서로 속이려 들지 않는다. 공공장소에서 질서를 지키는 것도 너무나 자연스러운 일상이다.

이런 사회에서는 서로를 감시하고 통제하는 데 드는 불필요한 비용이 현저히 줄어든다. 그 절약된 에너지와 자원을 사회 전체가 더 창조적이고 생산적인 일에 아낌없이 쓸 수 있게 된다.

반대로 불신과 불통이 만연한 사회는 어떨까? 모든 것을 의심의 눈초리로 바라봐야 하고, 복잡한 보안 시스템에 엄청난 돈을 들여야 하며, 법정 분쟁이 끊이지 않는 악순환이 계속된다. 경제학자들은 이런 사회를 '저신뢰 함정'이라고 부른다. 한번 불신의 고리가 단단히 만들어지면 그 늪에서 빠져나오기가 여간 어려운 것이 아니다.

한국 사회를 돌아보면 복잡한 감정이 교차한다. 짧은 시간에 눈부신 경제 성장을 이뤘지만, 그 과정에서 소중한 것들을 놓친 부분도 분명 있다. 치열한 경쟁 속에서 서로를 믿기보다는 의심하게 되었고, 오직 개인의 성취에만 집중하다 보니 공동체 의식이 다소 약해진 것도 사실이다.

하지만 그렇다고 해서 희망이 없는 것은 아니다. 여전히 우리 안에는 서로를 돌보고 함께 나아가려는 따뜻한 마음이 깊이 남아 있다. 몇 년 전 코로나19 팬데믹 때 보여준 시민들의 자발적인 협조와 성숙함, 그리고 각종 재난 상황에서 나타나는 우리 특유의 상부상조 정신을 보면 공동체의 따뜻한 온기가 여전히 흐르고 있음을 확인할 수 있다.

문제는 이런 좋은 마음들이 일상적으로 충분히 발휘될 기회가 부족하다는 점이다. 하지만 조금만 관심을 기울이면 신뢰를 키울 기회는 얼마든지 우리 주변에 있다. 아이들 학교 모임, 동네 상가 상인회, 같은 취미를 공유하는 동아리, 의미 있는 봉사 활동 등 작고 소박한 모임들이 바로 사회적 자본을 키우는 소중한 씨앗이 된다.

나는 직원들과 주민센터에서 시간만 되면 작은 독서 모임에 참석한다. 연령대도 직업도 모두 다른 사람들이지만, 책이라는 따뜻한 매개를 통해 마음을 나누다 보니 자연스럽게 깊은 신뢰가 생겼다. 이런 작은 모임 하나가 나와 내 주변 사람들의 삶을 얼마나 풍요롭고 단단하게 만들어 주는지 몸소 체험하고 있다.

경제적인 측면에서도 신뢰의 효과는 놀라울 정도다. 사회적 신뢰 수준이 높은 국가일수록 경제가 훨씬 안정적으로 성장하는 경향을 보인다. 반대로 불신이 만연한 곳에서는 사람과 기업 모두 단기적인 이익에만 매달리게 되고, 정직하게 노력하는 사업가보다는 꾀를 부리는 사람이 더 유리해지는 불공정한 상황이 벌어진다.

그렇다면 우리는 어떻게 해야 할까? 답은 의외로 단순하다. 아주 작은 것부터 시작하는 것이다. 엘리베이터에서 이웃과 눈을 마주치고 따뜻하게 인사하기, 지역 행사에 한 번쯤 참여해 보기, 주변에 어려운 이웃이 보이면 작은 도움이라도 기꺼이 베풀기와 같은 실천들이 모이고 쌓이면 우리 사회의 신뢰 수준을 조금씩 높여갈 것이다.

사람은 본래 선하고, 서로를 돕고 함께 살아가고 싶어 한다. 다만 때로는 그런 따뜻한 마음을 어떻게 표현해야 할지, 혹은 시작할 기회와 방법을 잘 모를 뿐이다. 먼저 손을 내밀어 보자. 먼저 진심으로 믿어 보자. 먼저 아낌없이 베풀어 보자. 그런 작지만 의미 있는 시도들이 우리가 꿈꾸는 따뜻하고 단단한 세상을 만들어 갈 것이다.

사회적 자본은 눈에 보이지 않지만, 세상에서 가장 값지고 강력한 보물이다. 이 보물은 혼자 간직하려고 하면 사라지지만, 나누면 나눌수록 더 커지는 신기한 성질이 있다. 그리고 그 보물이 가장 빛나는 순간은 바로 우리가 서로를 믿고 함께 걸어갈 때다.

말은 씨앗이다

네 이야기를 해라

 인생을 살다 보면 우리를 변화시키는 결정적인 계기들이 있다. 때로는 책 한 권, 때로는 영화 한 편이 그런 역할을 하기도 하지만, 마음에 가장 깊이 새겨지는 것은 역시 사람과 사람 사이에 오가는 진심 어린 조언이다. 내게는 국정원 A 선배와의 대화가 그러했다. 그 말들은 오랜 세월 내 삶을 밝혀주는 등대가 되었다.

 첫 번째 가르침은 약속의 무게에 대한 것이었다. 선배는 "어떤 약속도 쉽게 하지 마라."라고 했다. 당시에는 그저 신중하라는 뜻으로만 들렸다. 선배는 덧붙였다. "심사숙고하는 모습은 모든 사람에게서 신뢰를 얻을 수 있다. 모든 사람에게 신중한 사람으로 다가가라."

 이 조언은 시간이 흐를수록 더 큰 의미로 다가왔다. 나는 얼마나 자주 가볍게 약속을 내뱉었던가? 그러나 약속은 내 인생의 한 조각을 기꺼이 상대방에게 내어주는 행위였다. 진정한 신뢰는 화려한 말솜씨에서 나오는 것이 아니라, 한 번 한 말을 기어이 지켜내려는 일관된 태도에서 나온다는 것을 깨달았다.

두 번째 가르침은 말의 기록에 대한 것이었다. "모든 말을 할 때는 사관이 너를 기록하고 있다고 생각해라." 처음 들었을 때는 다소 과장된 표현이라고 생각했다. 하지만 시간이 지나면서 그 말의 무게를 실감했다.

나의 모든 말은 상대방의 기억 속에 남는다. 그리고 무엇보다 나 자신의 인격 속에 선명히 새겨진다. 말은 그저 공기 중으로 사라지는 진동이 아니다. 그것은 내가 어떤 사람인지를 증명하는 살아있는 증거이자, 미래의 나를 만들어 가는 귀한 건축 재료다. 한 번 내뱉은 말은 다시 주워 담을 수 없다. 그래서 나는 입을 열기 전에 한 번 더 생각하고, 내가 지금 하려는 말이 과연 내가 되고 싶은 사람의 모습과 일치하는지 묻곤 한다.

이어서 선배는 자기 언어의 중요성을 강조했다. "네 이야기를 해라. 다른 사람에 대한 이야기는 너의 가치를 떨어뜨릴 수 있다." 그 말을 듣는 순간에는 이해하기 어려웠다. 타인에 대한 관심과 배려가 미덕이라고 배워왔는데, 왜 다른 사람 이야기를 하면 안 된다는 것일까?

그러나 곧 깨달았다. 선배가 말한 것은 말의 주인이 되라는 조언이었다. 진정한 소통은 내 생각과 내 경험, 내 가치관을 진솔하게 나누는 것에서 시작된다. 그래야만 상대방도 진짜 나를 알 수 있고, 견고한 관계를 쌓을 수 있다.

자신의 가치를 지키는 지혜에 대한 말씀도 이어졌다. "싸울 때는 먼저 자리를 선점해라. 항상 너의 가치를 떨어뜨리지 마라." 이 말은 경쟁에서 이기라는 의미가 아니었다. 그것은 삶의 주도권을 굳건히 지키고 삶의 주인이 되어야 한다는 통찰이었다.

먼저 자리를 선점한다는 것은 상황을 주도적으로 이끌어가라는 뜻이었다. 문제가 터지기 전에 미리 대비하고, 갈등이 생기면 먼저 해결책을 제시하고, 위기가 오면 오히려 그것을 기회로 만들어 가는 것. 그리고 그 모든 과정에서 절대 자신의 가치와 품격을 잃지 않는 것이 진정한 주도권이었다.

마지막 조언은 내 마음에 가장 깊이 새겨졌다. "네가 서 있는 곳이 네 고향이 된다는 사실을 잊지 마라." 고향이라는 것은 태어난 곳만을 말하지 않는다. 내가 뿌리를 내리고, 정성을 들이고, 사랑을 쏟아 만들어 가는 곳이다. 지금 내가 서 있는 이 자리, 지금 내가 하는 일, 지금 내가 만나는 사람들. 이 모든 것들이 언젠가는 내 인생의 진정한 고향이 될 것이라는 깨달음이었다.

이 깨달음은 내 삶의 모든 영역을 변화시켰다. 지금 이 순간이 바로 내 인생 그 자체라는 것을 온전히 받아들였다. 현재 하고 있는 업무에 최선을 다하고, 지금 만나는 동료들과 진실한 관계를 쌓고, 오늘 주어진 기회를 소중히 여기게 되었다. 그러자 놀라운 변화가 일어났다. 일의 질이 달라졌고, 사람들과의 관계가 깊어졌으며, 하루하루가 더욱 의미 있게 느껴지기 시작했다.

지금도 중요한 결정을 내려야 할 때면 선배의 말을 떠올린다. 약속을 할 때는 신중하게, 말을 할 때는 책임감 있게, 갈등의 한복판에서는 먼저 손을 내밀어 해법을 찾아간다. 무엇보다 지금 이 순간을 내 인생의 고향으로 만들어 가는 소중한 시간으로 여기며 살아간다.

말은 씨앗이다. 오늘 당신이 뿌린 말의 씨앗은 내일 어떤 열매로 돌아올 것인가. 당신의 약속은 얼마나 무거운가. 당신의 이야기는 얼마나 진실한가. 그리고 지금 서 있는 그곳을, 당신은 얼마나 사랑하고 있는가.

말은 공기 중으로 사라지지 않는다.
말은 영원히 남는다.
누군가의 가슴 속에, 누군가의 기억 속에,
그리고 역사 속에 남아 세상을 조금씩 바꾸어 간다.
오늘 우리가 하는 말이 내일의 세상을 만든다.

3부

세상을 움직이는 언어

변화의 씨앗을 심다

말이 만드는 기적

말이 세상을 바꾼다

　대학 시절 영문과 박경자 교수님께서 물으셨다. "너는 뭐가 되고 싶니?" 그때 나도 모르게 튀어나온 대답은 '국회 의원'이었다. 왜냐고 다시 묻는 교수님께 나는 주저 없이 "일본을 이기고 싶어서요."라고 답했다.

　지금 생각해 보면 참 순진하고 엉뚱한 대답이었다. 당시가 1970년대 말이었는데, 일본은 우리에게 선망의 대상이자 넘어야 할 목표와 같았다. 그 발전된 나라를 따라잡고 싶었다. 그날 밤 나는 책상 앞에 '극일克日'이라는 구호를 붙여 놓았다. 교수님의 질문은 나의 작은 세계에 거대한 파동을 일으킨 시작점이 되었다.

　그때부터였다. 일본을 제대로 알기 위해 책을 읽기 시작한 것이. 일본 통사를 비롯해 이어령 선생의 『축소 지향의 일본인』, 전여옥의 『일본은 없다』까지. 일본의 전국 시대와 에도 시대를 다룬 역사서들, 전후 복구 과정을 논한 책들을 닥치는 대로 읽었다. 유길준, 서재필, 이

승만, 안창호의 일대기를 읽으며 그들이 일본에서 무엇을 배우려 했는지를 이해하려 했다. 맥아더의 회고록까지 읽었다. 한 마디의 말이, 예상치 못한 질문이 만들어 낸 거대한 공부의 여정이었다.

당시 일본을 따라잡고 싶다는 소망은 나 하나만이 아니었다. 그 시절 젊은이들은 모두 비슷한 마음을 품고 있었다. 언젠가는 저들보다 더 잘해보겠다는 건전한 경쟁심이었다. 그것이 그 시대의 공기였다.

세월이 흘러 어느 날 뒤를 돌아보니 우리는 정말로 많은 것을 이루어 냈다. 경쟁에서 이겼다는 표현보다는, 서로 다르게 각자의 꽃을 피워냈다고 하는 것이 맞겠다. 일본의 애니메이션과 우리의 K-POP이 나란히 세계인들의 사랑을 받고 있다. 우리 영화가 세계를 휩쓸고, 우리 드라마가 지구 반대편 사람들을 울리고 웃게 하고 있다. 우리는 일본을 따라잡은 것을 넘어서, 우리만의 독창적인 가치를 만들어 냈다.

이런 변화를 보며 생각하게 된다. 내 젊은 시절의 다짐이, 새로운 목표를 향한 의지가 과연 이 모든 변화와 무관할까? 물론 내 말 하나가 세상을 바꾼 것은 아니다. 하지만 분명한 것은 어느 날 입으로 내뱉은 말이 우리 마음 안에 씨앗이 된다는 사실이다.

말은 입 밖으로 나오는 순간 작은 눈송이처럼 굴러가며 세상을 바꾸는 힘을 가진다. 마틴 루터 킹의 "나는 꿈이 있습니다"라는 말이 얼마나 많은 사람의 삶을 바꾸었는가. 케네디의 "국가가 당신을 위해 무엇을 할 수 있는지 묻지 말고, 당신이 국가를 위해 무엇을 할 수 있는지 물어보라"는 말이 얼마나 많은 미국인의 가슴을 뛰게 했는가.

하지만 말의 힘은 긍정적인 방향으로만 작용하지 않는다. 상처를 주는 말, 절망을 안겨주는 말, 분열을 조장하는 말도 똑같이 강력한 힘을 가진다. 그래서 우리는 더욱 신중해야 한다. 내 입에서 나오는 말이 누군가의 인생을 바꿀 수도 있다는 것을 항상 기억해야 한다.

그날 박 교수님의 질문이 없었다면 과연 지금의 내가 어디에 있을까? 교수님께서 무심코 던지셨을지도 모르는 그 질문 하나가 한 젊은 이의 인생 방향을 결정짓는 계기가 되었다. 말은 그렇게 예상치 못한 순간에 예상치 못한 힘을 발휘한다.

그런데 흥미로운 것은 세월이 지나고 보니 어느덧 나는 일본을 이기려는 사람이 아닌, 일본을 이해하는 사람이 되어 있었다는 점이다. 아들이 일본 여인과 결혼한다고 했을 때 흔쾌히 승낙했다. 인생이란 참 예측할 수 없는 것이다. 이기려 했던 대상을 알아가는 과정에서 나는 이해와 포용을 배웠다.

역사를 돌아보면 중요한 변화는 어느 날 갑자기 일어나지 않았다. 모든 변화에는 그 변화를 꿈꾸고 말했던 사람들이 있었다. 그들의 말이 씨앗이 되어 오랜 시간에 걸쳐 자라나 마침내 현실이 된 것이다. 우리가 지금 누리고 있는 민주주의도, 경제 발전도, 문화적 성취도 모두 그런 과정을 거쳐 이루어졌다.

그렇다면 우리는 어떤 말을 해야 할까. 나는 젊은이들에게 묻고 싶다. "뭐가 되고 싶어요?" 그리고 그들이 어떤 대답을 하든 이렇게 말해주고 싶다. "꿈꾸는 것들은 모두 이룰 수 있다. 다만 그 꿈을 포기하지 말고 계속 말하고, 계속 노력하라. 그리고 그 과정에서 다른 나라, 다른 문화에서도 배울 점은 겸손하게 배우라."

말은 공기 중으로 사라지지 않는다. 말은 영원히 남는다. 누군가의 가슴 속에, 누군가의 기억 속에, 그리고 역사 속에 남아 세상을 조금씩 바꾸어 간다. 오늘 우리가 하는 말이 내일의 세상을 만든다.

그러니 희망을 말하자. 가능성을 말하자. 사랑을 말하자. 그 말들이 모여 정말로 더 나은 세상을 만들어 갈 것이다. 때로는 엉뚱해 보이는 한마디가 한 사람의 인생을, 나아가 세상을 바꾸는 기적을 만들어 낸다. 그것이 말의 힘이다.

영원을 새긴 사람들
수메르인들의 점토판 이야기

5천 년 전, 누군가 만든 진흙 점토판이 메소포타미아 남부의 뜨거운 흙 속에서 발굴되었다. 그 위에 새겨진 쐐기 문자는 인류 최초의 문명, 수메르의 숨결을 담고 있었다.

미국 학자 새뮤얼 노아 크레이머는 평생 이 점토판들을 해독했다. 수메르인들은 기원전 3천 년경, 티그리스와 유프라테스 강 사이의 비옥한 초승달 지대에서 인류 최초의 도시 문명을 일구었다. 그들이 남긴 유산은 놀라웠다. 최초의 법전, 학교, 도서관, 수학과 기하학의 개념, 의회와 양원제, 시간을 구분하는 달력, 심지어 맥주 제조법까지. 이 모든 것이 오늘날 우리 삶의 토대가 되었다.

그러나 수메르가 진정으로 위대한 이유는 따로 있었다. 그들은 인류 최초로 자신들의 경험을 이야기로 만들고, 문자로 기록하고, 후대에 전했다. 덕분에 5천 년이라는 시간을 넘어 우리는 그들의 생생한 목소리를 들을 수 있다.

그 이야기가 바로 『길가메시 서사시』다. 길가메시는 고대 도시 우루크의 왕이자, 신과 인간의 피가 섞인 반신반인의 존재였다. 그는 강력했지만 잔혹한 폭군이었다. 끝없는 전쟁과 방탕한 생활로 백성들을 고통스럽게 만들었다.

백성들의 처절한 탄원이 하늘에 닿자, 신들은 길가메시의 오만을 꺾기 위해 야생인 엔키두를 땅으로 보냈다. 그러나 두 영웅은 격렬한 대결 끝에 오히려 둘도 없는 친구가 되었다. 함께 모험을 하며 신들이 보낸 하늘의 황소를 무찌르는 등 큰 업적을 쌓았다.

그러나 신들은 이들의 도전을 용납하지 않았다. 벌로 엔키두를 병들게 했고, 그는 죽음을 맞았다. 죽어가며 엔키두는 말했다. "친구여, 나는 어둠 속으로 간다. 빛이 보이지 않는 곳으로..."

엔키두의 죽음은 길가메시를 송두리째 뒤흔들었다. 태어나 처음으로 죽음의 공포를 온몸으로 느낀 것이다. 반신반인인 자신마저 언젠가는 죽는다는 사실이 그를 두렵게 만들었다. 길가메시는 영생의 비밀을 찾아 긴 여행을 떠났다. 사막을 건너고, 죽음의 관문을 통과하여, 마침내 고대 대홍수에서 유일하게 살아남아 영생을 얻었다는 우트나피시팀을 만났다. 우트나피시팀은 바다 밑에 있는 '영생의 풀'에 대해 알려 주었다.

길가메시는 온갖 고난을 겪으며 마침내 영생의 풀을 손에 넣었다.

"나는 이것으로 젊음을 되찾을 것이다! 우루크로 돌아가 늙은 백성들에게도 나누어 주리라!" 희망에 찬 귀향길이었다. 그러나 오아시스에서 목욕을 하는 사이, 뱀이 그 풀을 먹어버렸다. 길가메시는 통곡했다. "내 손은 누구를 위해 이토록 수고한 것인가!" 영생의 꿈은 한순간에 물거품이 되었다.

길가메시는 빈손으로 자기의 땅 우루크에 돌아왔다. 그러나 서사시의 마지막 장면은 뜻밖이다. "보라, 우루크의 웅장한 성벽을! 이 도시의 절반은 번성한 집들이고, 또 다른 절반은 신전과 정원이다. 이것이 바로 우루크다!"

길가메시는 영생을 얻지 못했다. 하지만 그 대신 훨씬 더 중요한 것을 깨달았다. 개인의 불멸 대신, 자신이 다스리는 도시의 영속성을 발견한 것이다. 우루크의 성벽은 남을 것이고, 자신의 이야기는 끊임없이 전해질 것이라는 깨달음이었다. 죽음을 피하려 했던 폭군은 죽음을 받아들이는 현명한 왕이 되었다. 자신만을 위한 영생 대신, 백성들과 함께 나누는 문명의 가치를 선택했다. 그것이 진정한 불멸이었다.

이것이 수메르 문명이 우리에게 남긴 가장 소중한 가르침이다. 영생은 육체에 있지 않다. 그것은 우리가 만들고 나누는 이야기 속에, 우리가 다음 세대에 전하는 지혜와 사랑 속에 존재한다.

5천 년 전 수메르인들이 점토판에 이야기를 새겼듯이, 우리도 지금 무언가를 새기고 있다. 5천 년 후 누군가 우리의 흔적을 발견한다면, 그들은 거기서 무엇을 읽을 수 있을까? 인간을 영원하게 만드는 것은 불로불사의 꿈이 아니다. 그것은 우리가 사랑하는 사람들과 함께 만들어 가는 이야기이며, 우리가 세상에 남기는 선한 영향력이다. 영원은 우리가 찾아 헤매는 곳이 아닌, 우리가 만들어 가는 곳에 있다.

길가메시 조각상 in 루브르 박물관
높이 5.5미터의 거대한 설화 석고상은
보는 사람을 압도한다.
'사자를 압도하는 영웅'으로
길가메시일 것이라 추측하고 있다.

아무도 아닌 자의 지혜

오디세우스가 깨달은 겸손의 지혜

    트로이 전쟁의 영웅 오디세우스. 10년 전쟁을 승리로 이끈 그에게 남은 것은 집으로 돌아가는 일뿐이었다. 그런데 이상했다. 고작 몇 주면 충분할 거리를 그는 10년이나 헤맸다. 왜였을까?

    첫 번째 유혹은 달콤했다. 여신 칼립소가 영생불사永生不死를 약속했다. 신이 될 수 있는 기회였다. 하지만 오디세우스는 거절했다. 아내와 아들이 기다리는 집으로 가야만 했다. 그는 영원한 삶보다 유한한 사랑을 선택했다.

    한때는 나도 안전한 울타리 안에만 머물려는 사람이었다. 하지만 칼립소의 섬을 떠난 오디세우스를 보며 때로는 편안함을 박차고 나가는 것이 진정한 용기임을 알게 되었다.

우측 그림 설명 | 스키로스에서의 아킬레우스 발견(Achilles on skyros), 로마 모자이크, 4세기경, 스페인 팔렌시아주 페드로사 데 라 베가 소재, 라 올메다 빌라 출토(Villa romana La Olmeda)
오디세우스가 왕궁의 공주들 사이에서 여장하고 숨어 있던 아킬레우스를 나팔 소리로 전투 본능을 깨워 찾아 내는 장면이다.

두 번째 시험은 잔혹했다. 외눈박이 거인의 동굴에 갇혀 부하들이 하루 두 명씩 잡아먹혔다. 살기 위해 그는 자존심을 버렸다. 거인이 이름을 물었을 때, 그는 스스로를 '아무도 아닌 자Outis'라고 답했다.

그는 이름을 버린 덕분에 살았다. 술 취한 거인의 눈을 찔렀을 때 달려온 친구들이 누가 그랬냐고 물었다. 거인은 '아무도 아닌 자'가 그랬다고 울부짖었다. 그들은 아무도 널 해친 게 아니라면 도와줄 수 없다면서 고개를 저으며 돌아갔다.

하지만 상황이 안전해지자 오디세우스의 자존심이 고개를 들었다. 배가 섬을 떠날 때 그는 자신이 트로이를 무너뜨린 오디세우스라고 외쳤다. 이 한마디가 그의 운명을 바꿨다. 거인의 아버지 포세이돈이 바다를 저주했고, 귀향은 10년이나 늦어졌다.

사람은 극한의 순간엔 반성하고 겸손해지지만, 안전해지면 다시 교만해진다. 오디세우스도, 우리도 마찬가지다.

세 번째 유혹은 더 교묘했다. 세이렌들은 모든 것을 안다고, 자신들의 노래를 들으면 전지전능해진다고 속삭였다. 오디세우스는 부하들의 귀를 막았고 자신은 돛대에 묶었다. 노래는 달콤했고 온몸이 끌려갔다. 하지만 밧줄이 그를 붙잡았다.

나도 세상의 모든 지식을 꿰뚫어 보고 싶은 욕망에 사로잡혀 살았다. 끊임없이 책을 읽고, 정보를 찾아 헤맸다. 하지만 밧줄에 묶인 오디세우스를 보며 문득 알아차렸다. 모든 것을 알 수는 없고, 지식은 목적이 아니라 도구일 뿐이며, 끊임없이 배우려는 자세만 있으면 된다는 사실을 말이다.

우여곡절 끝에 오디세우스는 20년 만에 고향에 도착했다. 그러나 기쁨도 잠시, 그의 궁전은 아내를 노리는 108명의 남자들로 가득했다. 다시 그는 아무도 아닌 자가 되었다. 거지로 변장하고 조롱을 참으며 때를 기다렸다.

모든 적을 물리친 후 아들이 그를 영웅이라 칭송했다. 오디세우스는 고개를 저으며 말했다. 이것은 신들이 하신 일이라고. 가장 높은 순간에 그는 가장 낮은 자세를 취했다.

나도 일을 하며 작은 성취를 이룰 때마다 스스로를 돌아본다. 혼자 힘으로 해낸 일은 하나도 없었다. 동료들이 도와주었고, 가족이 응원해 주었으며, 때로는 운명이 길을 열어주기도 했다. 오디세우스처럼 모든 공을 다른 이들에게 돌릴 때 내가 더 단단해지는 것을 느낀다.

호메로스의 『오디세이아』는 단순한 모험담이 아니다. 인생이라는 긴 여행에 대한 은유다. 우리도 성공이라는 트로이를 정복하러 떠난다. 하지만 정작 어려운 것은 집으로 돌아오는 길, 성공 후의 공허함과 목표 달성 이후의 상실감을 견디는 일이다. 정상에 오르는 것보다 정상에서 내려오는 법을 아는 것이 진정한 지혜다.

우리가 진정으로 위대해지는 순간은 우리가 얼마나 작은 존재인지를 깨달을 때 찾아온다. 진정한 영웅은 자기 과시가 아닌 자기 비움을 통해 완성된다.

당신은 지금 어느 길 위에 있는가. 트로이로 가는 길인가, 집으로 돌아오는 길인가. 그리고 그 길에서 당신은 무엇을 붙잡고, 무엇을 내려놓고 있는가.

어쩌면 우리 모두는 오디세우스다. 끊임없이 무언가를 정복하려 떠나고, 다시 돌아오기를 반복하며 살아간다. 그 여정에서 우리가 배워야 할 것은 이름을 내려놓는 용기, 한계를 인정하는 지혜, 그리고 가장 높은 곳에서 가장 낮아질 줄 아는 겸손이다.

오디세우스가 20년 만에 깨달은 것처럼, 가장 위대한 순간은 우리가 '아무도 아닌 자'가 되는 순간이다. 그때 비로소 우리는 모든 것이 될 수 있다.

어둠 속에서 찾은 빛

단테와 카뮈의 희망

대학 시절, 교수님이 권해주신 단테의 『신곡』은 내게 너무나도 무거운 책이었다. 방대한 지옥과 연옥, 천국의 이야기는 감당하기 버거웠다. 겨우 몇 장 넘기고 덮어버렸지만, 한 문장만은 마음 한구석에 깊이 박혔다. "인생길의 한가운데서 올바른 길을 잃고 어두운 숲을 헤매고 있었다."는 구절이었다.

스무 살의 나에게 인생의 한가운데는 아직 먼 미래였고, 삶의 길을 잃는다는 것도 추상적인 개념에 불과했다. 나는 내가 걷는 길에 의심 한 조각 품지 않은 채 앞만 보고 달렸다.

그러나 세월이 흘러 정말로 인생의 한가운데에 섰을 때, 그 문장은 거대한 파도처럼 나를 덮쳤다. 사회가 선망하는 자리에 있었고, 겉으로는 누구보다 성공한 듯 보였지만, 어느 순간 내가 무엇을 위해 살고 있는지 알 수 없었다.

단테는 35세, 피렌체의 최고 권력자 자리에 올랐을 때 길을 잃었다고 고백했다. 높이 오를수록 더 깊은 어둠을 만나는 것일까? 성공의 정점에서 오히려 방향을 잃었다는 그의 고백이 뒤늦게야 이해되기 시작했다.

『신곡』에서 단테가 그려낸 지옥의 문에는 '여기 들어오는 자, 모든 희망을 버릴지어다'라는 섬뜩한 글귀가 새겨져 있었다. 그런데 단테가 보여준 통찰은 놀라웠다. 지옥은 저 멀리 상상 속에만 있는 것이 아니라, 희망을 잃은 곳이라면 어디든 지옥이 될 수 있다는 것이었다.

그렇다면 지옥의 반대편은 무엇일까. 화려한 천국이 아니라 바로 희망이었다. 희망만 있다면, 그 어떤 절망적인 상황도 지옥이 되지 않는다는 단테의 통찰이 가슴을 울렸다.

더 놀라운 것은 단테가 사랑하는 여인 베아트리체의 죽음을 다루는 방식이었다. 그는 상실의 고통에 매몰되는 대신, 그녀가 이끄는 더 높은 가치를 향해 나아갔다. 그는 깊은 상실을 통해 오히려 더 큰 사랑과 지혜를 배웠다.

내가 30년 가까이 몸담았던 직장을 떠날 무렵, 알베르 카뮈의 『시지프 신화』를 손에 들었다. 첫 문장은 충격 그 자체였다. "참으로 진지한 철학적 문제는 오직 하나뿐이다. 그것은 바로 자살이다."

카뮈는 왜 이토록 극단적인 말로 서두를 시작했을까? 삶이 본질적으로 무의미하다면 왜 살아야 하는가. 끝없이 반복되는 일상과 예측 가능한 미래, 그리고 결국 죽음으로 귀결될 수밖에 없는 인생이라면 누구나 한 번쯤 던질 수 있는 질문이다.

카뮈는 그 답을 고대 그리스 신화 속 시지프에게서 찾았다. 시지프는 신을 속인 죄로 거대한 바위를 영원히 산 정상까지 밀어 올려야 하는 형벌을 받았다. 바위는 정상에 오르면 다시 굴러떨어지고, 이 무의미한 노동은 끝없이 반복된다.

그러나 카뮈는 놀라운 역설을 제시한다. 우리는 시지프가 행복하다고 상상해야 한다는 것이다. 카뮈가 주목한 것은 바위가 굴러떨어진 후 시지프가 다시 산 아래로 내려가는 순간이다. 시지프는 자신의 운명을 정확히 안다. 하지만 절망하지 않는다. 대신 내일도 최선을 다해 바위를 밀어 올리자고 스스로 다짐한다. 그 순간, 시지프는 자신의 운명을 스스로 선택하는 주체가 된다.

산을 오르며 나도 그 감정을 비로소 이해했다. 숨이 차고 다리가 아팠지만 어느 순간 깨달았다. "그래, 이게 내 삶이구나. 힘들어도 내가 선택한 길이구나." 싶었다. 그 순간 묘한 평화가 찾아왔다.

카뮈의 대표작 『이방인』의 주인공 뫼르소는 이러한 철학을 극단적으로 구현한 인물이다. 어머니의 장례식에서 눈물을 흘리지 않았고,

아랍인을 죽인 이유를 묻는 판사에게는 "태양이 너무 뜨거웠다."라고 덤덤하게 답했다.

사회는 뫼르소를 괴물로 보았다. 하지만 그는 단지 스스로에게 진실했을 뿐이다. 느껴지지 않는 슬픔을 연기할 수 없었고, 없는 동기를 만들어 낼 수도 없었다. 죽음을 앞둔 감옥에서 뫼르소는 '세계의 다정한 무관심'을 발견한다. 세상은 우리를 특별히 사랑하지도, 미워하지도 않는다. 이 거대한 무관심 앞에서 그는 마침내 마음의 짐을 내려놓는다.

단테는 어둠 속에서 희망이라는 빛을 찾았다. 시지프는 무의미한 노동 속에서 자신만의 의미를 창조했다. 뫼르소는 사회의 시선에 굴하지 않는 진실함으로 내면의 평화를 얻었다. 이들이 공통으로 보여준 것은 외부의 기준이나 타인의 시선에 얽매이지 않고, 오직 내면에서 삶의 답을 찾는 용기였다.

우리는 모두 때로는 단테처럼 길을 잃고, 시지프처럼 무의미한 반복을 견뎌야 하며, 뫼르소처럼 이방인이 될 수 있다. 중요한 것은 그 순간을 어떻게 받아들이느냐다.

어둠이 깊을수록 작은 빛도 더 밝게 빛난다. 그 빛은 밖에서 오는 것이 아니라 우리 내면에서 시작된다. 단테와 카뮈가 가르쳐준 것처럼, 가장 깊은 어둠 속에서도 우리는 스스로 빛이 될 수 있다.

어두운 숲속의 단테(Dante in the Gloomy wood), 구스타프 도레 작품
단테 알리기에리의 『신곡』 중 「지옥편」 제1곡의 장면, 1861년 목판화

"여기 들어오는 자, 모든 희망을 버릴지어다."

3부　　세상을 움직이는 언어　　변화의 씨앗을 심다

삶이 비범해지는 순간
작은 일에도 최선을 다한다

    2024년 7월, 한국 여자양궁팀이 파리 올림픽에서 10연패 신화를 달성했다. 무엇이 이들을 그토록 강하게 만들었을까? 답은 의외로 평범했다. 흔들리지 않는 노력의 반복, 그것이 전부였다.

    한국 양궁은 철저한 실력주의로 유명하다. 국가대표 선발전이 올림픽보다 어렵다는 말이 괜히 나온 게 아니다. 과거의 명성도, 인맥도 통하지 않는다. 오직 그 순간의 실력만이 모든 것을 결정한다.

    코로나19로 올림픽이 연기되었을 때도 한국 양궁은 타협하지 않았다. 이미 선발된 선수들을 그대로 데려갈 수도 있었지만, 협회는 선발전을 처음부터 다시 열었다. 1년의 시간이 실력을 바꿀 수 있다고 믿었기 때문이다. 결과는 완벽했다. 새로 선발된 선수가 금메달을 목에 걸었다.

    이 압도적인 성공 스토리를 보며 문득 지하철에서 만난 한 여성이 떠올랐다. 새벽 5시부터 시장에 나가 채소를 다듬고, 오후에는 학원가 건물을 청소하며, 밤에는 딸의 대학원 등록금을 위해 부업을 하는 분이었다.

피곤에 지친 얼굴이었지만 딸 이야기를 할 때만큼은 눈빛이 달라졌다. "힘들어도 참아야죠. 우리 딸이 의사가 되고 싶어 하거든요." 그 순간 가슴 한편이 뜨거워졌다. 이 평범한 어머니의 성실함이 올림픽 금메달만큼이나 위대해 보였다.

매일 같은 시간에 일어나 묵묵히 일하고, 가족을 위해 희생하는 것. 이런 일상의 성실함이야말로 세상을 움직이는 진짜 힘이다. 거창한 혁신이나 화려한 성공이 아니어도, 각자의 자리에서 최선을 다하는 사람들이 만드는 작은 기적들이 세상을 바꾼다.

하지만 언제부터인가 이런 성실함이 조롱거리가 되었다. 열심히 사는 것을 비웃고, 묵묵히 제자리를 지키는 사람들을 무능하다고 평가한다. 평범한 삶은 실패한 삶처럼 여겨진다.

대기업을 그만두고 작은 카페를 시작한 L 후배를 만났다. 처음엔 하루 손님이 열 명도 되지 않았다. 주변에서는 미쳤다고 했다. 하지만 그는 3년째 매일 아침 7시에 나와 원두를 볶고, 한 잔 한 잔 정성을 다해 커피를 내렸다.

그 꾸준함이 조금씩 사람들의 마음을 움직였다. 이제는 동네에서 가장 사랑받는 카페가 되었다. 성공 비결을 물었더니 그는 웃으며 말했다. "별 거 없어요. 그냥 매일 최선을 다한 거지 뭐."

그 말이 모든 것을 설명해 준다. 위대함은 거창한 무언가를 성취하는 것이 아니라, 자신이 맡은 일에 최선을 다하는 마음가짐에서 나온다. 아무리 작은 일이라도 그 안에서 의미를 찾고 성실하게 임하는 사람이야말로 진정한 성공을 이룬 사람이다.

우리 주변에는 이런 영웅들이 가득하다. 30년 넘게 같은 건물을 청소하며 모든 사람에게 따뜻한 인사를 건네는 청소 아저씨, 매일 새벽 4시에 일어나 빵을 굽는 동네 빵집 사장님, 40년 넘게 첫 버스를 운전하는 기사님. 이들의 성실함이 모여 세상을 따뜻하게 만든다.

열심히 사는 것이 존중받는 세상, 성실한 노력이 인정받는 사회, 평범한 일상이 아름답게 여겨지는 문화. 이것이 우리가 만들어 가야 할 세상이다.

성실함은 재능이 아니다. 선택이다. 누구나 할 수 있지만 모두가 하지는 않는 선택. 오늘도 묵묵히 자신의 자리에서 최선을 다하는 모든 이들에게 경의를 표한다. 그들이야말로 이 세상의 진정한 영웅이다.

그러니 오늘도 성실하게 살아가자. 작은 일에도 최선을 다하고, 어려움이 있어도 포기하지 말고, 아무도 보지 않는 곳에서도 정직하게 행동하자. 그런 하루하루가 모여 인생이 되고, 그런 인생들이 모여 더 나은 세상이 된다. 보통의 삶이 비범해지는 순간은 특별한 성취를 이룰 때가 아니다. 평범한 일상을 성실하게 살아가기로 선택한 지점이다. 우리의 작은 성실함이 세상을 바꾸는 가장 위대한 기적의 시작이 될 것이다.

모두가 같은 출발선에 서는 날

미국 독립 선언문의 약속

"모든 사람은 평등하게 태어났으며, 정부의 정당한 권력은 국민의 동의에서 나온다." 1776년, 토머스 제퍼슨이 쓴 미국 독립 선언문의 한 구절이다. 이 문장은 인류 역사의 물줄기를 바꿨다. 하지만 지금 이 문장을 다시 읽으면 마음이 복잡해진다.

당시 제퍼슨의 농장에는 600명의 노예가 있었다. 여성은 투표권이 없었고, 원주민들은 인간 취급도 받지 못했다. 그가 말한 '모든 사람'에는 백인 남성 지주만이 포함되어 있었다.

그렇다면 이 선언은 위선이었을까? 나는 그렇게 생각하지 않는다. 이것은 현실의 진술이 아니라 미래를 향한 약속이었다. 때로는 불완전한 약속이라도 없는 것보다 낫다. 그 약속이 우리를 앞으로 나아가게 만들기 때문이다.

이후 역사는 이 약속을 지키려는 투쟁의 연속이었다. 링컨은 노예

미국 독립 선언서, 1776년 7월 4일, 미국 대륙 회의 채택, 펜실베이니아주 필라델피아

서명자: 토머스 제퍼슨, 존 애덤스, 벤저민 프랭클린 등 56인
미국 국립문서보관청 원본 소장

를 해방했고, 여성들은 참정권을 쟁취했다. 수많은 이름 없는 사람들이 차별의 벽을 조금씩 무너뜨렸다. 그들이 믿었던 것은 단순했다. 우리도 똑같은 인간이라는 믿음이었다.

21세기 대한민국은 얼마나 평등해졌을까? 세습되는 가난과 대물림되는 부를 우리는 자조적으로 수저 계급론이라 부른다. 이 씁쓸한 은유가 우리 사회의 민낯을 드러낸다. 부모의 경제력이 자녀의 미래를 결정하고, 태어난 집안이 인생의 한계를 정한다. 어떤 아이는 태어나면서부터 최고의 교육을 약속받지만, 어떤 아이는 생계 걱정 속에서 하루하루를 버틴다.

그래서일까. 요즘 사람들은 평등보다 공정을 더 많이 이야기한다. 특히 청년들이 그렇다. 그들은 특별 대우를 원하지 않는다. 노력한 만큼 인정받고, 실력으로 평가받기를 원할 뿐이다.

100미터 달리기에서 누군가는 출발선에서, 누군가는 50미터 앞에서 시작한다면 공정한 경기일까? 블라인드 채용이나 수능 정시 확대가 주목받는 이유가 여기에 있다. 최소한 출발선만큼은 같아야 한다는 절박함이다. 하지만 진정한 공정은 규칙을 똑같이 적용하는 것만으로는 부족하다. 어떤 아이는 사교육의 든든한 지원을 받고, 어떤 아이는 독학으로 미래를 개척한다면, 같은 시험이 과연 공정한 것일까?

핀란드의 변화는 희망을 준다. 1970년대까지 계층이 고착화되었던 핀란드는 모든 아이에게 최고의 교육을 무료로 제공했다. 지금은 세계에서 가장 평등하면서도 경쟁력 있는 나라가 되었다. 변화는 가능하다. 시간이 걸릴 뿐이다.

평등과 공정은 대립하지 않는다. 오히려 서로를 완성 시킨다. 평등한 출발이 있어야 공정한 경쟁이 가능하고, 공정한 기회가 있어야 진정한 평등이 실현된다.

19세기 사상가 토크빌은 말했다. "평등에 대한 열망은 결코 채워지지 않는다." 맞는 말이다. 평등은 도착점이 아니라 끊임없이 걸어가야 할 길이다.

제퍼슨의 불완전한 약속은 세상을 조금씩 바꿨다. 노예가 해방되었고, 여성이 투표권을 얻었으며, 차별의 벽들이 무너졌다. 지금 우리에게도 약속이 필요하다. 모든 아이가 부모 지갑이 아닌 자신의 꿈으로 미래를 그릴 수 있는 사회를 만들겠다는 약속이다.

이런 사회는 거창한 혁명으로 만들어지지 않는다. 우리가 일상에서 실천하는 작은 평등과 공정이 모여 큰 변화를 만든다. 동료를 배경이 아닌 능력으로 평가하고, 기회를 독점하지 않고 나누며, 다음 세대를 위해 더 나은 제도를 만들어 가는 것이다. 완벽한 평등도, 완벽한 공정도 없을 것이다. 하지만 더 나은 내일은 가능하다. 어제보다 오늘이, 오늘보다 내일이 조금씩 더 나아진다면 그것으로 충분하다.

모든 사람은 평등하게 태어났는가? 아직은 아니다. 하지만 언젠가는 그래야 한다. 그 '언젠가'를 앞당기는 것은 특별한 누군가가 아닌 우리 모두의 몫이다. 제퍼슨의 불완전한 약속이 우리에게 남긴 것은 숙제이자 희망이다. 오늘 우리가 만드는 작은 변화가 내일의 큰 평등을 만들 것이다.

평등이라는 이름의 감옥

토크빌의 진정한 평등

"자유, 평등, 박애!"

1789년 프랑스 혁명의 함성은 인류 역사상 가장 아름다운 구호였다. 구체제의 억압에서 벗어나 모든 인간이 평등하고 자유로운 세상을 꿈꾼 혁명가들의 이상은 숭고했다. 하지만 불과 몇 년 후, 이 아름다운 구호는 피로 물들었다. 로베스피에르의 공포 정치 아래서 수만 명이 단두대의 이슬로 사라졌다.

평등을 위해 자유를 희생시킨 결과였다. 혁명의 적으로 지목되면 누구든 목숨을 잃었고, 다르게 생각할 자유는 사라졌다. 평등이라는 이름으로 자행된 또 다른 폭정이었다.

이 역설적인 비극을 가장 날카롭게 통찰한 사람이 프랑스의 정치 사상가 알렉시스 드 토크빌이다. 그는 1831년 미국을 여행하며 민주주의의 미래를 보았고, 동시에 그 속에 숨은 위험도 발견했다.

『미국의 민주주의』에서 그는 충격적인 경고를 남겼다. "민주주의는 자유 속에서 평등을 추구하지만, 평등에 대한 열정이 자유에 대한 사랑을 압도할 때 사람들은 노예 상태에서도 평등하기를 원하게 된다."

토크빌이 본 것은 무엇이었을까? 그는 민주주의 사회에서 '다수의 폭정'이라는 새로운 형태의 억압이 등장할 수 있음을 예견했다. 왕이나 귀족이 아닌, 대중 여론이 새로운 폭군이 되는 것이다. 다수의 의견과 다른 생각을 하는 사람은 이단자가 되고, 사회적으로 매장 당한다. 법적인 처벌은 없지만, 보이지 않는 압력이 개인을 짓누른다. 19세기의 이 통찰은 21세기에 더욱 생생하게 되살아났다.

소셜 미디어 시대, 우리는 토크빌이 경고한 다수의 폭정을 매일 목격한다. 한 유명 작가가 SNS에 올린 발언이 문제가 되어 모든 활동을 중단했고, 어떤 교수는 수업 중 사용한 단어 하나로 직위를 잃었다. 다양성과 포용을 외치는 사회가 정작 다른 의견에는 가장 배타적인 모습을 보이는 아이러니가 바로 평등의 역설이다.

'정치적 올바름Political Correctness'은 원래 소수자를 보호하고 차별을 없애기 위해 시작되었다. 분명 필요하고 정당한 목적이었다. 하지만 어느 순간 그것은 검열의 도구가 되었다. 사람들은 자신의 진짜 생각을 숨기고, 안전한 말만 반복한다. 겉으로는 모두가 같은 가치를 공유하는 것처럼 보이지만, 속으로는 각자의 생각을 검열하며 살아간다.

평등을 위한 노력은 때로 새로운 불평등을 낳기도 한다. 미국의 한 명문대학은 입학생의 다양성을 위해 인종별 쿼터를 적용했다. 그 결과 더 높은 점수를 받은 아시아계 학생들이 탈락하고 상대적으로 낮은 점수의 다른 인종 학생들이 합격하는 일이 벌어졌다. 기회의 평등을 추구하다가 결과의 평등을 강요하게 된 것이다.

학교에서도 비슷한 일이 벌어진다. 운동회에서 '모두가 1등'이라며 순위를 매기지 않거나, 우수한 학생들을 위한 특별반을 없애는 식이다. 선한 의도에서 시작된 이런 조치들이 정작 아이들에게서 진짜 성취감을 빼앗고, 재능 있는 학생들의 잠재력을 가로막는 결과를 낳기도 한다.

그렇다면 평등은 나쁜 것일까? 결코 그렇지 않다. 문제는 평등 자체가 아니라, 평등을 유일하고 절대적인 가치로 만들 때 발생한다. 토크빌은 이미 200년 전에 답을 제시했다. "자유와 평등은 서로를 필요로 한다. 자유 없는 평등은 획일적 압제가 되고, 평등 없는 자유는 소수의 특권이 된다."

진정한 평등은 모두가 똑같아지는 것이 아니다. 그것은 각자의 다름이 인정받고, 그 다름에도 불구하고 동등한 가치를 지닌 인간으로 대우받는 것이다. 자유는 평등의 전제 조건이고, 평등은 자유의 토대가 된다.

현대 사회의 도전은 이 두 가치의 균형을 찾는 것이다. 소수자의 권리를 보호하되 다수의 의견도 억압하지 않는 것. 차별을 없애되 역차별을 만들지 않는 것. 다양성을 추구하되 다른 의견도 포용하는 것. 쉽지 않은 과제다. 하지만 민주주의의 성숙은 바로 이런 긴장 관계를 건강하게 유지하는 데 있다.

토크빌은 미국 민주주의의 강점으로 '자발적 결사체'를 꼽았다. 시민들이 자유롭게 모여 다양한 단체를 만들고, 서로 다른 이익과 의견을 표출하는 것이 다수의 폭정을 막는 안전장치가 된다고 보았다. 획일적인 여론이 아니라, 다양한 목소리가 공존하는 사회가 건강한 민주주의다.

결국 평등이라는 숭고한 이상이 감옥이 되지 않으려면, 우리는 불완전함을 인정해야 한다. 완벽한 평등은 없고, 완벽한 자유도 없다. 다만 그 둘 사이에서 끊임없이 균형을 찾아가는 과정이 있을 뿐이다.

프랑스 혁명의 피비린내 나는 역사는 우리에게 중요한 교훈을 남겼다. 아무리 좋은 가치도 극단으로 가면 독이 된다. 평등의 이름으로 자유를 짓밟아서는 안 되고, 자유의 이름으로 평등을 무시해서도 안 된다.

오늘도 우리는 이 어려운 균형 위를 걷고 있다. 때로는 평등 쪽으로, 때로는 자유 쪽으로 기울어지면서 외줄 타기를 하는 곡예사처럼 살아간다. 중요한 것은 평등이 지나치면 획일화가 되고, 자유가 지나치면 방종이 된다는 사실을 잊지 않는 것이다.

선한 의도로 만든 제도가 의도하지 않은 억압이 될 수 있고, 모두를 위한다는 명분이 개인의 숨통을 조일 수 있다. 그래서 우리에게는 끊임없는 성찰과 열린 대화가 필요하다. 이것이 정말 모두를 위한 길인지, 우리가 놓치고 있는 목소리는 없는지 계속 물어야 한다.

토크빌은 200년 전에 이미 이런 사회를 꿈꿨다. 자유와 평등이 대립하지 않고 서로를 완성하는 사회, 다수의 의견이 소수를 억압하지 않고 소수의 특권이 다수를 배제하지 않는 사회를 그려냈다.

결국 우리가 찾는 것은 완벽한 평등이 아니다. 그것은 서로의 불완전함을 인정하면서도 함께 걸어가는 길이다. 평등은 우리를 똑같이 만드는 틀이 아니라, 서로 다른 우리가 함께 설 수 있는 무대다.

그 무대 위에서 우리 각자는 자신의 역할을 찾고, 자신의 목소리를 내며, 자신만의 춤을 춘다. 그렇게 다름이 모여 하나의 조화를 이루는 순간, 자유와 평등은 완성된다.

보통의 기준이 만드는 사회
사회의 품격은 우리가 만든다

　사회의 품격은 어디서 피어날까. 눈부신 고층 빌딩이나 첨단 기술의 전시장에서가 아니다. 그 사회가 묵묵히 지켜나가는 보통의 기준에서 비롯된다. 보통의 기준이란 특별할 것 없는 평범한 사람들이 일상 속에서 당연하게 여기는 최소한의 예의와 배려, 그리고 책임감을 말한다.

　몇 년 전 독일을 여행했을 때의 일이다. 지하철역에서 길을 잃고 헤매고 있었다. 그때 한 할아버지가 말없이 다가와 서툰 영어로 물었다. "어디 가세요?", "한국에서 왔다."라고 하자, 그분은 직접 지하철 노선도 앞으로 데려가 자세히 설명해 주셨다. 심지어 노선도를 떼어 건네며 "혹시 모르니 이걸 가져가세요."라고 하셨다.

　영어가 유창하지 않았는데도 외국인을 돕기 위해 애쓰는 그 모습. 누가 시켜서도, 보상을 기대해서도 아닌, 그저 당연하다고 여기는 마음에서 우러나온 행동이었다. 그 순간 이것이 바로 보통의 기준이 높은 사회의 모습이구나 싶었다.

보통의 기준이 높은 사회란 거창한 무언가가 아니다. 서로의 영역을 존중하고 각자의 자리에서 책임감 있게 사는 사회다. 여기에는 특별한 영웅이나 카리스마 넘치는 지도자가 필요하지 않다. 평범한 사람들이 평범한 일상에서 보여주는 묵묵한 성실함과 진심 어린 배려가 전부다.

하지만 이런 기준은 저절로 만들어지지 않는다. 그것은 세대에서 세대로 이어지는 무언가가 있을 때 가능하다. 누군가는 과거를 기억하고 그 의미를 전해야 하고, 누군가는 공동체의 정신을 이어가야 한다. 그렇다면 이 역할은 누구의 몫일까? 답은 의외로 단순하다. 우리 모두의 몫이다.

할머니가 손자에게 들려주는 옛이야기 속에 역사가 살아 숨 쉰다. 아버지가 보여주는 성실한 직업 정신 속에 공동체의 가치가 이어진다. 선생님이 전하는 지식 속에도, 이웃이 건네는 작은 친절 속에도 우리 사회의 정체성은 면면히 흐른다. 평범한 일상을 사는 모든 사람이 참여하는 거대한 집단 기억의 작업인 것이다.

때로는 아주 작은 일에서 변화가 시작된다. 한 사람의 책임감 있는 행동이 물결처럼 퍼져나가 사회 전체를 바꾸기도 한다. 반대로 누군가의 무책임한 행동이 공동체 전체에 악영향을 미치기도 한다. 그래서 보통의 기준을 높인다는 것은 결국 우리 각자가 오늘 하루를 조금 더 성실하게 사는 것에서 시작된다.

요즘 우리 사회를 보면 마음이 복잡하다. 경제적으로는 놀라운 발전을 이루었지만 사람들의 마음은 오히려 메말라가는 것 같다. 개인의 성취에만 매달리다 보니 공동체는 뒷전이고, 서로를 경쟁자로만 바라본다.

하지만 희망이 없는 것은 아니다. 여전히 우리 안에는 서로를 돌보려는 마음이 살아 있다. 작은 실천부터 시작하면 된다. 엘리베이터에서 문을 잡아주는 일, 횡단보도에서 급한 사람을 먼저 보내는 일, 동료의 어려움에 관심을 기울이는 일. 이런 소소한 배려들이 모이면 우리 사회의 보통 기준도 조금씩 높아진다.

물론 이런 작은 일들이 하루아침에 세상을 바꾸지는 못한다. 하지만 한 사람의 친절이 다른 사람에게 전해지고, 그것이 또 다른 사람에게 이어질 때 변화는 시작된다. 당신의 작은 배려가 누군가에게는 하루를 버티는 힘이 될 수도 있다.

결국 사회의 품격은 우리가 만들어 가는 것이다. 위에서 정해 주는 것도, 저절로 생기는 것도 아니다. 매일 우리가 내리는 작은 선택들, 일상에서 보여주는 배려들, 서로에게 건네는 따뜻한 말 한마디가 모여 우리 사회의 보이지 않는 기준을 만든다.

그 기준이 높아질 때 비로소 모두가 인간답게 살 수 있다. 보통의 기준이 높은 사회에서는 평범한 사람도 존중받고, 약한 사람도 보호받으며, 서로 다른 사람들이 조화롭게 어울린다.

길을 잃은 이방인에게 기꺼이 시간을 내주는 것. 누군가의 어려움을 모른 척하지 않는 것. 당연하게 손을 내밀고, 당연하게 함께 걷는 것. 이런 평범한 일들이 모여 사회의 품격을 만든다.

우리가 꿈꾸는 품격 있는 사회는 멀리 있지 않다. 그것은 평범한 사람들이 일상에서 서로를 배려하며 살아가는 곳이다. 보통의 기준이 높은 사회, 그것이 우리가 함께 만들어 가야 할 내일의 모습이다.

나무처럼 자유롭게

존 스튜어트 밀의 『자유론』

 어느 날, 도서관 구석진 서가에서 한 권의 책이 나의 시선을 잡아끌었다. 존 스튜어트 밀의 『자유론』. 제목부터 범상치 않았다. 자유라는 단어조차 위험했던 그때, 이 책은 금서와 다름없었다.

 첫 페이지에 독일 철학자 빌헬름 폰 훔볼트의 문장이 인용되어 있었다. 인간을 최대한 다양하게 발달하도록 하는 것이 절대적으로 중요하다는 내용이었다. 획일화를 강요하던 시대에 다양성이라는 단어는 사막의 오아시스 같았다.

 몇 장을 넘기자 밀의 핵심 통찰이 나타났다. 그는 인간을 나무에 비유했다. 사람은 틀에 맞춰 찍어 내는 기계가 아니라, 내면의 생명력으로 스스로 자라는 나무와 같다는 것이었다. 기계가 아니라 나무. 그 한 문장이 가슴을 뚫고 파고들었다.

 도서관을 나와 캠퍼스를 걸으며 나무들을 다시 보았다. 건물 사이

좁은 공간에서 자라는 소나무가 눈에 들어왔다. 웅장하지도 아름답지도 않았지만, 척박한 환경에서 자신만의 방식으로 생존하고 있었다. 같은 소나무라도 산속의 것과는 전혀 달랐다. 하지만 누가 더 나은 나무라고 할 수 있을까. 각자는 주어진 환경에서 최선을 다해 자라고 있었다.

그때까지 나는 사회가 정한 하나의 틀에 나를 맞추려고만 애썼다. 좋은 성적, 모범적인 행동, 이상적인 학생의 모습을 쫓아가느라 정작 내가 누구인지는 잊고 있었다. 밀이 경계한 획일화가 바로 이것이었다.

『자유론』에서 밀은 나무가 자라려면 공간이 필요하듯, 인간의 개성이 발현되려면 자유가 필요하다고 했다. 그가 제시한 원칙은 명확했다. "남에게 해를 끼치지 않는 한, 개인의 자유는 절대적이다." 나무가 다른 나무의 햇빛을 완전히 가리지 않는 한 제멋대로 가지를 뻗을 수 있듯이, 인간도 타인의 자유를 침해하지 않는 한 자신만의 방식으로 살 권리가 있다는 것이었다.

밀이 가장 경계한 것은 '다수의 폭정'이었다. 그는 단호히 말했다. 인류 전체가 같은 의견이고 단 한 사람만 반대해도, 그 한 사람을 침묵시킬 권리는 없다고. 반대 의견이 곧 반역이던 시대에, 이것은 혁명적 선언이었다.

왜 밀은 소수 의견을 그토록 중요하게 여겼을까. 그는 다양한 의견의 충돌을 통해서만 진리에 가까워진다고 믿었다. 억압된 의견이 진리일 수도 있고, 오류라 해도 진리의 일부를 담고 있을 수 있다는 것이었다. 획일적 사고가 지배하는 곳에서는 진보가 없다는 통찰이었다.

훗날 조직을 이끌게 되면서 밀의 경고가 얼마나 현실적인지 깨달았다. 처음엔 내가 말하면 모두가 동의했다. 하지만 시간이 지나면서 이상한 침묵을 감지했다. 회의실에서 창의적 논의가 사라지고 형식적 보고만 남았다. 내가 의도하지 않았지만, 조직의 위계가 자유로운 의견 교환을 막고 있었다. 밀이 경고한 '다수의 폭정'이 아니라 '권위의 폭정'이 작동하고 있었던 것이다.

변화를 시도했다. 내가 먼저 말하는 대신 끝까지 들었다. 반대 의견을 적극 장려했다. 놀라운 일이 벌어졌다. 다양한 목소리가 살아나면서 창의적 해결책이 나왔다. 사람들의 눈에 생기가 돌았다.

한 직원이 말했다. "제 의견이 반영되니까 일이 재미있어요." 그 순간 문득 알게 되었다. 조직을 이끈다는 것은 방향을 제시하는 것이 아니라, 구성원들이 각자의 방식으로 성장할 수 있는 환경을 만드는 것이었다. 캠퍼스의 그 소나무처럼, 각자가 자신만의 모습으로 자랄 수 있도록 돕는 것이었다.

밀은 인간 본성을 주형에 부어 만든 기계가 아니라, 내적 힘에 따라 자라나는 나무에 비유했다. 그리고 사회가 개인의 선을 위한다는 명목으로 자유를 제한할 권리는 없음을 명확히 했다. 오직 타인에 대한 해악을 방지할 때만 개입할 수 있다는 것이 자유주의의 핵심이었다.

유신의 억압이 지나간 지금도, 우리는 여전히 보이지 않는 틀에 갇혀 있다. 성공의 기준, 행복의 공식, 정상의 범주가 우리를 옭아맨다. 밀이 우려한 '사회적 전제'는 형태만 바꿨을 뿐 여전히 작동한다.

자유는 거저 주어지지 않는다. 그것은 일상에서 자신의 개별성을 지키고 타인의 다양성을 존중하는 것에서 시작된다. 나무들이 각자의 자리에서 뿌리내리고 가지를 뻗으며 함께 숲을 이루듯, 우리도 각자의 개별성을 지키면서 함께 자라야 한다.

캠퍼스의 그 작은 소나무를 다시 떠올린다. 좁은 틈에서도 포기하지 않고 자라는 그 나무처럼, 우리도 주어진 환경에서 자신만의 방식으로 자랄 권리가 있다. 밀이 꿈꾼 사회는 획일화된 기계들의 공장이 아니었다. 다양한 나무들이 어우러진 숲이었다. 각자의 방식으로 자라면서도 서로의 그늘이 되어주는 숲이었다.

우리가 추구해야 할 자유는 홀로 서는 자유가 아니다. 함께 자라는 자유다. 나무처럼 뿌리를 내리고, 가지를 뻗으며, 때로는 폭풍을 견디고, 계절을 거듭하며 성장하는 자유다. 그것이 밀이 우리에게 남긴 가장 귀중한 통찰이며, 우리가 지켜나가야 할 삶의 방식이다.

더 많이 가진 자들의 시대

이 사회는 누구를 위해 있는가?

2025년 1월, 국제 NGO 옥스팜Oxfam이 전 세계를 향해 경고장을 내밀었다. 『착취하는 자와 노동자』라는 제목의 보고서에는 충격적인 숫자들이 담겨 있었다. 억만장자들은 하루에 57억 달러씩 부를 늘렸고, 단 한 해 동안 204명의 새로운 억만장자가 탄생했다.

무엇이 이토록 극단적인 부의 편중을 가능하게 했을까. 보고서는 오늘날의 불평등이 우연이 아니라 의도된 구조의 산물임을 지적한다. 상위 1%가 전체 부의 절반 이상을 소유하며, 그 축적은 노동이 아닌 상속된 자산과 독점적 권력에서 비롯된다는 것이다.

2010년, 세계 인구 하위 절반이 가진 자산은 억만장자 388명의 자산과 같았다. 15년이 지난 지금, 불균형은 더욱 심화되었다. 부의 블랙홀은 이제 추상적 개념이 아니라 현실 경제의 중력장이 되었다.

나는 우리 동네 편의점 사장님을 떠올렸다. 새벽 5시부터 밤 12시까지 하루 19시간을 일한다. 그분이 1년에 버는 돈은 세계 최고 부자가 하루에 버는 돈에도 미치지 못한다. 끝없는 노동의 대가는 겨우 생계를 유지하는 수입이고, 그 사이 누군가는 자산 수익만으로 세대를 뛰어넘는 부를 축적한다.

옥스팜은 이러한 불평등이 개인의 문제가 아니라 시스템의 구조적 모순임을 명확히 했다. 금융 자본주의는 불평등을 능력과 노력의 차이로 정당화하지만, 실제로는 자본의 논리 자체가 부의 집중을 가속화한다는 것이다.

한국도 이 구조적 불평등의 굴레에서 자유롭지 않다. 2023년 기준 상위 10%가 전체 자산의 58.5%, 상위 1%가 26.5%를 차지한다. 강남 아파트 한 채가 지방 도시 주택 수십 채와 맞먹는다. '금수저, 흙수저'라는 자조적 은유는 이제 하나의 계급 분류 체계로 고착화되었다.

더욱 심각한 것은 불평등의 가속도다. 2020년 팬데믹 기간, 억만장자들의 자산은 오히려 증가했다. 재택근무로 테크 기업 주가가 폭등하고, 양적 완화로 풀린 유동성이 자산 시장으로 집중되었다. 위기 속에서 부유한 자는 더 부유해졌고, 중소 상공인은 폐업했다. 위기조차 계급적으로 작동했다.

옥스팜은 대안도 제시했다. 글로벌 부유세, 상속세 강화, 최저 임금 인상 등이다. 일부 국가는 이미 움직이기 시작했다. EU는 글로벌 최저

법인세에 합의했고, 미국은 억만장자세를 논의 중이다. 미약하고 점진적인 변화지만 방향성은 분명하다.

무엇보다 중요한 것은 시민 의식의 전환이다. 불평등을 개인의 무능으로 환원하던 시각이 힘을 잃고 있다. 구조적 모순에는 구조적 해법이 필요하다는 인식이 확산되고 있다. 한국에서도 변혁의 징후가 감지된다. 청년 세대는 공정을 요구하고, 조세정의 운동은 조직화되고 있다. MZ세대는 부동산과 조세 정의에 목소리를 내고, 윤리적 소비와 노동권을 일상에서 실천한다.

2025년, 인공 지능과 자동화는 저숙련 노동을 대체하고, 플랫폼 노동자는 여전히 법적 보호의 사각지대에 있다. 가상 자산은 새로운 불평등의 틀을 형성한다. 옥스팜이 경고한 불평등의 다음 국면은 이미 우리의 현실이 되었다.

그럼에도 희망의 단초는 존재한다. 옥스팜 보고서가 해마다 전 지구적 담론을 형성한다는 사실 자체가 변화의 전조다. 불평등은 더 이상 전문가들의 아카데믹한 논의가 아니다. 정치와 경제, 세대와 문화의 패러다임을 재편하는 동력이 되고 있다.

옥스팜은 근본적 질문을 던진다. 이 사회는 누구를 위해 설계되고 있는가. 상위 1%가 하위 95%의 자산을 초월한 지금, 이 수치는 단순한 통계가 아니라 우리 시대의 도덕적 파산을 고발하는 증언이다.

통계는 차가운 숫자의 나열일지 모른다. 하지만 그 이면에는 인간의 존엄성을 시험하는 문명사적 질문이 잠복해 있다. 불평등의 심연이 깊어질수록, 우리는 더욱 절실하게 묻게 된다. 우리가 꿈꾸는 사회는 과연 어떤 모습이어야 하는가.

그 답을 찾아가는 여정, 그리고 새로운 서사를 써 내려가는 과업은 특권층의 선의나 시장의 자율적 조정에 맡길 수 없다. 그것은 깨어 있는 시민들의 집합적 의지와 연대를 통해서만 가능하다. 역사는 언제나 그렇게 전진해 왔다.

우리가 잃어버린 것들
고종의 4만권 장서 이야기

1910년 8월 29일, 대한 제국 순종 황제가 옥새를 내려놓던 그 시각, 창덕궁 인정전 앞마당은 텅 비어 있었다. 인구 1,742만 명의 나라가 역사 속으로 사라지는, 인류사에서 유례를 찾기 힘든 비극적 순간이었다. 그 거대한 침몰의 순간, 조선과 운명을 함께한 이는 아무도 없었다.

양반들은 일제의 작위를 받아 새로운 권력을 누렸고, 부자들은 일본인과 손잡고 은행을 세워 막대한 이익을 챙겼으며, 지식인들은 앞다투어 일본 유학길에 올라 식민 체제에 순응했다.

중국의 사상가 양계초가 남긴 글귀는 서늘한 칼날처럼 우리의 심장을 관통한다. "조선을 망하게 한 자는 처음에는 중국인이었고, 이어서 러시아인이었으며, 끝은 일본인이다. 그렇지만 결국 조선은 스스로 망한 것이다." 스스로 망했다. 이 냉엄한 역사적 선고 앞에서 우리는 아무것도 변명할 수 없다.

고종의 집옥재에는 4만 권의 장서가 있었다. 서양 관련 서적만 600종이었다. 항해술, 외교, 군사, 의학, 전기, 증기기관까지 근대화의 모든 해답이 그곳에 있었다. 고종은 격변하는 세계의 흐름을 알고 있었다. 그럼에도 나라는 망했다.

지식은 있었으나 실천이 없었고, 정보는 넘쳐났으나 결단이 부재했다. 양반의 특권과 기득권이 개혁보다 우선했다. 그들은 변혁보다 안이한 타협을 택했고, 저항 대신 굴복의 길을 걸었다.

더 비극적인 것은 그들이 재앙을 예견하고 있었다는 점이다. 1907년 독립협회는 경고했다. 러시아의 노예가 되면 시베리아로 강제 징용될 것이라고. 그 예언은 정확했다. 수십만 명의 조선인이 사할린으로, 만주로 끌려가 노예의 삶을 살았다. 알면서도 막지 못했다.

양계초는 말했다. 집권층은 파당에 빠져 사익만 챙기며 나라를 버렸고, 백성들도 당장의 생존에만 급급했다고. 나라가 망해도 나는 살 수 있다고 믿었던 그 이기적 환상이 망국의 뿌리였다.

한 세기가 넘는 시간이 흐른 지금, 우리는 얼마나 달라졌을까? 가진 자들은 여전히 더 많은 것을 탐하고, 책임은 회피하며 특권만을 누린다. 병역은 남의 일이고, 세금은 피해야 할 대상이며, 기부는 절세 수단이 되었다. 공동체는 이제 박제된 언어가 되어 버렸다.

더 심각한 것은 무관심의 일상화다. 정치는 정치인의 영역이고, 경제는 재벌의 문제이며, 안보는 군인들의 책무라고 치부한다. 우리는 그저 일상의 생존에 매몰되어 있다. 망국 당시의 조선인들과 무엇이 다른가.

우리는 너무나 쉽게 망각한다. 6·25 전쟁의 참상이 어떻게 도래했는지, IMF 외환 위기가 왜 국가적 재앙으로 확산되었는지, 세월호가 왜 차가운 바다에 침몰해야 했는지. 뜨겁게 분노하지만 그 감정은 소나기처럼 빠르게 증발한다. 그리고 우리는 동일한 과오를 반복한다.

위기의 징후는 명백하다. 인구는 급감하고, 청년들은 절망하며, 노인들은 빈곤에 시달린다. 정치는 극단으로 치닫고, 세대는 단절되며, 계층은 고착화되었다. 그런데도 우리는 서로를 비난할 뿐이다. 정부 탓, 재벌 탓, 노조 탓, 청년 탓, 노인 탓을 하며 책임을 전가한다. 모두가 피해자를 자처하고 아무도 책임지지 않는다. 망국 직전의 조선이 그랬다.

그러나 절망 속에서도 희망의 단초는 존재한다. 우리에게는 1910년 조선이 갖지 못했던 것들이 있다. 민주주의라는 제도적 장치가 있고, 역동적인 시장 경제가 작동하며, 스스로 문제를 해결할 수 있는 시민사회의 역량을 갖추고 있다. 무엇보다 우리는 망국의 역사를 명확히 인식하고 있다.

문제는 아는 것과 행하는 것의 간극이다. 고종도 알고 있었다. 집옥재의 4만 권이 그것을 증명한다. 지식이 지혜가 되고, 지혜가 행동이 될 때 역사는 바뀐다.

역사는 준비된 자에게는 기회를, 안일한 자에게는 심판을 내린다. 1910년 8월 29일, 우리는 주권을 상실했다. 2025년 오늘, 우리는 공동체 의식과 책임감, 그리고 미래를 향한 결단력을 잃어가고 있다.

아직 늦지 않았다. 하지만 역사는 우리를 기다려주지 않는다. 그때 우리가 잃어버린 것은 주권만이 아니었다. 공동체를 위해 희생하는 정신, 미래를 위해 현재를 바꾸려는 용기, 함께 살아가는 지혜를 잃었다.

우리가 잃어버린 것들을 되찾는 일은 거창한 구호에서 시작되지 않는다. 내 일처럼 나라를 걱정하고, 내 가족처럼 이웃을 돌보며, 내 미래처럼 다음 세대를 생각하는 마음에서 시작된다. 그것이 망국의 순간 우리가 잃어버렸던, 그리고 지금 우리가 되찾아야 할 가장 소중한 가치다.

산림과학원 나무박물관

빵과 서커스

에드워드 기번의 『로마제국쇠망사』

밤의 장막이 아직 걷히지 않은 1453년 5월 29일 새벽 4시, 콘스탄티노플의 웅장한 성벽이 마침내 비명을 토하며 무너져 내렸다. 천년 제국의 마지막 숨결이 끊어지는 순간이었다. 동로마 제국의 황제 콘스탄티노스 11세는 황금 독수리가 수놓인 찬란한 보라색 망토를 벗어 던지고, 모든 황제의 표식을 내려놓은 채 평범한 병사들 틈으로 뛰어들어 장렬하게 최후를 맞았다.

"나는 이 제국과 운명을 같이한다!" 그의 마지막 외침은 무너지는 성벽의 포효 속에 묻혔고, 그 위대한 마지막 황제는 시신조차 남기지 않은 채 역사 속으로 사라졌다. 그 절박한 순간, 로마를 지탱하던 원로원 의원들은 어디에 있었을까? 특권을 누리던 귀족들은 무엇을 하고 있었을까? 그 질문은 폐허 위를 떠도는 유령처럼 나의 뇌리를 떠나지 않았다.

에드워드 기번의 『로마제국쇠망사』를 읽는 내내 나는 등골이 서늘해지는 것을 느꼈다. 고대 로마의 그림자 속에서 지금 우리가 살아가는 이 세계의 모습이 너무나도 선명하게 보였기 때문이다. 한때 로마 시민들은 공화국을 위해 기꺼이 목숨을 바쳤다. 농부이자 전사였던 그들은 밭을 갈다가도 적이 침입하면 지체 없이 창을 들었고, 전쟁이 끝나면 아무런 미련 없이 다시 농부의 삶으로 돌아갔다.

그러나 어느 순간부터 로마는 변질되기 시작했다. 로마의 시인 유베날리스가 탄식했던 '빵과 서커스'의 시대가 도래한 것이다. 시민들은 정치 참여의 의무를 잊고, 무료로 제공되는 빵과 검투사 경기에만 열광했다. 빵 나눠주기는 처음에는 순수한 선의에서 시작되었고, 가난한 시민들을 위한 복지 정책이었다. 그러나 일하지 않아도 기본적인 삶이 보장되자, 로마 시민들의 정신은 점차 나약해졌다. 생산의 책임은 노예들에게 떠넘겨졌고, 시민들은 오직 소비에만 몰두했다. 카이사르 시대에 연간 65일이던 축제는 5세기에 이르러 무려 175일로 늘어났다. 일 년의 절반 가까이를 유흥과 오락으로 채웠던 것이다.

더 끔찍한 것은 서커스였다. 시민들은 점점 더 자극적인 볼거리를 갈망했고, 황제들은 대중의 인기를 얻기 위해 더욱 잔혹한 오락을 제공했다. 콜로세움에서는 매일 수백 명의 생명이 무참히 스러져갔다. 그러던 어느 날, 상상조차 할 수 없는 참극이 벌어졌다. 검투사 경기를 관람하던 시민들이 '청파'와 '녹파'로 나뉘어 광적인 응원을 시작했고, 급기야 녹파 응원단이 과일 바구니에 칼을 숨겨 들어와 청파 시민 3천 명을 학살하는 만행을 저질렀다. 로마 시민이 로마 시민을 죽인 것이다.

하지만 로마가 무너진 진짜 이유는 따로 있었다. 초기 로마의 귀족들은 전쟁터의 최전선에 서서 목숨을 걸고 싸웠다. 더 많이 가진 자가 더 많이 희생하는 것이 당연한 미덕이었고, 그것이 진정한 노블레스 오블리주였다. 그러나 후기로 갈수록 그들은 세금을 회피하고, 병역을 기피하며, 오직 특권만을 누리려 했다. 시민들 또한 마찬가지였다. 병역의 의무를 저버리고 게르만 용병들을 고용하여 돈으로 안전을 사려 했다. 그 결과 로마 군단 대다수는 이민족 용병으로 채워졌고, 결국 그들의 칼날이 로마의 심장을 찔렀다.

기번은 날카로운 통찰로 지적한다. "번영은 쇠퇴를 잉태했고, 정복은 파멸의 씨앗을 품었다."고. 로마가 강대해질수록 로마다움은 사라져 갔다. 초기 로마인들이 들판에서 별을 이불 삼아 잠들었다면, 후기 로마 황제들은 공작의 혀와 플라밍고의 뇌 같은 진미를 탐닉했다. 검소함과 절제라는 미덕은 사치와 방종으로 대체되었고, 시민 정신은 향락주의에 자리를 내주었다.

우리 또한 편안함에 취해 위기의 신호를 외면하고 있는 것은 아닐까? 당장의 안락함이 미래의 지속 가능성보다 중요하다고 믿으며 귀를 막고 있는 것은 아닐까? 로마는 천년에 걸쳐 서서히 무너졌다. 우리에게 주어진 시간은 과연 얼마나 될까? 이 질문은 우리 모두의 심장을 파고드는 예리한 칼날과 같다.

콘스탄티노스 11세의 마지막 외침이 아직도 귓가에 선명하게 맴돈다. 그는 황제의 표식을 벗어던지고 평범한 병사로서 죽음을 택했다. 비겁하게 살아남기보다 명예롭게 죽는 길을 선택했다. 우리는 어떤가? 우리는 우리의 공동체와 운명을 같이할 준비가 되어 있는가? 개인의 안위를 넘어 더 큰 가치를 위해 기꺼이 무언가를 포기할 수 있는가? 아니면 우리도 그저 빵과 서커스를 기다리는 무기력한 구경꾼에 불과한가?

역사는 답을 기다리지 않는다. 천년 제국이 무너진 폐허 위에서 우리가 배워야 할 것은 로마의 몰락이 외부의 침략 때문이 아니라 내부의 붕괴에서 시작되었다는 사실, 그리고 그 붕괴가 시민 정신의 죽음에서 비롯되었다는 것이다. 우리가 지금 내리는 선택과 취하는 행동이 우리 공동체의 미래를 결정할 것이다. 로마의 역사는 끝났지만, 우리의 역사는 아직 쓰여지고 있다. 그 펜을 쥐고 있는 것은 바로 우리다.

굽히지 않는 의지가 역사를 만든다

스파르타의 『레오니다스』

새벽이 밝아 오고 있었다. 결연한 눈빛의 300명의 스파르타 전사들이 테르모필레 협곡에 그 모습을 드러냈다. 그들 앞에는 페르시아의 100만 대군이 거대한 물결처럼 진 치고 있었다. 스스로를 신이라 칭하며 그리스 전체를 정복하려 했던 크세르크세스가 이끄는 제국의 군대였다. 레오니다스 왕은 부하들을 둘러보았다. 젊은 전사들의 눈빛에서는 두려움을 찾을 수 없었다. 오직 결의만이 있었다.

크세르크세스의 사자가 마지막 통첩을 가져왔다. 무기를 내려놓고 항복하면 목숨을 살려주겠다고 했다. 레오니다스는 짧게 대답했다. "몰론 라베 Μολὼν λαβέ." 와서 가져가라는 뜻이다.

나는 그 순간, 내 삶의 어느 한 지점을 떠올렸다. 회사에서 부당한 지시를 받았던 날이었다. 상사는 내게 조용히 넘어가라고, 너 혼자 목소리 낸다고 뭐가 바뀌겠느냐고 압박했다. 그때 내가 머릿속에 떠올린 것이 영화 〈300〉의 한 장면이었다.

레오니다스가 압도적인 크세르크세스 앞에서 무릎 꿇기를 거부하는 모습. 그 장면은 내게 수적 열세 따위는 중요하지 않다고 말해 주었다. 진정 중요한 것은 무엇이 옳은가였다. 나는 결국 그 부당한 지시를 거부했다. 혼자였지만 굴복하지 않았다. 몇 달 후, 놀랍게도 그 문제는 조직 전체의 개선으로 이어졌다.

테르모필레에서 레오니다스가 보여준 것은 용맹이 아니라 신념이었다. 크세르크세스는 자신을 신이라 불렀고, 모든 것을 소유하고 지배할 수 있다고 믿었다. 그의 권력은 끝없는 욕망과 타인의 굴복을 기반으로 했다. 그러나 레오니다스는 그 오만한 권력 앞에서 무릎 꿇기를 거부했다.

영화 〈300〉의 명장면 중 하나는 레오니다스가 페르시아 사자를 깊은 우물에 발로 차 밀어 넣으며 "This is Sparta!"라고 외치는 장면이다. 이는 페르시아의 위협에 절대 굴하지 않겠다는 강력한 저항 의지를 상징적으로 보여 준다.

스파르타 전사들은 이 전쟁이 영토를 지키는 싸움으로 끝나는 게 아니라는 것을 알고 있었다. 그리스의 폴리스 정신, 시민이 스스로 결정할 권리, 그 무엇에도 굴복하지 않는 자유 정신을 지키는 싸움이라는 것을.

그들이 굳건히 서 있는 모습은 마치 자유는 죽지 않는다고 외치는 거대한 침묵의 함성 같았다. 그들의 육신은 죽었지만, 그 죽음은 결코 헛되지 않았다. 단 300명의 희생은 그리스 전체를 구했고, 결국 서구 문명의 뿌리가 된 민주주의를 지켜 내는 토대가 되었다.

고대의 테르모필레가 거대한 제국에 맞선 전투였다면, 우리에게도 매일매일 크고 작은 테르모필레가 존재한다. 뉴스에서, 직장에서, 때로는 내면의 공간에서 우리는 매일 부당함과 불의를 마주한다. 이러한 상황 속에서 다가오는 크세르크세스들은 속삭인다. 입 다물고 있어라, 어차피 넌 약해서 말해본들 바뀌지 않는다고. 하지만 우리는 굽히지 않는 의지를 가진 300명이 100만 명의 페르시아군을 막아냈음을 기억해야 한다.

우리의 역사는 굽히지 않는 의지로 점철되어 있다. 윤동주는 「서시」에서 죽는 날까지 하늘을 우러러 한 점 부끄럼이 없기를 바란다고 썼다. 총칼 앞에서도 굽히지 않는 정신, 그것이 바로 테르모필레의 정신이다. 임진왜란 때 목숨을 걸고 나선 의병들, 일제 강점기 때 만세운동을 외친 독립운동가들, 그리고 4·19 혁명과 5·18 민주화 운동 때 불의에 맞서 거리로 나선 시민들 모두가 자신의 테르모필레에서 돌아가지 않는 선택을 한 것이다.

우리 모두에게는 지켜야 할 나만의 스파르타가 있다. 그것은 물리적인 공간이 아닐 수도 있다. 마음속에 품은 신념, 지켜야 할 가치, 그리고 더 나은 삶을 향한 열망일 수 있다. 궁극적으로 레오니다스의 300명이 보여준 것은 인간의 존엄성이었다. 그 어떤 폭력과 압제 앞에서도 굽히지 않고 굳건히 서 있는 인간 정신의 위대함이었다.

레오니다스가 마지막에 남긴 말이 있다. "스파르타여, 우리는 돌아가지 않는다!" 이 짧은 외침은 단지 죽음을 향한 결의가 아니었다. 물리적인 후퇴를 거부하는 동시에 정신적인 굴복 또한 거부하겠다는 강력한 선언이었다. 레오니다스의 전사들은 육신은 사라져도 가치는 영원하다는 진리를 죽음을 통해 증명했다.

테르모필레 협곡은 2,500년이라는 세월 속에 지형이 완전히 달라졌다. 과거 바다와 맞닿아 좁고 험준했던 협곡은 이제 드넓은 평원이 되었다. 하지만 기원전 480년에 울려 퍼졌던 웅장한 함성은 오늘날 우리 시대를 여전히 울리고 있다. 직장에서 부당한 대우를 받으면서도 꿋꿋이 자신의 자리를 지키는 청년들, 불의한 권력에 맞서는 사람들, 그리고 사회적 약자를 위해 목소리를 내는 사람들 모두가 21세기의 레오니다스들이다.

때로는 말보다 강한 것이 있다. 그것은 굽히지 않는 의지이고, 포기하지 않는 신념이며, 끝까지 자신의 자리를 지키려는 용기다. 그 침묵의 함성은 시대를 넘어 영원히 지속될 것이다.

우리가 만들 세상

마리아 레사의 희망 메시지

2021년 10월 8일, 노벨 평화상 발표 현장에서 마리아 레사의 이름이 호명되었을 때 세계는 숨을 죽였다. 평화상이 언론인에게, 그것도 필리핀의 작은 온라인 매체에 돌아간 것이 의외였다.

그러나 그녀가 지난 10년간 벌여 온 진실을 향한 치열한 싸움을 알고 나면 그 놀라움은 깊은 존경으로 바뀐다. 그녀는 수상 소감에서 우리 시대의 근본적 질문을 던졌다. 우리가 알던 세상은 이미 붕괴되었고, 이제는 어떤 세상을 만들 것인지 우리 스스로 결정해야 한다는 것이었다.

그녀의 말을 들었을 때 나는 깊은 전율을 느꼈다. 코로나19 이후 우리의 일상은 완전히 바뀌었다. 재택근무, 온라인 쇼핑, 영상 통화가 새로운 표준이 되었다. 그러나 그 변화의 이면에는 더 깊은 전환이 숨어 있었다. 정보의 홍수 속에서 무엇이 진실인지 판단하기 어려워졌고, SNS 알고리즘은 우리를 보이지 않는 정보 감옥에 가둬 버렸다.

그녀가 걸어온 길은 한 지식인의 선명한 각성 과정이었다. 프린스턴 대학을 졸업한 후 아시아 특파원으로 활동하며 인도네시아 독재 정권의 몰락과 필리핀의 민주화 과정을 취재하면서, 그녀는 언론이 단순한 관찰자가 아니라 역사의 적극적 참여자라는 것을 깨달았다. 2012년 래플러를 창립할 때도 그 신념은 변치 않았다. 언론이 권력을 감시하는 파수꾼이자, 시민들에게 진실의 등불을 밝혀주는 존재여야 한다는 사명감이 있었다.

래플러라는 이름에는 그녀의 철학이 압축되어 있다. 물에 돌멩이를 던지면 작은 파문이 생기고, 그 파문이 점점 넓게 퍼져나가는 것처럼 작은 진실 하나가 사회 전체에 변화의 물결을 일으킬 수 있다는 믿음이었다. Rap(이야기하다)과 Ripple(파문)을 합쳐 만든 이름 속에 말의 힘에 대한 성찰을 담았다. 래플러는 실제로 필리핀 언론계에 혁신의 파문을 일으켰다. 일방적으로 뉴스를 전달하는 기존 방식에서 벗어나, 독자들과 소통하고 참여를 유도하는 쌍방향 저널리즘을 구현했다.

그러나 마리아 레사의 통찰은 여기서 멈추지 않았다. 그녀는 일찍부터 정보 전쟁의 본질을 간파했다. 2016년 필리핀 대선 과정에서 소셜 미디어를 통해 확산되는 거짓 정보들을 목격하면서, 이것이 단순한 가짜 뉴스 문제가 아니라 민주주의에 대한 근본적 도전이라고 판단했다.

진실을 지키는 것이 곧 민주주의를 지키는 일이라는 확신에서 래플러에 팩트 체킹팀을 구성했다. 그리고 정보가 사람들에게 미치는 영향을 과학적으로 분석하기 시작했다.

래플러의 무드미터 프로젝트는 이런 노력의 일환이었다. 독자들이 기사를 읽고 느끼는 감정을 실시간으로 측정하여 분석한 결과, 가짜 뉴스일수록 더 강한 감정적 반응을 일으킨다는 사실을 발견했다. 사람들이 차분하고 균형 잡힌 기사보다 분노나 충격을 주는 자극적인 내용에 더 반응한다는 인간 심리의 어두운 면을 데이터로 입증한 것이다.

이는 우리 시대의 근본적 딜레마를 드러낸다. 민주주의는 이성적 토론을 전제로 하지만, 인간은 본능적으로 감정적 자극에 더 반응한다. SNS 알고리즘은 이런 인간의 약점을 파고들어 더 자극적인 콘텐츠를 확산시킨다. 그 결과 건전한 담론은 설 자리를 잃고, 극단적이고 선정적인 목소리만 커진다.

하지만 그녀는 절망하지 않고 희망의 메시지를 전했다. 기술이 문제를 만들었지만 기술이 해답도 될 수 있다고 했다. 중요한 것은 인간이 기술의 노예가 아니라 주인이 되는 것이라고 강조했다. 팩트 체크, 다양한 정보원 비교, 의심스러운 정보에 대한 재확인. 그녀가 제시한 해법들은 거창하지 않았다. 하지만 그런 작은 실천들이 모여 정보 생태계를 건강하게 만들 수 있다고 믿었다.

래플러가 개척한 시민 저널리즘 모델은 이런 철학의 구현이었다.

전문 기자들만이 뉴스를 만드는 전통적 모델을 넘어서, 시민들도 정보 생산의 주체가 될 수 있다는 참여형 민주주의의 실험이었다. 편집 과정 공개, 후원자 명단 투명화, 독자 피드백의 적극적 수용. 이 모든 것이 열린 저널리즘이라는 새로운 패러다임을 만들어 냈다.

마리아 레사가 노벨 평화상을 받은 이유는 그녀가 보여준 용기와 철학 때문이다. 권력의 탄압 앞에서도 굴복하지 않았고, 절망적 현실 앞에서도 희망을 포기하지 않았으며, 무엇보다 문제 제기에 그치지 않고 구체적 해법을 제시했다. 그녀는 한 사람의 용기가 거대한 시스템에 맞설 수 있다는 것을, 진실을 지키려는 의지가 거짓의 바다를 헤쳐 나갈 수 있음을 증명했다.

우리는 더 나은 세상을 만들 수 있다. 하지만 좋은 세상은 저절로 오지 않는다. 매일의 작은 선택들, 진실에 대한 끊임없는 갈망, 타인에 대한 신뢰와 연대가 차곡차곡 쌓여야 가능하다.

민주주의는 완성된 건축물이 아니라 끊임없이 가꿔가야 하는 정원이다. 그리고 그 모든 변화의 시작점은 바로 나라는 개인의 작은 용기에 있다. 우리가 진정으로 원하는 세상은 결국 우리의 손으로 만들어 가야 한다.

세 단어가 바꾼 역사

영국 브렉시트의 교훈

    2016년 6월 23일 밤, 런던의 한 펍에서 축구를 보던 사람들이 갑자기 TV 채널을 돌렸다. 영국의 EU 탈퇴를 확정 짓는 브렉시트 개표방송이 시작된 것이다. 찬성 51.9%, 반대 48.1%. 이 결과를 이끌어 낸 것은 단 세 단어였다.

    Take Back Control(주도권을 되찾자). 보리스 존슨이 영국 전역에 외쳐댄 이 간단한 문구는 어떻게 대영제국의 운명을 뒤바꿀 수 있었을까?

    나는 그 답을 찾기 위해 브렉시트 관련 영상들을 밤새 뒤졌다. 그중 한 런던 택시 기사의 인터뷰가 기억에 남는다. 그는 분노에 찬 목소리로 말했다. "우리는 독일놈들의 지배를 받으려고 히틀러와 싸운 게 아니다."라고. EU 관료들이 영국의 주권을 빼앗아 갔다는 인식, 이민자들이 일자리를 앗아갈 것이라는 두려움, 브뤼셀 규제가 영국의 자유를 억압한다는 분노.

이 모든 감정이 Take Back Control이라는 세 단어에 압축되었다. 그 순간 나는 정치에서 가장 위험한 것은 거짓말이 아니라 반쪽 진실이라는 것을 깨달았다.

Take Back Control은 완벽한 슬로건이었다. 누가 통제권을 빼앗아 갔는지는 애매했지만, 그 속에서 누구나 자신만의 적을 발견할 수 있었다. 런던 금융가에게는 EU 규제가, 북부 공장 노동자에게는 동유럽 이민자가, 나이 든 유권자에게는 변화 자체가 적이었다.

이것은 조지 오웰이 『1984』에서 경고한 뉴스피크의 현실 버전이었다. 복잡한 현실을 단순한 구호로 바꾸고, 모든 문제의 원인을 외부에서 찾게 만드는 언어의 마술이 작동한 것이다. 실제로는 영국이 자발적으로 EU에 가입하고 규정을 받아들인 것인데, 이 슬로건은 마치 주권을 강제로 빼앗긴 것처럼 포장했다.

브렉시트의 진짜 비극은 과정에 있었다. 캠페인 내내 팩트는 사라지고 감정만 남았다. 전문가들이 경제적 피해를 경고해도 사람들은 듣지 않았다. 오히려 엘리트의 거짓말이라며 분노했다. 마이클 고브 당시 법무부 장관은 "이 나라 국민은 전문가들에게 지쳤다."라고 말했다. 지식과 경험보다 분노와 두려움이 표를 결정한 것이다.

영화 〈브렉시트: 치열한 전쟁〉에서 베네딕트 컴버배치가 연기한 도미닉 커밍스는 "이것은 감정의 전쟁"이라고 말했다. 브렉시트 캠페인의 핵심 전략가였던 그는 팩트보다 감정이 더 큰 무기라는 것을 알고 있었다.

실제로 그 전쟁에서 승리한 것은 사실과 논리가 아니었다. 복잡한 EU 통합의 역사, 경제적 상호 의존성, 국제 정치의 현실 같은 이성적 논거들은 모두 무력했다. 대신 과거 대영 제국의 영광에 대한 향수, 급변하는 세상에 대한 두려움, 이민자들에 대한 분노가 모든 것을 압도했다.

그렇다면 브렉시트 이후 영국의 모습은 어떨까? 경제 성장은 둔화되었고, 물가는 상승했다. 북아일랜드와 스코틀랜드의 갈등은 더욱 심화되었다. EU를 떠났음에도 이민자 수는 줄기는커녕 오히려 늘었다. 동유럽 이민자들이 아프리카와 아시아 출신으로 대체되었을 뿐이다. Take Back Control이 내건 약속들은 하나둘씩 허공으로 사라져 갔다.

브렉시트는 우리에게 뼈아픈 교훈을 남겼다. 복잡한 현실을 단순한 구호로 해결할 수 없다는 것, 감정에 호소하는 정치가 얼마나 위험한지, 그리고 한번 내린 결정은 되돌리기 어렵다는 것을 말이다. 영국인들은 주권을 되찾겠다고 외쳤지만, 정작 잃은 것은 미래였다. 그렇다면 우리는 이 실패에서 무엇을 배워야 할까?

첫째, 간단한 답을 약속하는 사람을 의심해야 한다. Take Back

Control에 열광했던 영국인들처럼, 우리 모두는 불안할 때 쉬운 해법에 끌린다. 하지만 복잡한 문제일수록 신중해야 하고, 감정적으로 끌리는 메시지일수록 더 꼼꼼히 따져봐야 한다.

둘째, 누군가를 탓하기보다 스스로를 돌아봐야 한다. 진정한 변화는 외부의 적을 찾는 것이 아니라 내면의 성숙에서 시작되기 때문이다.

단 세 단어가 영국의 역사를 바꾼 것처럼 말에는 세상을 뒤흔드는 힘이 있다. 그 힘이 파괴가 아닌 건설을 위해 사용되려면 우리 각자가 더 현명해져야 한다. 미래는 성급한 감정이 아니라 신중한 이성으로, 분열이 아니라 이해로, 증오가 아니라 연민으로 만들어진다. 브렉시트가 남긴 이 쓰라린 교훈을 결코 잊어서는 안 된다.

꿈꾸는 사람들의 힘

국민 소득 6,055달러의 힘

어떤 숫자는 사람의 운명을 바꾸고, 역사의 방향을 바꾼다. 폴란드계 미국 정치학자 아담 쉐보르스키가 발견한 숫자 '6,055'가 그랬다. 그는 40년간의 135개국 데이터를 분석한 끝에 놀라운 사실을 발견했다. 1인당 국민 소득이 6,055달러를 넘어선 나라에서는 민주주의가 단 한 번도 실패하지 않았다는 것이다.

이 숫자가 우리에게 던지는 질문은 명확했다. 자유와 번영은 과연 일부의 특권인가, 아니면 누구나 이뤄낼 수 있는 보편적 가능성인가.

쉐보르스키라는 이름에는 삶과 학문이 나란히 깃들어 있다. 1940년 스탈린 체제의 폴란드에서 태어난 그는 1968년 반유대주의 숙청을 피해 조국을 떠났다.

고향을 등지고 낯선 대륙으로 떠난 28세 청년은 민주주의 이론가이기 전에 강제 이주와 체제의 억압을 온몸으로 겪은 역사의 증인이었다. 자유란 무엇인가, 인간답게 산다는 것은 무엇인가. 쉐보르스키의 학문은 이 절실한 질문에서 출발했다.

6,055달러라는 수치는 아르헨티나가 정치적 격변을 겪었던 1975년의 1인당 소득이다. 하지만 이것은 단순한 경제 결정론이 아니었다. 경제 발전과 함께 중산층이 생겨나고, 교육 기회가 넓어지고, 시민 사회가 성장하면서 사회 전반에 구조적 변화가 일어났다는 분석이었다. 6,055달러는 그 변화가 임계점에 도달했을 때 나타나는 상징적인 수치였다.

놀라운 것은 이 법칙의 일관성이었다. 분석된 국가들 가운데 이 수치를 넘긴 이후 민주주의가 후퇴한 사례는 단 한 건도 없었다. 시대가 다르고, 문화가 다르고, 대륙이 달라도 조건이 같을 때 사회의 흐름은 놀라울 만큼 유사했다.

한국은 이 법칙이 가장 극적으로 적용된 나라였다. 1960년 한국의 1인당 국민 소득은 고작 79달러, 세계 최빈국 수준이었다. 그 시절 이 나라에서 민주주의와 번영이 가능하다고 생각하는 사람은 거의 없었다.

하지만 1970년대를 지나면서 예상치 못한 변화가 시작됐다. 공장이 늘어났고, 대학 진학률이 높아졌고, 텔레비전이 각 가정에 보급되기 시작했다. 중산층이 생기고 사람들은 더 나은 삶을 꿈꾸기 시작했다.

1987년 6월, 마침내 시민들이 민주화를 외치며 거리로 나섰다. 1인당 소득은 3,200달러 안팎이었다. 쉐보르스키가 말한 임계점에는 도달하지 못했지만, 그 기반에서 변화의 씨앗이 싹텄다. 대학생뿐 아니라 평범한 시민들도 함께했다. 겉보기에 갑작스러운 변화였지만, 실은 오랫동안 축적된 갈망이 한순간에 폭발한 것이었다.

1995년, 한국은 국민 소득 1만 달러를 돌파했다. 쉐보르스키의 이론대로라면 이제 이 나라는 결코 민주주의에서 후퇴하지 않을 것이라는 뜻이었다. 실제로도 그랬다. 외환 위기라는 거대한 충격이 왔지만 사회는 무너지지 않았다. 국민은 혼란 속에서도 평화적으로 정권을 교체했고, IMF 체제를 견뎠고, 회복의 길을 찾아냈다.

그렇다면 우리는 지금 어디에 서 있는가. 국민 소득은 3만 달러를 넘었지만, 청년들의 삶은 불안정하다. 오늘의 젊은이들은 더 많이 배우고 더 열심히 노력하지만, 정작 부모 세대보다 나은 삶을 기대하기 어렵다. 경제는 성장했지만 기회는 줄어들었다. 진정한 번영이란 소유의 총합이 아니라 내일이 오늘보다 나을 것이라는 기대에서 비롯된다는 사실을 우리는 잊고 있는지도 모른다.

숫자는 단순한 지표가 아니다. 쉐보르스키가 말한 6,055달러에는 인간의 존엄성과 사회적 안전망, 교육의 기회, 시민의 연대 등과 같은 삶의 기반이 담겨 있다. 하루 세 끼를 걱정하지 않고, 책을 펼칠 수 있으며, 자기 생각을 자유롭게 말할 수 있는 사람들이 많아질수록 사회는 건강해진다. 그 기반이 흔들릴 때 우리는 방향을 다시 묻고 근본을 점검해야 한다.

1997년 외환 위기를 떠올린다. 많은 가정이 무너졌고, 일자리를 잃은 이들도 많았다. 그러나 절망만 있었던 것은 아니다. 그 시간 속에서도 우리는 서로를 붙들고 버텼고, 더 약한 사람을 먼저 살폈다. 가장 힘들었던 시기에 드러난 그 배려와 연대가 어쩌면 한국 사회가 가진 가장 위대한 자산이었는지도 모른다.

쉐보르스키의 연구가 전하는 메시지는 분명하다. 자유와 번영은 함께 자라며, 이를 지탱하는 것은 깨어 있는 시민 의식이다. 민주주의는 어느 날 완성되는 체제가 아니라 오늘도 묵묵히 제자리를 지키는 이들의 선택이 쌓여 이루어지는 일상의 결실이다.

6,055달러. 이 숫자에는 꿈을 향한 집념과 포기하지 않는 사람들의 시간이 녹아 있다. 희망은 계산으로 완성되지 않는다. 그것은 오늘도 계속해서 써 내려가는 이야기이며, 우리 각자의 실천으로 살아 움직이는 서사다. 더 나은 내일은 지금 이 글을 읽는 당신의 선택에서부터 시작될 수 있다.

백 년 철학자가 건네준 삶의 나침반

김형석 교수의 "교육이 국가다"

　백수百壽를 훌쩍 넘긴 연세에도 여전히 청년의 기상으로 빛나는 철학자, 연세대학교 김형석 명예 교수를 만났다. 그를 마주하는 순간, 세월의 깊이가 빚어낸 고요한 기품이 느껴졌다. 만주 용정에서 전학 온 윤동주 시인과 함께 평양 숭실중학교에서 학창 시절을 보낸 이야기, 신사 참배 거부로 학교가 강제 폐교되어 자퇴해야 했던 파란만장한 청춘. 그의 삶은 시대를 관통하는 거대한 역사의 물줄기였다.

　자퇴 후 일 년 넘게 평양 시립도서관을 제집처럼 드나들며 독서 삼매경에 빠졌던 그 시기, 독립운동으로 옥고를 치르고 출소한 도산 안창호 선생과의 만남은 그의 인생 항로를 바꾸는 계기가 되었다.

　도산 선생은 젊은 청중 앞에서 이렇게 말씀하셨다. "우리는 각각 자기 허물만 스스로 고칠 뿐이요, 결코 남의 일이나 허물에 개의치 말 것이다. 청년의 큰 원수는 방황과 주저다. 방황과 주저 끝에는 고통과 낙망이 온다. 낙망은 청년의 죽음이요, 청년이 죽으면 민족이 죽는다. 그대는 나라를 사랑하는가? 그러면 먼저 그대가 건전한 인격이 돼라."

김형석 교수는 그 강연에서 삶의 방향을 뒤흔드는 거대한 깨달음을 얻었다고 고백했다. 시인이나 소설가가 되겠다는 오랜 꿈을 접고, 철학을 공부해 시대의 정신적 등불이 되겠다고 다짐한 것도 바로 그때였다.

그 깊은 삶의 궤적을 이야기하며 김형석 교수가 나에게 건넨 조언은 시대를 초월한 통찰로 가득했다. 그의 목소리는 차분했지만 그 안에는 흔들림 없는 확신이 담겨 있었다. "헐뜯지 마세요. 이기적 경쟁보다는 선의의 경쟁을 하시고, 내가 성공했다고 타인이 실패한 것도 아니요, 내가 부자가 되었다고 해서 타인이 가난하다고 생각하지도 마세요. 모든 사람을 나보다 훌륭하다고 생각하고, 어렵겠지만 상대에게 양보하세요."

그의 말을 듣는 순간 부끄러움을 금할 수 없었다. 숨 가쁘게 성과를 좇으며 살아가다 보면 얼마나 자주 남을 밟고 올라서려 하는가. 얼마나 쉽게 타인의 성공을 자신의 실패로 여기며 상대적 박탈감의 늪에 빠지는가. 이 가르침은 개인이 갖춰야 할 덕목을 넘어, 함께 살아가는 공동체에 대한 깊은 이해를 요구하는 것이었다.

이 지혜는 맹자孟子의 측은지심惻隱之心과 놀랍도록 맞닿아 있었다. 우물에 빠질 것 같은 아이를 보면 누구나 저절로 구하려 한다는 것처럼, 인간 본연의 선함은 김형석 교수가 강조한 타인에 대한 배려와 양보의 정신과 하나의 맥을 이루고 있다.

진정한 성숙함이란 타인을 헐뜯기보다 자신을 돌아보는 데서 시작된다. 남과의 경쟁에서 승리하는 것보다 어제의 나보다 나은 사람이 되려는 꾸준한 노력, 겉으로 드러나는 화려한 성과보다 조용히 쌓여가는 내면의 품격이야말로 그가 백 년의 세월을 관통하며 깨달은 귀한 지혜였다.

우리의 대화가 자연스럽게 교육 이야기로 흘러갔을 때, 김 교수의 눈빛은 한층 더 따뜻하게 빛났다. 그에게 교육은 단순히 지식을 전달하는 수단이 아니었다. 인간을 인간답게 완성하는 궁극적인 과정이자, 한 국가의 운명을 결정짓는 가장 중요한 요소였다.

"여력이 된다면 교육에 중점을 두세요. 학생들을 위한 교육 환경을 만들어 주고, 그들의 건전한 인격을 키워 주는 것이 중요합니다." 그는 교육의 주체는 교육 전문가여야 하며, 학교 교육에 자율과 선택권을 주어야 한다고 힘주어 말했다.

중등 교육은 이해력과 사고력을 높여줄 수 있도록 공교육을 내실화하고, 행정적인 지원을 아끼지 않아야 한다고 조언했다. 개별 학교의 역량을 키우고, 학교장이 전문가인 만큼 교육의 주도권을 갖고 추진해야 한다는 그의 말은 나를 새롭게 일깨웠다.

수많은 초·중·고등학교를 방문하며 나는 김형석 교수의 교육 철학이 얼마나 현실에 깊이 뿌리내리고 있는지 실감했다. 학교는 표준화된 공간이 아니었다. 하나하나가 모두 자신들만의 고유한 색을 가진 살아 있는 교육기관이었다. 각자의 특성을 살리는 자율적인 방침을 가질 때 아이들이 스스로 성장하는 힘을 얻는다는 것을 발견했다.

어느 날 한 고등학교를 방문했을 때의 일이 생생하다. 한 학생이 내게 다가와서 자신의 꿈에 대해 이야기했다. 그 아이는 로봇 공학자가 되어 거동이 불편한 사람들을 돕는 로봇을 만들고 싶다고 했다. 그 순간 가슴이 뭉클해졌다. 기술을 익히는 것을 넘어, 그 기술로 더 나은 세상을 만들고자 하는 순수한 열정을 가진 아이를 만난 것이었다. 그 아이의 눈빛 속에서 나는 미래를 보았다.

이 만남을 통해 나는 교육의 진짜 의미에 대해 다시금 숙고하게 되었다. 교육의 본질은 인간의 무한한 가능성을 꽃피우는 일이다. 아이들 한 명 한 명이 자신만의 독특한 색깔을 발견하고 그것을 선하게 펼쳐나갈 수 있도록 돕는 일이 교육이다. 김형석 교수가 도산 안창호 선생으로부터 받은 그 감동과 깨우침을 다음 세대에게 전해주는 귀한 연결고리가 되어야 한다.

김형석 교수와의 만남은 나에게 더할 나위 없이 큰 선물이었다. 그의 말처럼 헐뜯지 않고 선의의 경쟁을 하며 타인을 배려하는 삶을 산다는 것이 결코 쉽지는 않겠지만, 그런 마음으로 살아가려 노력해 볼

만한 충분한 가치가 있다는 깊은 확신이 들었다.

오늘도 나는 그의 이야기를 가슴에 품고 교육 현장을 찾는다. 한 명 한 명의 아이들이 자신만의 빛깔로 세상을 밝힐 수 있도록 조용히 응원하면서. 그가 건네준 삶의 나침반은 이제 나의 것이다.

그리고 언젠가는 내가 만나는 아이들에게도 그런 나침반이 되기를 바란다. 서로를 존중하고 배려하며 함께 성장해 나가는 세상, 그런 세상을 만들어 가는 작은 씨앗이 되려 한다.

무엇을 해야 하는가

황현의 『매천야록』

책장에서 『매천야록』을 꺼내 들었다. 조선의 마지막 선비 황현이 조선 멸망의 전조와 종말을 기록한 책이다. 첫 장을 펼치자마자 기묘한 문장이 눈에 들어왔다. 관상쟁이 박유붕이 "한쪽 눈이 멀면 관상이 더 신묘해진다."라는 스승의 말을 듣고 스스로 눈을 찔렀다는 이야기였다.

스스로 눈을 찔러야만 출세가 가능했던 시대, 황현은 미신에 기대어 출세를 좇는 세태를 묵직하게 풍자했다. 박유붕은 어린 고종을 찾아가 임금이 될 상이라고 예언했고, 고종이 즉위한 뒤에는 벼슬길에 올랐다. 모두가 점쟁이의 예언에 귀를 기울였지만, 정작 나라의 운명이 기울어 갈 때는 누구도 진실을 말하지 않았다. 거짓과 아첨이 난무하는 세상에서 진실이 설 자리가 없었다.

1910년 8월 29일, 한일 강제 병합이 공식 발표된 지 일주일 뒤, 황현은 마지막 시를 남기고 아편으로 자결했다. 세 번의 망설임 끝에 내

매천 황현 초상, 채용신 작품, 조선 말기, 비단에 채색, 전라남도 순천시 소장 중
구한말의 학자이자 시인이었던 황현(黃玹, 1855~1910)의 초상화

린 결단이었다. 나라가 망하는 비극 앞에서 지식인이자 선비로서 더 이상 살아갈 명분을 찾지 못했기 때문이다.

그는 인간 세상에 글 아는 사람 노릇이 어렵기만 하다고 했다. 글을 안다는 것, 진실을 본다는 것, 그것은 곧 지식인으로 살아간다는 것의 무게였다.

"국가가 선비를 길러온 지 500년, 하루아침에 나라가 망했는데 선비로서 죽는 자가 하나도 없다면 어찌 통탄하지 않을 수 있겠느냐."는 황현의 말은 선비의 마지막 도리이자 시대를 향한 준엄한 항거였다.

『매천야록』은 1864년부터 1910년까지, 격동의 47년을 담담하게 기록한다. 감정을 절제한 문장으로 시대를 정리했지만, 그 문장 사이사이에는 통곡이 스며 있다. 1905년 을사늑약 직후 민영환의 순국, 1907년 최익현의 대마도 순절, 1909년 안중근의 의거. 모두 불과 몇 줄에 불과했지만, 한 시대의 절망과 희망이 그 안에 교차한다.

그는 임금도 충신도 예외 없이 비판했다. 매천의 붓 아래 온전한 자는 없다는 말이 나올 정도였다. 동학 농민 운동을 도적들의 난으로 보고, 의병의 항쟁을 무모한 소란으로 기록한 그의 시각은 민중의 자발적 저항을 중시하는 관점에서 보면 분명 아쉬움이 남는다.

그러나 그보다 더 주목할 점은 황현이 권력자든 저항 세력이든 누구도 예외 없이 같은 기준으로 평가했다는 사실이다. 그는 오직 자신의 역사관과 양심에 따라 시대를 기록했다.

황현은 시대의 흐름에 눈 감은 선비가 아니었다. 서울에서 먼 구례에 머물면서도 뜻이 통하는 사람들과 교류하며 폭넓은 인간관계를 맺었다. 청일 전쟁의 격전지였던 성환을 직접 찾아가 전쟁의 참혹함을 두 눈으로 확인하고 기록에 남겼다.

《대한매일신보》를 구독하며 국내외 정세와 일제의 침탈 과정을 빠짐없이 살폈다. 고루한 틀에 갇힌 유학자가 아니라 열린 감각과 사유를 지닌 진정한 지식인이었다.

그가 손자에게 남긴 천 권의 책은 단순한 유산이 아니었다. 그는 어릴 적 조부와 부친의 손에서 책을 물려받으며 자랐다. 책은 지식을 위한 도구일 뿐 아니라 가문과 정신을 잇는 끈이었고, 삶의 태도이자 인간됨의 바탕이었다. 황현은 그것들을 다시 손자에게 건넸다. 나라는 무너졌지만 정신은 꺾이지 않아야 한다는 그의 믿음, 책 속에 미래가 있다는 확신은 황현이 절망의 시대를 견디는 방식이었다.

1906년, 그는 독도에 대해 짧은 글을 남긴다. "울릉도 앞바다 동쪽으로 백 리쯤 떨어진 곳에 하나의 섬이 있으니, 이름하여 독도라 한다. 예로부터 울릉도에 속해 있었는데, 왜놈들이 자기 땅이라 우기며 조사해 갔다."

단 두 문장이지만 '우기며'라는 단어 하나에 황현의 분노와 모멸감, 그리고 역사의식이 모두 압축돼 있다. 100년이 지난 지금도 일본은 여전히 그 섬을 자기 땅이라 우긴다. 그의 짧은 문장은 오늘날 우리에게도 똑같은 물음을 던진다.

국권이 침탈 당하는 현실 앞에서 황현은 스스로에게 끊임없이 물었다. 글을 아는 사람으로서 무엇을 해야 하는가. 과거에 급제하고도 암울한 현실에 절망해 벼슬길을 등진 것도 그였고, 의병 한 번 일으키지 못하고 붓만 잡은 채 세월을 흘려보낸 것도 그였다. 그는 누구보다 자신을 용서하지 못했고, 그 무력함과 부끄러움을 껴안은 채 조용히 생을 내려놓았다.

결국, 황현의 죽음은 선비로서 스스로에게 부끄럽지 않기 위한, 가장 조용하고도 단호한 응답이었다. 그 질문은 이제 우리에게 되돌아온다. 오늘 우리는 무엇을 하고 있는가. 불의를 보고도 침묵하고, 거짓을 알면서도 외면하며, 진실보다 안락을 선택하고 있지는 않은가.

나는 책을 덮으며 조용히 자문해 본다. 깨어 있는 눈으로 세상을 보고, 정직한 마음으로 살아가며, 다음 세대를 위해 무언가 하나쯤은 남길 수 있지 않을까? 황현이 손자에게 천 권의 책을 물려준 것처럼, 우리도 각자의 방식으로 희망의 씨앗을 심을 수 있다. 그것이 우리가 황현에게서 배워야 할 가장 값진 교훈이다.

한 장의 사진이 기억하는 것
강형원의 사진 철학

처음 강형원을 만났을 때 그는 말이 많지 않았다. 33년간 LA 타임스, AP 통신, 백악관 사진부, 로이터 통신 등 미국 주류 언론에서 사진기자로 일하며 퓰리처상을 두 번이나 받은 거장이라는 타이틀과는 달리 그는 조용하고 겸손했다.

하지만 그의 눈은 달랐다. 마치 세상의 모든 것을 렌즈로 투과하는 듯 관찰하는 눈이었다. 그가 건넨 명함에는 '강형원'이라는 한글 이름이 또렷하게 적혀 있었다. 1975년 중학교 1학년 때 미국으로 이민을 떠났지만 평생 자신의 이름을 지켜온 사람. 그 이름 석 자에 그의 철학이 담겨 있었다.

"자신을 찾으세요." 그가 나에게 건넨 첫 번째 조언이었다. 1993년 한국인 최초로 퓰리처상을 받은 순간, 세계는 강형원이라는 이름을 기억했다. 1992년 LA 폭동 당시 폭도로 오인돼 죽은 한인 이성재 군의 모습을 담은 한 장의 사진으로 LA 폭동을 잠재웠고, 1997년 클린

턴-르윈스키 스캔들을 포착해 두 번째 퓰리처상을 받았다.

그런 그에게 가장 소중한 작업은 따로 있었다. 미국에서 쌓아 올린 어마어마한 이력을 내려두고 한국으로 돌아와 1년 넘게 전국을 돌아다니며 우리 국가유산을 사진에 담은 일이었다.

『사진으로 보는 우리 문화유산』. 그 책의 표지는 금동 미륵보살 반가 사유상의 뒷모습이었다. 정면이 아닌 뒷모습을 택한 이유를 묻자 '미륵은 메시아'라고 답했다. 신라 화랑들이 전쟁터로 나가며 품었던 부활의 소망이 그 뒷모습에 담겨 있다고 했다.

『사진으로 보는 우리의 문화유산
(Visual History of Korea)』,
강형원 사진·글,
알에이치코리아(RHK), 2022년 출간
표지의 금동 미륵보살 반가 사유상
(6~7세기, 삼국시대, 국보 제83호)을
비롯한 한국의 주요 국가유산을
사진으로 기록

그는 반가 사유상의 뒷모습이 십 대 청소년의 뒷모습 같다고 보았다. 순수하면서도 미래를 향한 의지가 담긴 그 어깨와 등줄기에서 우리 민족 고유의 정신을 발견했다는 것이다. 한 장의 사진이 천년의 시간을 뛰어넘어 현재와 대화하는 순간이었다.

그의 렌즈는 더 먼 과거로 향했다. 울주 반구대 암각화 앞에서 오랜 시간을 보냈다. 7천 년 전 우리 조상들이 새긴 고래들이 바위 위에 있었다. 작살을 맞은 고래부터 새끼 고래, 북방긴수염고래, 혹등고래, 범고래까지 7종류의 고래가 생생하게 남았다.

그러나 이 선사 시대 유산은 위험에 처해 있었다. 대곡천 하류의 댐 때문에 암각화가 1년 중 8개월 이상 물에 잠기며 점점 사라져 가고 있었던 것이다. 그는 안타까운 마음을 담아 바위 위의 고래들을 렌즈에 담았다. 사진이 찰나를 영원으로, 현재를 역사로, 망각을 기억으로 바꾼다는 그의 믿음이 드러난 순간이었다.

우리 조상들의 놀라운 솜씨는 또 다른 유물에서도 빛났다. 다뉴세문경을 만났을 때 그의 감탄은 절정에 달했다. 2천 4백 년 전 청동 거울에는 지름 21.2센티미터의 원 안에 0.3밀리미터 간격으로 1만 3천 개의 가는 선이 새겨져 있었다. 손으로 새긴 것이라고는 믿기 어려운 정교함이었다. 청동기에서 철기로 넘어가는 문명 전환기에 이런 유물을 만들어 낸 조상들의 기술력을 세상에 알리고 싶다는 열망이 생겼다.

국가유산을 기록하는 그의 눈은 사람을 관찰하는 데서도 빛을 발했다. 33년간 미국 정치의 중심에서 레이건부터 오바마까지 5명의 대통령을 가장 가까이에서 지켜본 그는 놀라운 사실을 발견했다.

모든 대통령이 취임 후에는 선거 때의 정파적 태도를 벗어나 국가 전체를 책임지려 했다는 것이다. 권력의 무게가 사람을 변화시키는 순간을 목격한 그는, 사진을 찍을 때도 미래를 내다본다고 했다. 현재를 기록하지만 그 순간이 역사에서 가질 의미를 늘 염두에 둔다는 것이다.

먼 타국에서 오래 살았기에 오히려 한국 문화를 더 객관적으로 볼 수 있었다. 특히 한글에 대한 그의 애정은 남달랐다. 40년 넘게 미국에 살면서 외부자의 시선으로 한글의 우수성을 더 깊이 깨달았다고 했다. 전 세계 언어 중 컴퓨터에서 자음과 모음을 직접 조합해 입력할 수 있는 과학적 문자는 한글뿐이라며 자랑스러워했다. 한국인의 정체성은 바로 한글에 있다는 그의 확신은 흔들림이 없었다.

그는 사진이 단순한 기록을 넘어 분석적 사고력을 키우는 도구라고 말했다. 현상을 있는 그대로 믿지 않고 행간을 읽어 내는 눈을 기른다는 것이다. 이런 철학은 그의 삶 자체에서도 드러났다.

열두 살에 고국을 떠나 타국에서 평생을 살면서도 자신의 이름을 지켜온 것, 세계적 사진 기자가 되고서도 고향으로 돌아와 국가유산을 기록한 것. 강형원이라는 한 사람의 삶 자체가 정체성을 찾아가는 여정이었다.

그와 함께 나는 동대문구의 정체성도 다시 생각해 보게 되었다. 서울 동대문구에는 선농대제가 있다. 조선의 임금들이 500년 동안 백성을 위해 기우제를 지내고 설렁탕을 나누어 주었던 곳이다.

강형원과 나는 이 오래된 전통에 새로운 숨결을 불어넣기로 했다. 교육과 상업, 약령시의 이야기를 엮어 과거와 현재가 만나는 살아 있는 문화의 장으로 재탄생시키는 것이다. 그가 렌즈로 포착한 국가유산처럼, 전통도 현재와 호흡할 때 비로소 생명력을 갖는다.

그는 정체성이 역사에서 나온다고 말했다. 개인이든 도시든 자신만의 정체성을 찾는 것이 모든 발전의 출발점이라고 믿었다. 그의 사진은 우리의 시선을 멈추게 하고 나는 누구인가, 우리는 어디에서 왔는가, 무엇을 지켜야 하는가를 생각하게 한다.

오늘, 문득 어린 시절 한 장의 사진을 꺼내어 본다. 그 사진 속 아이의 눈빛에서 지금의 나를 발견한다. 강형원이 국가유산을 통해 우리 민족의 정체성을 찾았듯이, 나도 한 장의 사진에서 나만의 이야기를 읽어 낸다. 자신을 찾으라는 그의 조언이 오늘따라 더욱 깊게 다가온다.

3부 세상을 움직이는 언어

변화의 씨앗을 심다

오늘도 나는 어제와는 다른 나를 만나기 위해,
내일의 나에게 더 가까워지기 위해
묵묵히 한 걸음 내딛는다.
길 위에서 우리는 비로소 온전한 자신으로 존재하며
삶의 모든 순간을 걸어간다.

4부

존재의 언어

삶의 본질을 깨닫는 시선

생각의 경계를 넘는다는 것
길은 선택이다

한라산 정상을 향해 오르던 새벽이었다. 발밑의 얼어붙은 흙이 사각거리며 부서졌고, 차가운 공기가 폐 깊숙이 파고들었다. 숨이 가빠질수록 생각은 단순해졌다.

다음 발을 어디에 디딜 것인가. 그 순간 삶의 모든 선택이 결국 이와 같다는 것을 직감했다. 다음 발걸음을 어디에 두느냐가 우리 인생의 방향을 결정한다. 산은 말이 없지만, 침묵 속에서 모든 것을 가르친다. 정상이 보이지 않아도 걸어야 하고, 길이 험해도 멈출 수 없다. 이것이 산이 내게 가르쳐 준 첫 번째 진실이었다.

우리는 관계 속에서 살아간다. 그 안에서 성장하고, 때로는 다치고, 다시 일어선다. 사람과 사람 사이의 감정은 기후처럼 변덕스럽고, 우리는 그 안에서 가능한 최상의 상태를 유지하려 애쓴다. 그러나 시간이 흐를수록 알게 된다. 모든 관계가 늘 화창할 수는 없으며, 관계의 진정한 의미는 오히려 폭풍우 속에서 드러난다.

바닥은 사람을 단단하게 만든다. 우리는 가장 낮은 곳에서 삶의 가장 깊은 지혜를 터득한다. 한때 내 삶에서도 중요한 관계가 무너지던 시기가 있었다. 믿었던 사람과의 신뢰가 깨지고, 확실하다고 여겼던 것들이 흔들렸다. 그때 한 친구가 보여준 모습이 있었다. 나와 비슷한 상황이었지만 묵묵히 자신의 길을 가는 그의 뒷모습이 어떤 위로의 말보다 강한 울림이 되어 내 안에 깊이 새겨졌다.

그날 이후 나는 처음으로 선명한 질문을 갖게 되었다. 나는 어떻게 살아가야 하는가? 무너짐 속에서 어떻게 다시 일어설 것인가? 역설적이게도 가장 어두운 순간에 내 안에서 가장 밝은 방향을 찾게 되었다. 칠흑 같은 밤하늘에서 별자리를 찾듯 혼돈 속에서 나만의 길을 더듬어 나갔다.

『이상한 나라의 앨리스』에서 길을 잃은 앨리스는 체셔 고양이에게 묻는다. "어디로 가야 할까?" 고양이는 대답한다. "그건 네가 어디로 가고 싶은가에 달렸어." 이 평범한 대화 한 대목은 삶의 모든 비밀을 응축한다. 길은 정해진 것이 아니라 선택하는 것이다. 방향은 외부에서 주어지는 것이 아니라 내 안에서 만드는 것이다. 우리는 늘 정답을 찾으려 하지만 삶에는 정답이 없다. 있다면 오직 스스로에게 던지는 정직한 질문뿐이다.

생각의 경계를 넘는다는 것은 거창한 혁명이 아니다. 그것은 자신을 낯설게 바라보는 일에서 시작된다. 익숙한 생각의 틀은 따뜻하고

" Mais je ne veux pas fréquenter des fous," fit observer Alice.

" Vous ne pouvez pas vous en défendre, tout le monde est fou ici. Je suis fou, vous êtes folle."

" Comment savez-vous que je suis folle ? " dit Alice.

" Vous devez l'être," dit le Chat, " sans cela vous ne seriez pas venue ici."

체셔 고양이와 앨리스(The cheshire cat and alice), 존 대니얼 삽화
루이스 캐럴의 『이상한 나라의 앨리스』 중 「돼지와 후추」 장면, 1865년 초판에 수록된 목판화

안락하지만 너무 오래 머물면 감옥이 된다. 우리는 묻고 또 물어야 한다. 내가 믿고 있는 가치들이 정말 내 것인지, 지금 따르고 있는 길이 진정 내 마음의 소리를 반영하고 있는지. 그 질문이 깊어지면 우리는 관습과 고정관념이라는 견고한 벽을 넘어설 수 있다.

독일의 극작가 베르톨트 브레히트는 "강한 자가 살아남는 것이 아니라 살아남는 자가 강한 것이다."라는 문장으로 삶의 진실을 꿰뚫었다. 강함은 고정된 상태가 아니다. 그것은 끊임없이 변화하고 적응하는 유연함이다. 경계를 넘는 사람은 고정 관념이라는 틀에 갇히지 않는다. 상황이 바뀌면 기꺼이 생각도 바꾸고, 예측할 수 없는 새로운 선택 앞에서도 자신을 잃지 않는다.

삶의 복잡한 순간마다 나는 스스로에게 묻는다. 이 선택이 나를 더 넓은 세계로 이끄는가, 아니면 더 좁은 틀에 가두는가. 불확실함이 클수록 내면의 나침반이 더 중요해진다. 우리는 정답 위에 서 있는 것이 아니라 가능성 위에 발을 디디고 있다. 그 가능성은 두려움과 용기가 만나는 경계선에서 비로소 피어난다.

생각의 경계를 넘는다는 것은 무언가를 완전히 바꾸는 것이 아니다. 그것은 이미 있는 것을 더 깊이, 더 넓게 이해하는 일이다. 같은 산을 올라도 계절마다 다른 풍경을 보듯, 같은 삶을 살아도 시선을 바꾸면 다른 의미가 드러난다. 어떤 날의 발걸음은 무겁고, 어떤 날의 선택은 아프다. 하지만 그것이 삶이다. 매끄러운 길만 걷는다면 우리는 결코 성장할 수 없다.

　산을 내려오며 뒤돌아보았다. 길은 구불구불 이어져 있었다. 직선이 아니어도 괜찮았다. 때로는 돌아가고, 때로는 쉬어가도 결국 정상에 닿았으니까. 삶도 그렇다. 완벽한 직선으로 나아갈 필요는 없다. 중요한 것은 자신만의 속도로 한 걸음씩 나아가는 것이다.

　경계를 넘는다는 것은 결국 자신을 넘어서는 일이다. 어제의 나를 오늘의 내가 넘어서고, 오늘의 나를 내일의 내가 넘어선다. 그렇게 우리는 조금씩, 그러나 확실하게 성장한다. 삶은 멈추지 않는 질문이고, 우리는 멈추지 않는 답을 찾아가는 여행자다.

경탄하는 마음

앙드레 지드의 세상 읽기

어느 날 아침이었다. 프라이팬에 달걀을 깨뜨리다가 문득 멈춰 섰다. 그 평범한 소리가, 창밖의 구름이, 커피의 향기가 갑자기 너무나 선명하게 느껴졌다. 매일 똑같이 반복되던 아침이 완전히 새롭게 다가왔다. 그제야 깨달았다. 우리는 매일 마주하는 기적에는 놀라지 않는다. 익숙함이 경이로움을 가려 버리기 때문이다.

앙드레 지드는 『지상의 양식』에서 이렇게 썼다. "그대의 눈에 비치는 것이 순간마다 새롭기를. 현자란 모든 것에 경탄하는 자이다." 그 문장은 내가 막 깨달은 진실을 정확히 짚어내고 있었다. 진부한 것은 세상이 아니라 나의 시선이었다. 경탄은 특별한 순간에만 찾아오는 감정이 아니라, 매 순간을 새롭게 마주하는 태도였다.

최근 한 영상에서 본 장면이 뇌리에서 떠나지 않는다. 시각 장애를 가지고 살다가 수술로 시력을 회복한 사람의 이야기였다. 그는 처음 보는 세상에 대해 이렇게 말했다. "모든 것이 너무 아름다워서 울었어요. 나뭇잎 하나하나가, 사람들의 표정이, 심지어 아스팔트의 질감까지도요." 우리는 그가 본 것과 똑같은 것들을 매일 보고 있지만 더 이상 그것들 앞에서 멈춰 서지 않는다. 일상은 우리를 무감각하게 만들어 버렸다.

우리는 언제부터 감탄하지 않게 되었을까. 어린 시절에는 모든 것이 신기했다. 개미의 행렬도, 비눗방울이 터지는 순간도, 동네 강아지의 눈빛에도 설렜다. 하지만 어른이 되면서 우리는 작은 기적들에 점차 눈을 감기 시작했다. 효율성이 중요해졌고, 목적이 있는 행동만이 의미 있다고 여기게 되었다. 감탄은 쓸모없는 것이 되었고, 경탄하는 시간은 낭비처럼 느껴졌다.

며칠 전, 지인이 "요즘은 모든 게 똑같아 보인다. 뭘 해도 재미없고, 어디를 가도 비슷하다."고 말했다. 그의 말에서 과거 어느 시절의 나를 보았다. 세상이 색을 잃은 것이 아니라 색을 보는 능력을 잃어버린 것이었다.

하지만 경탄할 줄 아는 사람은 매일 새로 태어난다. 같은 길을 걸어도 그 안에서 다른 것을 발견하는 사람, 어제 본 나무를 오늘 다른 마음으로 바라보는 사람들은 나이 들어도 낡지 않는다. 경탄은 반복 속에서도 차이를 발견하는 능력이다.

어린아이처럼 본다는 것은 무지해진다는 뜻이 아니라, 선입견 없이 본다는 뜻이다. 모든 것을 처음 보는 것처럼 바라보는 마음이 경탄의 출발점이다. 그렇다면 어떻게 해야 할까? 방법은 의외로 단순하다. 목적지만 바라보며 달려가지 말고, 속도를 늦추어 길 위에서 만나는 것들을 천천히 바라보는 것이다.

삶의 대부분은 반복이다. 하지만 자세히 보면 모든 날이 조금씩 다르다. 어제 무심히 지나친 꽃이 오늘은 눈에 들어오고, 늘 듣던 빗소리가 오늘따라 특별하게 들린다. 경탄은 바로 이런 순간들을 놓치지 않는 것이다.

지드가 말한 '현자'를 나는 이제 다르게 이해한다. 그것은 살아 있음을 온전히 느끼는 사람이다. 느낄 수 있다는 건 아직 내 안에 흔들림이 남아 있다는 뜻이고, 경탄은 그 흔들림의 언어다.

어제 저녁, 나는 베란다에서 노을을 바라보며 한참을 서 있었다. 누군가는 그 시간을 낭비라고 할지도 모른다. 하지만 나는 이런 시간이야말로 진짜 삶이라고 확신한다. 아무것도 하지 않으면서 모든 것을 느끼는 시간. 그것이 바로 경탄이 우리에게 주는 선물이다. 그렇게 기적처럼 나의 감각은 돌아왔다.

오늘 당신은 어떤 장면에 멈춰 섰는가? 어떤 표정에서, 어떤 말에서 조용히 깨달았는가? 그 감각이 남아 있다면 오늘도 당신은 충분히 살아 있는 사람이다. 경탄하는 마음이 있는 한 우리의 삶은 결코 낡지 않는다.

어둠과 빛의 무늬

서머셋 몸의 『인간의 굴레』 벗기

　서머셋 몸의 『인간의 굴레』를 읽으며, 나는 한 폭의 거대한 페르시아 양탄자를 마주하는 듯했다. 소설은 "희끄무레하게 날이 밝았다."는 문장으로 시작해 "햇빛이 빛나고 있었다."로 끝난다. 새벽의 불확실함이 정오의 찬란함으로 바뀌는 것처럼, 흐릿했던 삶의 윤곽이 또렷한 의미로 직조되는 한 사람의 인생 여정이 그 안에 담겨 있었다. 필립 캐리라는 청년의 고뇌와 방황은 시대를 초월하여 오늘을 사는 우리에게 깊은 공명을 일으킨다.

　주인공 필립은 태어날 때부터 다리에 장애를 지닌 채 살아간다. 세상은 거침없이 상처를 던졌고, 그는 그 말들에 깊이 패었다. 유년 시절의 잔혹한 놀림, 타인의 시선이 만들어 낸 보이지 않는 사슬이 그의 영혼을 갉아먹었다. 그러나 필립을 옭아맨 진짜 굴레는 육체의 결함이 아니었다. 종교의 틀, 관습의 울타리, 예술의 환상, 욕망의 족쇄가 그의 자유를 짓누르고 있었다. 그는 그 모든 것으로부터 벗어나려 몸부림쳤다.

그러던 어느 날, 친구 크론쇼는 필립에게 수수께끼 같은 조언을 건넨다. 클뤼니 미술관에 가서 페르시아 양탄자를 보라는 것이었다. 색조가 절묘하고 무늬가 정교해 보기만 해도 감탄이 나올 것이며, 머지않아 답을 얻게 될 것이라고 했다. 필립은 반신반의하며 양탄자 앞에 섰다. 복잡하게 얽힌 실들이 만들어 낸 문양을 바라보던 그는 섬광처럼 깨달음을 얻는다. 인생도 이 양탄자와 같았다. 어떤 실은 밝고 어떤 실은 어둡지만, 그 모든 것이 함께 엮여야 비로소 하나의 온전한 무늬가 완성된다.

누구에게나 영혼에 상처 하나쯤은 있다. 어떤 이는 몸이, 어떤 이는 마음이, 또 어떤 이는 기억이 불완전하다. 우리는 모두 자신만의 결핍과 흠결을 안고 살아간다.

그러나 페르시아 양탄자의 아름다움이 완벽한 대칭에서 오는 것이 아니듯, 인생의 진정한 아름다움 또한 흠 없는 완벽함에서 비롯되지 않는다. 오히려 그 불완전함을 기꺼이 인정하고, 자신만의 방식으로 엮어 내는 순간, 비로소 독창적인 무늬가 탄생한다. 우리의 상처와 실패는 어두운 색의 실이 되어 때로는 고통스럽지만, 그것들이 밝은 실과 어우러져 만들어 내는 깊이와 입체감이야말로 진정한 아름다움을 선사한다.

필립은 깨달음 이후 하나씩 벗어던지기 시작한다. 낡은 학교를 거부하고, 맹목적인 종교를 버리며, 예술에 대한 환상마저 내려놓는다.

버릴 때마다 그는 더욱 가벼워지고 더욱 자유로워진다. 마침내 그는 삶의 본질과 마주한다. 인간은 태어나 고통받고, 그리고 죽는다. 인생에는 정해진 의미가 없다. 그러나 그것이 절망이 아니라 무한한 자유의 시작임을, 의미가 없기에 무엇이든 될 수 있다는 가능성임을 깨닫는다.

우리는 각자의 삶을 짜고 있는 장인이다. 누가 대신 그려 준 도안을 따를 필요도, 완벽한 문양을 목표로 삼을 필요도 없다. 중요한 것은 자신만의 방식으로, 자신만의 리듬으로, 실수와 결핍을 기꺼이 품은 채로 계속해서 실을 엮어 나가는 것이다. 어두운 실은 시련이 되고, 밝은 실은 기쁨이 된다. 그 모든 실들이 모여 비로소 나만의 유일무이한 무늬가 된다.

필립은 말한다. "모퉁이에 경찰이 있다고 생각하고 의지에 따라 행동하라." 누군가 감시하고 있을 때조차 자신의 선택을 따를 수 있다면, 그것이야말로 진정한 자유라는 뜻이다. 굴레는 외부에 존재하는 것이 아니라 우리 안에 있고, 자유 또한 밖에서 주어지는 것이 아니라 내면에서 길어 올리는 것이다.

나는 필립이 굴레를 벗어던지는 그 장면에서 깊은 위로를 받았다. 우리 모두는 저마다의 불구를 안고 살아간다. 어린 시절의 트라우마, 이루지 못한 꿈, 관계에서 오는 상처 등 헤아릴 수 없는 결핍들이 우리 안에 있다. 하지만 그 결핍이야말로 우리가 인간이라는 증거이며,

우리가 자기 삶을 직접 엮어 낼 수 있는 이유가 된다.

죽음 앞에서 모든 삶은 같은 무게를 가진다. 그렇다면 중요한 것은 도착지가 아니라 그 여정이다. 어떤 실을 선택하고, 어떤 무늬를 만들어 내며, 어떤 이야기를 남길 것인가. 삶이 무의미하다면 죽음도 무의미하다. 그러나 바로 그 무의미함 속에서 우리는 각자의 의미를 창조해 간다. 페르시아 양탄자를 짜는 장인처럼 한 올 한 올 정성을 다해 자신의 무늬를 완성해 간다. 그것이 희끄무레한 새벽을, 빛나는 정오로 바꾸는 유일한 길이다.

오늘도 나는 내 삶의 양탄자를 짠다. 완벽하지 않아도 괜찮다. 이것은 나의 양탄자이고, 나의 이야기이며, 오직 나만이 엮어 낼 수 있는 나의 삶이니까. 당신의 양탄자는 지금 어떤 무늬를 만들어 가고 있는가?

인생이라는 작품

에르메스의 장인들

2024년 5월, 롯데백화점 에르메스 장인전. 반짝이는 쇼윈도 너머, 마치 시간이 멈춘 듯 고요함 속에 한 남자 장인이 앉아 있는 듯한 착각이 들었다. 바늘이 가죽을 뚫고 지나가는 미세한 소리, 실이 팽팽하게 당겨지는 진동, 그리고 숨을 참았다가 내쉬는 깊은 호흡. 그 모든 것이 하나의 거대한 리듬을 만들어 내는 것 같았다.

인공 지능이 인간의 일자리를 위협하고, 모든 것이 초고속으로 변하는 시대에 그 상상 속 장인은 200년 전과 똑같은 방식으로 가죽을 다루고 있었다. 이것은 시대착오적인 고집일까, 아니면 시간을 초월한 진정한 길일까. 나는 그 질문 앞에 멈춰 섰다.

에르메스는 1837년 파리의 작은 마구간에서 시작되었다. 티에리 에르메스라는 한 장인이 그곳에서 말을 위한 안장과 고삐를 만들었다. 그때는 이 작은 공방이 세계 최고의 명품 브랜드가 될 줄 아무도 몰랐다. 하지만 그들에게는 처음부터 변치 않는 하나의 신념이 있었다. "사람의 손으로 최고의 품질을 만든다."

187년이 흐른 지금, 에르메스에는 7,300명의 장인이 일한다. 그들은 여전히 한 땀 한 땀 손으로 가방을 만든다. 한 사람이 하나의 제품을 처음부터 끝까지 책임진다. 가죽을 고르는 일부터 마지막 광택을 내는 일까지, 모든 과정이 숙련된 한 사람의 손을 거친다. 가방 하나를 완성하는 데 18시간, 어떤 가방은 25시간, 때로는 몇 달이 걸리기도 한다.

속도의 시대에도 이들이 느림을 고집하는 이유가 있었다. 품질 앞에서는 어떤 타협도 하지 않는다는 것. 이것은 그들에게 경영 철학을 넘어선, 삶의 방식이자 존재의 이유였다.

에르메스의 장인이 되려면 최소 2년의 수습 기간을 거쳐야 한다. 그 후에도 끊임없는 훈련이 이어진다. 가죽을 자르는 칼의 각도, 바늘이 지나가는 간격, 실의 장력, 인두의 온도까지 모든 것이 완벽해야 한다. 1밀리미터의 오차도 용납되지 않는다.

매일 같은 자리에 앉아 같은 동작을 반복하는 일은 누군가에게 지루한 노동일 수 있다. 하지만 진짜 장인은 그 반복 속에서 매번 새로운 것을 발견한다. 어제와 오늘의 가죽 결이 다르고, 계절에 따라 습도가 달라 작업 방식을 미세하게 조정해야 한다. 무엇보다 자신의 컨디션이 작품에 그대로 드러난다. 그래서 장인은 먼저 자신을 다스린다.

작업을 마친 장인은 제품 안쪽에 자신의 서명을 새긴다. 내가 만들었고, 내가 책임진다는 약속이다. 수십 년 후 수선이 필요하면, 제품에 새겨진 서명을 통해 그 장인이 직접 수선을 한다. 그는 자신이 만든 제품을 기억하고, 처음 만들 때와 같은 정성으로 고친다. 하나의 제품이 세대를 넘어 살아 있는 유산이 되는 이유다.

나는 전시장을 나오며 삶을 돌아보았다. 나는 내 인생이라는 작품을 어떻게 만들고 있는가? 매일의 선택과 행동이 모여 나라는 존재를 만든다. 그렇다면 나는 얼마나 정성을 다해 살고 있는가?

진짜 가치 있는 것은 속도를 내지 않는다. 인내와 정성의 시간을 통해 완성된다. 에르메스의 장인처럼 한 땀 한 땀 정성을 다해야 한다. 남들이 알아주지 않아도, 당장 결과가 보이지 않아도 묵묵히 자신의 길을 간다.

장인의 손처럼 우리의 삶도 시간을 품는다. 젊은 날의 열정도, 중년의 성숙함도, 노년의 지혜도 모두 우리 안에 새겨진다. 그 모든 시간이 모여 '나'라는 유일무이한 작품을 만든다.

마지막 전시품 앞에 적힌 문구가 눈에 들어왔다. '시간이 흘러도 변하지 않는 가치'. 그것이 우리가 인생에서 추구해야 할 본질이다. 화려함은 한순간 시들지만 진정성은 영원히 빛난다.

나는 오늘도 내 인생이라는 작품을 만들어 간다. 때로는 실수로 얼룩지고, 때로는 상처로 멍들기도 한다. 하지만 그 모든 불완전함이 나를 나답게 만든다. 진심을 다해 하루하루를 살다 보면, 언젠가는 내 이름을 당당히 새길 수 있는 나만의 작품이 완성될 것이다. 삶은 누가 대신 살아 주지 않는다. 그러니 오늘도 장인의 마음으로 내 삶을 정성껏 빚어간다.

작은 것들의 힘

악마는 디테일에 있다

우리가 사는 세상은 거대한 그림 같다. 멀리서 보면 그저 아름다운 풍경화지만, 가까이 다가가 자세히 들여다보면 숨겨진 색채와 섬세한 붓 터치가 드러난다. 화가가 하늘 한 모서리에 칠한 몇 가닥의 구름, 나뭇잎 하나하나에 깃든 미묘한 색채의 변화, 물결 위에 반짝이는 햇빛의 작은 점들이 모여 그림의 생명력을 만들어 낸다. 때로는 사소하다고 여겨지는 한 점의 얼룩이나 미묘한 선 하나가 그림 전체의 가치를 좌우한다.

일상에서 마주하는 수많은 순간도 마찬가지다. 아침에 마시는 커피 한 잔의 온도, 출근길에 스치는 바람의 방향, 동료와 나누는 짧은 인사말의 느낌, 분위기. 이런 사소한 것들이 모여 우리 하루의 색깔을 결정한다.

이것이 바로 디테일의 힘이다. 디테일은 세부 사항이나 구체적인 정보만을 뜻하지 않는다. 그것은 현상의 본질을 꿰뚫는 통찰이요, 문제의 핵심을 짚어 내는 예리함이며, 한 치의 오차도 허용하지 않는 장인의 손길이다. 우리는 흔히 거대한 계획이나 화려한 성과에만 시선을 빼앗긴다. 하지만 정작 그 모든 것을 지탱하는 진짜 힘은 묵묵히 제자리를 지키고 있는 작은 것들에 있다.

역사를 돌아보면 세상을 바꾼 위대한 순간들은 작은 디테일에서 시작되었다. 스티브 잡스는 아이폰의 모서리를 둥글게 깎는 데 집착했고, 미켈란젤로는 시스티나 성당 천장화에서 한 인물의 손가락 끝마저 완벽하게 표현하려 했으며, 베토벤은 교향곡 제9번의 한 소절을 수십 번 고쳐 썼다. 그들이 추구했던 것은 완성이 아니라 완벽이었고, 그 완벽은 오직 디테일에 대한 끝없는 탐구를 통해서만 가능했다.

"악마는 디테일에 있다"는 오래된 격언이 있다. 사소해 보이는 세부 사항 속에 예상치 못한 함정이 숨어 있다는 뜻이다. 이 표현은 "신은 디테일에 있다"는 말에서 유래했다고 전해진다. 완벽한 결과는 사소한 부분까지 정교하게 다듬어졌을 때 비로소 가능하다는 의미다. 결국 신이든 악마든, 디테일이 모든 것을 결정한다.

건물 하나를 짓는다고 생각해 보자. 아무리 웅장하고 아름다운 외관을 자랑해도 기초 공사에서 발생한 작은 균열 하나가 건물 전체를 위험에 빠뜨릴 수 있다. 반대로 눈에 보이지 않는 곳까지 완벽하게 시공된 건물은 수십 년이 지나도 변함없이 든든하게 서 있다. 인생도 마찬가지다. 디테일이 탄탄하지 않은 노력은 모래성과 같아서 작은 시련에도 쉽게 무너진다.

사소하다고 대수롭지 않게 넘기는 순간, 그것이 치명적인 약점으로 돌아올 수 있다. 반대로 아무도 주목하지 않는 작은 변화나 미미한 신호 속에 성공의 열쇠가 숨어 있기도 하다. 위대한 예술 작품은 섬세한 선 하나에서 생명력을 얻는다. 뛰어난 리더는 구성원 개개인의 작은 목소리에 귀 기울인다. 성공하는 사업가는 시장의 미세한 변화를 읽어 내고, 행복한 가정을 이루는 사람들은 서로의 작은 감정 변화까지 놓치지 않는다.

시계공을 떠올려 보자. 그는 수십 개의 작은 톱니바퀴와 태엽을 하나하나 정교하게 맞춰 시간이라는 신비를 담는다. 각각의 부품은 그 자체로는 별것 아닌 쇠붙이에 불과하지만, 완벽한 정밀도로 조합될 때 생명력을 얻는다. 우리의 삶도 그렇다. 하루하루의 작은 선택들이 정교하게 맞물려 돌아갈 때 의미 있는 인생이 완성된다.

디테일은 평범함과 특별함을 가르는 경계선이며, 실패와 성공을 결정하는 분수령이다. 우리의 삶이 견고한 성으로 서기를 바란다면, 그 성을 이루는 돌멩이 하나하나의 단단함과 그 사이를 메우는 회벽의 섬세함에 온 마음을 다해야 한다.

오늘 밤, 잠들기 전에 하루를 되돌아보자. 내가 놓친 작은 것들은 무엇이었을까? 내일은 어떤 디테일에 마음을 기울여야 할까? 작은 것에서 시작하는 변화가 언젠가 우리 삶 전체를 바꿀 것이다.

반복은 차이를 창조한다

들뢰즈의 『차이와 반복』

 세상을 어떻게 바라보고 어떻게 살아가야 할까. 삶의 오랜 질문 앞에서 나는 늘 헤매었다. 국정원에 몸담았을 때는 어떻게 하면 더 많은 정보를 수집할 수 있을까를 고민했고, 대선 후보와 함께 국가 경영 전략을 마련할 때는 어떻게 하면 이 나라의 미래를 설계할 수 있을까를 물었다.

 그리고 가까운 이웃과 지역 공동체의 삶을 책임지는 자리에서는 어떻게 하면 사람들이 서로 어우러져 행복하게 살아갈 터전을 만들 수 있을까를 고뇌했다. 나는 늘 명확한 답을 찾고 싶었다. 어떤 의미에서 스스로를 하나의 답 안에 가두고, 그 답을 찾아 수많은 길을 헤매었다.

 그러던 중 화가 폴 세잔의 그림을 만났다. 그는 20년 동안 프랑스 남부의 생 빅투아르 산을 무려 87점이나 그렸다. 어릴 적 자주 오르내리던 이 산을 인생 말년에 다시 찾아 매일 다른 시간에, 다른 날씨에, 다른 계절에 바라본 산의 모습을 화폭에 담았다. 똑같은 산이었지만

생트 빅투아르 산이 보이는 풍경, 폴 세잔 작품
1885~1887년경, 캔버스에 유채, 65*81cm, 메트로폴리탄 미술관 소장

그의 그림 속 산은 매번 달랐다. 아침 햇살에 비친 산과 저녁 노을에 물든 산은 전혀 다른 얼굴이었다.

세잔은 자연을 있는 그대로 재현하는 대신 자신이 느낀 것을 화폭에 담았다. 그림 뒤에 숨겨진 그림을, 사물 안에 내재된 다른 사물을 포착하려 했다. 그의 작업은 매 순간 새로운 발견을 향한 탐구였다.

같은 산을 87번 그렸지만 87개의 다른 산이 탄생한 것이다.

이를 보며 문득 깨달았다. 반복이 곧 차이의 생성이라면, 매일 반복된다고 여기는 일상도 실은 매번 새로운 것이었다. 나는 자주 가는 장소를 의식적으로 관찰하기 시작했다. 매일 걷는 길이었지만 계절의 변화, 시간의 흐름, 날씨의 변덕 속에서 늘 새로웠다. 똑같아 보이는 일상 속에는 무수한 차이들이 숨어 있었다. 반복은 이 미세한 차이들을 발견하게 해주는 렌즈였다.

이렇게 일상의 미세한 차이들을 발견해가던 때, 나는 프랑스 철학자 질 들뢰즈의 책을 읽게 되었다. 그는 '리좀Rhizome'이라는 흥미로운 개념을 제시했다. 리좀은 감자나 생강처럼 땅속에서 중심 없이 사방으로 뻗어나가는 줄기를 말한다. 나무가 하나의 뿌리에서 시작해 위로 자라는 것과 달리, 리좀은 어느 지점에서든 시작할 수 있고 어디로든 연결될 수 있다.

들뢰즈는 이 리좀이 바로 우리가 사는 세상의 모습이라고 했다. 세상에는 절대적인 중심이 없고, 모든 것이 그물망처럼 연결되어 있다는 것이다.

이 리좀적 사유는 내가 오랫동안 붙잡고 있던 이분법적 사고를 뒤흔들었다. 무엇이든 중심과 변방으로 나누고, 정답과 오답으로 구분하던 나의 사고방식이 무너지기 시작했다. 나는 늘 '변방적 사고'를 선호

했지만, 동시에 늘 변방에 있다는 소외감에 시달렸다.

그런데 리좀의 세계에는 중심도 변방도 없었다. 모든 점이 동등하게 연결되어 있을 뿐이었다. 세상은 다양한 요소들이 서로 연결되고 상호 작용하는 거대한 그물망이었다. 내가 살아온 방식도, 변방에서의 삶도 그 자체로 의미 있는 하나의 연결점이었다.

이 깨달음 이후 나는 달라졌다. 더 이상 중심을 찾거나 정답을 구하지 않았다. 대신 내가 서 있는 곳에서, 내가 연결된 지점에서 세상을 바라보고 해석했다. 새로운 문제를 만날 때마다 그 안에 존재하는 차이들을 긍정하며 나아갔다.

그러던 중 들뢰즈의 또 다른 말이 나를 사로잡았다. "진정한 반복은 같음을 반복하는 것이 아니라 차이를 반복하는 것이다." 이 한마디가 나의 세계관을 완전히 뒤집어 놓았다.

들뢰즈는 『차이와 반복』에서 우리의 뿌리 깊은 고정 관념에 도전했다. 우리는 오랫동안 세상에 불변의 본질, 즉 원본이 존재한다고 믿어왔다. 플라톤의 '이데아'론이 그 전형이다. 완벽한 원이라는 이데아가 먼저 있고, 현실에서 우리가 그리는 원은 그 불완전한 모방이라는 식이다. 어딘가에 진짜 사랑의 본질이 있고, 우리가 일상에서 경험하는 사랑은 그 흐릿한 그림자라고 생각하는 것과 같은 논리다.

하지만 들뢰즈는 이런 생각을 뒤집었다. 그에게 중요한 것은 동일성이 아니라 차이였다. 반복은 단순한 복사가 아니라 매번 새로운 것을 만들어 내는 창조적 행위였다. 그는 클로드 모네의 『루앙 대성당』 연작을 예로 들었다. 모네는 2년 동안 같은 대성당을 30번 넘게 그렸다. 하지만 아침의 대성당, 정오의 대성당, 저녁의 대성당은 모두 달랐다. 빛이 달랐고, 색이 달랐고, 분위기가 달랐다. 같은 대성당을 반복해서 그렸지만, 그 반복은 차이를 드러내는 과정이었다.

들뢰즈에게 존재는 고정된 것이 아니라 끊임없이 변화하는 과정이었다. 강물이 흐르듯, 구름이 움직이듯 모든 것은 매 순간 달랐다. 들뢰즈는 이 차이야말로 생명의 본질이며, 그것을 긍정해야 한다고 강조했다. 흥미롭게도 이런 생성과 변화는 중심이 아니라 경계에서, 변방에서 더 활발하게 일어났다.

반복은 지루한 되풀이가 아니라 창조의 과정이다. 매일 같은 길을 걸어도 어제와 오늘이 다르고, 매일 만나는 사람도 어제와 오늘이 다르다. 반복 속에서 이런 미세한 차이를 발견하게 되면 똑같아 보이던 일상은 완전히 다른 의미를 갖게 된다.

오늘, 당신의 하루는 어제와 얼마나 다른가? 반복 속에서 차이를 발견하는 눈, 그것이 당신의 세상을 재창조하는 힘이다.

모든 벽은 문이다

삶은 가능성의 공간이다

런던 킹스크로스역 9와 4분의 3 승강장. 『해리포터』의 주인공 소년이 기둥을 향해 달려가는 장면에는 깊은 은유가 숨어 있다. 그것은 눈에 보이는 것만이 실재라고 믿는 우리의 고정 관념에 대한 도전이었다. 단단해 보이는 벽이 실은 통로일 수 있다는 역설을 깨달은 순간 나는 확신했다. 넘을 수 없다고 믿었던 한계들이 어쩌면 우리의 인식이 만든 환영일지도 모른다는 것을.

살다 보면 누구나 자신만의 벽 앞에 선다. 그런데 흥미로운 것은 그 벽의 정체다. 데카르트가 방법적 회의를 통해 밝혔듯이, 우리가 확실하다고 믿는 것들조차 의심의 대상이 될 수 있다. 눈앞에 우뚝 선 벽도 마찬가지다. 그것은 물리적 장애물이기 이전에 우리 의식이 구축한 관념의 산물이다. 우리가 불가능이라고 규정하는 순간, 두려움은 실체가 되고 한계는 현실이 된다.

나 역시 수많은 벽의 환영 앞에 섰다. 새로운 일을 시작할 때마다 엄습하는 막막함은 거대한 암벽처럼 느껴졌다. 방향은 보이지만 길을 알 수 없는 미로 같은 답답함, 텅 빈 화이트보드가 주는 실존적 공허함이 있었다. 그러나 시간이 지나 돌아보니 그것들은 모두 내 의식이 만들어 낸 관념의 감옥이었다. 벽은 밖에 있는 것이 아니라 내 안에 있었다.

그런데 삶의 아이러니가 여기에 있다. 벽이 가장 견고해 보일 때 출구가 가장 가까이 있다는 사실이다. 극단의 어둠 속에는 빛의 씨앗이 숨어 있다. 막막함 속에서도 실마리는 존재한다. 작은 질문, 우연한 만남, 심지어 실패의 경험까지도 문이 될 수 있다. 문제는 우리가 벽에만 집중하느라 그 실마리를 보지 못한다는 것이다.

런던 킹스크로스역 내부

어느 날 나는 그 벽을 정면으로 마주하기로 했다. 부딪힐 때마다 아팠지만, 계속 시도하니 균열이 생겼다. 그 틈새로 들어온 빛을 따라가니 문이 나타났다. 늘 거기 있었지만 내가 보지 못했던 문이었다.

문을 찾는 과정에서 깨달은 것이 있다. 첫째, 본질을 묻는 질문의 힘이다. '왜'라는 물음이 방향을 만든다. 둘째, 무지를 인정하는 용기다. 소크라테스의 '무지의 지'처럼, 모른다는 것을 아는 순간 배움이 시작된다. 셋째, 불완전함을 받아들이는 지혜다. 완벽을 기다리다가는 영원히 시작할 수 없다.

한 선배가 말했다. "벽을 만나면 일단 손으로 더듬어 봐. 어딘가에 반드시 손잡이가 있어." 실제로 그랬다. 실패가 자산이 되고, 약점이 강점으로 변하는 역설적 전환, 막다른 길이 새로운 시작점이 되는 반전의 순간들이 있었다.

변화는 거대한 결심이 아니라 작은 시도에서 시작된다. 세계는 대상이 아니라 우리의 관점이 바뀔 때 달라진다. 벽이 문이 되는 순간은 현실이 바뀔 때가 아니라 인식이 전환될 때다.

삶에는 다양한 형태의 문이 존재한다. 어떤 문은 밀어야 열리고, 어떤 문은 당겨야 열린다. 어떤 문은 열쇠가 필요하고, 어떤 문은 때를 기다려야 한다. 파울로 코엘료가 말했듯이, 간절히 원하는 것이 있다면 온 우주가 그것을 돕는다. 그것은 신비주의가 아니라 간절함이 만드는 집중과 끈기의 힘이다.

지금 내 앞의 벽은 장애물이 아니라 관문이다. 그 너머에는 성장한 내가 기다리고 있다. 이것이 진정한 자기 극복이다. 벽을 넘는 것이 아니라 벽을 통과하며 변화하는 것이다. 모든 벽은 문이라는 이 역설적 진실이 내 삶을 바꿨다. 한계는 끝이 아니라 시작이고, 정체는 곧 도약의 준비다. 가장 두려운 벽이 사실은 가장 큰 성장의 기회일 수 있다.

벽 앞에 선 당신에게 묻는다. 그것이 진짜 벽인가, 아니면 아직 열지 못한 문인가. 손을 뻗어 보라. 어딘가에 당신을 위한 통로가 있다. 모든 끝은 시작이고, 모든 벽은 문이다. 중요한 것은 그것을 믿고 한 걸음 내딛는 용기다. 벽이 문이 되는 순간, 삶은 무한한 가능성의 공간이 될 것이다.

준비된 자의 발자취

벤저민 디즈레일리의 고난 극복

인생은 계획대로 흘러가지 않는다. 우리의 예상과 기대를 비웃기라도 하듯 때로는 거친 폭풍처럼 휘몰아치고, 때로는 예고 없이 길을 잃게 만든다. 그러나 준비된 사람은 뜻하지 않은 순간을 기회로 바꾸고, 실패조차 성장의 재료로 삼는다. 영국의 정치가 벤저민 디즈레일리 Benjamin Disraeli는 이 진실을 삶 전체로 증명해 보인 인물이다.

디즈레일리의 출발점은 초라했다. 학벌도, 배경도, 부도 없었다. 교육 수준은 초등학교 중퇴에 가까웠고, 빚더미는 평생 그를 따라다녔으며, 집안 배경도 유력하지 않았다. 성공과는 거리가 먼 조건들이 그의 삶을 짓눌렀다. 그러나 그는 멈추지 않았다. 책을 읽고, 깊이 사유하며, 언어를 칼날처럼 벼려 냈다. 그의 내면은 보이지 않는 곳에서 단단하게 여물어 갔다. 마침내 일흔 살에 그는 영국의 총리가 되었다.

기회는 아무에게나 미소 짓지 않는다. 그것은 오랜 준비와 간절한 기다림 끝에 찾아오는 선물이다. 디즈레일리는 9개월짜리 짧은 첫 총리직에서 밀려난 뒤 여섯 해를 기다렸다. 다시는 기회가 오지 않을지도 모른다는 불안 속에서도 그는 미래를 위한 준비를 멈추지 않았다. 매일 자신을 갈고닦으며 때를 기다렸다. 일흔 살이 되던 해, 그는 다시 영국의 수장이 되어 7년 동안 대영 제국을 이끌었다. 인생에서 성공하는 비결은 미래를 준비하는 것이라는 그의 신념이 현실이 된 것이다.

우리는 종종 성공한 사람들의 빛나는 결과만을 본다. 화려한 이력과 압도적인 성취 뒤에 숨겨진 수많은 밤샘과 좌절, 묵묵한 준비의 시간을 간과한다. 올림픽 금메달리스트의 눈부신 순간 뒤에는 수천 번의 땀방울이, 혁신적인 스타트업의 성공 뒤에는 셀 수 없는 실패가 있다. 모든 기회와 성공은 준비라는 씨앗에서 자라난다.

디즈레일리의 삶은 고난의 연속이었다. 빚쟁이들의 초인종 소리가 끊이지 않았고, 정치적 패배와 조롱이 그를 따라다녔다. 그러나 그는 그 모든 상황을 자신을 연마하는 숫돌로 삼았다. 빚에 허덕이던 시절에도 그는 유머를 잃지 않았다. "자네들이 없었다면 나는 글도 안 쓰고 게을러졌을 걸세." 그의 유머는 고통을 무디게 만든 도구가 아니라, 고통 너머의 진실을 보는 통찰이었다.

그는 평생 집 한 칸을 갖지도, 죽는 날까지 빚을 모두 갚지도 못했다. 물질적 관점에서는 성공이라 하기 어렵다. 그러나 그는 무엇을 소유했는가가 아니라 어떤 태도로 살았는가를 보여준 사람이었다. 준비하되 조급하지 않고, 실패하되 좌절하지 않으며, 성공하되 자만하지 않았다.

　디즈레일리의 삶이 전하는 메시지는 명확하다. 기회는 그저 찾아오는 것이 아니라, 준비된 사람만이 알아볼 수 있다는 것이다. 우리는 무엇을 준비하고 있는가? 예측할 수 없는 미래 앞에서 어떤 마음으로 살아가고 있는가? 당신의 오늘은 내일 다가올 기회를 위한 가장 중요한 씨앗이다.

야신(野神)의 시간

김성근 감독의 일구이무(一球二無)

    2024년 5월, 야구 감독의 신화 김성근 감독을 만났다. 83세의 고령에도 방송사 야구 프로그램에서 현역 감독으로 활동하며 7할 승률이라는 경이로운 기록을 달성한 그였다.

    나이가 믿기지 않을 만큼 탄탄한 몸과 형형하게 빛나는 눈매가 인상적이었다. 그 어디에도 군더더기가 없었고, 삶이라는 타석에서 평생 자신을 지켜온 결기가 느껴졌다. 한국 시리즈 3회 우승과 바꾼 세 번의 암 수술은 그의 인생이 얼마나 치열한 승부의 연속이었는지를 보여 준다.

    야구장에 가는 일이 아직도 제일 즐거우냐는 물음에 미소가 번졌다. "야구에 빠지면 잠도, 피로도 사라집니다. 빠져드는 그 순간이 그저 즐겁습니다." 83세에도 여전히 현장을 사랑하는 모습에서 깨달음이 왔다. 진정한 일이란 의무가 아니라 몰입의 대상이었다. 일구이무一球二無, '공 하나에 두 번째는 없다'는 인생 철학이 겹쳐졌다. 한 번 던지는 공에 최선을 다한다는 것은 매 순간이 유일무이한 현재라는 철학적 자각이었다.

그는 리더의 역할을 등산에 비유했다. "리더는 정상에 있고 아랫사람들은 길의 중간이나 시작점에 있습니다. 리더는 아랫사람들이 잘 따라오도록 이끌어 주는 역할을 해야 합니다." 그럼 어느 때가 가장 좋으냐고 묻자 그는 주저 없이 선수가 성장했을 때라고 말했다. 정상에 선 자의 기쁨이 아니라 따라오는 이들의 성장에서 보람을 찾는 그의 철학이 드러나는 대목이었다.

슬럼프 치유법을 묻자 예상 밖의 답이 돌아왔다. "슬럼프를 겪는 친구들은 일류 선수들입니다. 하려고 하는데 마음만큼 안 된다는 거죠. 그럴 땐 마음을 내려놓는 시간을 주고, 준비 시키지 못한 나 자신의 잘못을 돌아봅니다." 경기 중에 선수를 야단친 적이 없다는 말도 덧붙였다. "야단을 치면 선수를 버리고 들어가는 겁니다. 실수한 부분이 있으면 혼내기보다 연습을 시켜서 할 수 있게 만들어야 합니다."

책임을 선수에게 전가하지 않고 자신에게서 원인을 찾는 태도는 노자의 무위無爲 리더십과 닮아 있었다. 강압 대신 성장을, 질책 대신 가능성을 택하는 지혜가 거기 있었다. "리더는 흔들려도 흔들림을 보여 주어서는 안 됩니다." 라는 말이 뒤따랐다. 폭풍 속에서도 중심을 지키는 나무처럼, 어떤 상황에서도 중심축이 되어야 한다는 가르침이었다.

'만족'이라는 단어를 경계하는 철학도 인상적이었다. "만족이라는 것은 영원히 없습니다. 퍼펙트가 목표지만, 만족하지 않는 마음이 다음을 만듭니다. 만족하면 그것으로 끝입니다." 정체는 곧 퇴보이며, 성장만이 생존이라는 진리였다.

프로야구 초기, 절대 강자 해태 타이거즈 김응룡 감독 밑에서 2군 감독으로 자원한 일화가 이를 증명한다. "모자람이 있고 그것이 한스럽다면 공부, 공부, 공부만이 살길입니다. 아직도 야구를 공부하는 학생입니다." 83세의 나이에도 배움에 목말라 하는 모습은 경외롭기까지 했다. 세대교체론도 같은 맥락이었다. 컵의 물을 버리는 것이 아니라, 계속 부어서 기존의 물이 자연스럽게 빠져나오게 하는 방식을 택했다. 급진적 파괴가 아닌 점진적 생성을 통해 자연스러운 변화를 유도하는 지혜였다.

'버림'의 중요성에 대한 강조도 빼놓을 수 없다. "살아보니 인생은 버리는 게 중요합니다. 선입견, 상식, 과거를 버려야 합니다. 안 될 때, 실패할 때, 아플 때를 이겨 내고 변화할 때 성장합니다." 그는 모든 일에 실패가 따르지만, 그것을 대하는 사람의 행동과 생각에 따라 그 의미가 달라진다고 했다. 실패가 새로운 시작을 위한 귀한 밑거름이 될 수도 있다는 것이었다. 그는 "실패에 붙잡혀 있든, 성공에 도취해 있든 과거에 매여 있는 것만큼 미련한 짓이 없습니다."라고 말했다. 실패는 끝이 아니라 과정이었다. 실패를 통해 자신을 만들어 가는 것. 실패는 성장의 재료였고, 다음을 위한 준비였다.

야구는 실패의 스포츠다. 3할 타자의 성공은 7할의 실패를 의미한다. 이 실패를 1리라도 줄이기 위한 끊임없는 노력이 야구의 본질이다. 타율 1리를 올리는 것은 실패를 1리 줄이는 것이고, 방어율 0.1점을 내리는 것은 실점을 0.1점 줄이는 것이다. 숫자 너머에서 끊임없이 실패를 분석하고 미래를 대비하는 철학이 여기 있었다.

"죽었다 깨어나도, 나이를 먹었다 해도 계속 성장하지 않으면 자리가 없다. 시선은 늘 앞으로, 미래로." 83세 현역 감독의 이 한마디는 나이듦에 대한 편견을 깨뜨렸다. 나이는 숫자일 뿐, 성장을 멈추지 않는 한 우리는 영원히 현역일 수 있다.

만남을 마치고 돌아오는 길, 생각이 깊어졌다. 조직을 이끄는 힘이 결국 나의 책임에서 시작한다는 것을 깨달았다. 내일이 있으니 괜찮다는 핑계로 오늘을 미루곤 했던 스스로가 부끄러웠다. 김성근이 보여준 것은 매 순간 진실하게 살아 내고, 실패를 두려워하지 않으며, 끝까지 책임지는 삶의 본질이었다.

우리 모두는 자신만의 타석에 서 있다. 공은 계속 날아오고, 매번 최선을 다해 스윙한다. 때로는 삼진을 당하고, 때로는 홈런을 치지만 중요한 것은 다음 타석을 준비하는 마음이다. 일구이무一球二無, 이 네 글자 속에 인생의 모든 지혜가 담겨 있다. 야신野神이 남긴 가장 큰 가르침이다.

기억을 걷는 길

도시 공간이 숨쉬는 방법

좁은 길목을 돌아 들어서자 허리가 굽은 할머니 한 분이 폐지를 가득 실은 손수레를 끌고 계셨다. 두꺼운 외투 아래로 굽은 어깨가 드러났고, 얼어붙은 손은 수레의 손잡이를 놓지 않고 있었다. 세월을 통째로 지고 가는 듯한 그 뒷모습을 보니 차마 카메라의 셔터를 누를 수 없었다.

세상에는 렌즈로 담을 수 없는, 오직 마음으로만 포착되는 풍경이 있다. 그날 이후 골목의 풍경들이 새롭게 보이기 시작했다. 전깃줄마다 내려앉은 새들, 그 아래 조각천처럼 덧대어진 하늘, 오래된 담벼락과 기울어진 간판, 누군가 열어놓고 잊은 듯한 창문 틈새. 골목이라는 공간은 말없이 사람을 품는다. 말보다 조용한 울림이, 빛보다 느린 시간이 거기 있다.

골목에는 시간이 쌓인다. 담벼락 위로 자란 이끼, 누군가 정성껏 돌보았을 화분, 낡은 전봇대와 빛바랜 전단지까지도 각자의 이야기를 품고 있다. 도시의 중심에서는 좀처럼 느낄 수 없는 삶의 결이 얇고도 깊게 스며 있다. 늘 현재이면서도 과거를 안고, 익숙하면서도 새로운 발견을 허락하는 공간이다.

『골목길 자본론』의 저자 모종린 교수와의 만남은 이런 사유에 깊이를 더해 주었다. "골목은 억지로 만들 수 없다"는 그의 첫마디가 뇌리에 박혔다. 골목 상권은 임대인과 창업자의 수요가 맞아떨어질 때 자생한다는 설명 너머에, 문화와 감성이 있어야 사람이 모인다는 통찰이 있었다. 시간이 쌓이고 마음이 엉겨 붙어야 비로소 골목이 된다는 것이었다. 누군가의 일상이 천천히 뿌리내려야 만들어지는 것이 골목이었다.

도시의 정체성은 어쩌면 거대한 건축물이 아니라 작은 골목에서 시작되는지도 모른다. 큰길에서 벗어나 만나는 동네 가게, 햇볕 쬐는 고양이, 벽에 기대어 휴대폰을 확인하는 이웃의 뒷모습이 길에 온기를 불어넣는다. 이곳은 기억의 저장소이며, 삶의 흔적이 쌓이는 캔버스다.

진정한 아름다움은 화려함에 있지 않다. 시간이 빚어 낸 진정성, 천천히 축적된 일상의 무게가 공간에 품격을 부여한다. 어떤 길은 오래 기억되고, 어떤 길은 쉽게 잊힌다. 그 차이는 사람의 온기가 배어 있느냐 없느냐다. 우리가 보고 듣는 작은 하나하나가 모여 살아있는 역사를 만든다.

"지역의 브랜드는 사람들이 스스로 자부심을 느끼고, 그 공간을 살아 있는 무늬로 여길 때 만들어진다."는 모종린 교수의 말은 도시 재생의 핵심을 짚어 낸다. 도시를 새롭게 한다는 것은 겉을 치장하는 일이 아니라, 그곳에 새겨진 시간의 무게를 존중하는 일이다. 사람과 사람이 연결되고, 과거와 현재가 대화할 때 공간은 비로소 숨을 쉰다.

다시 그 길을 걷는다. 이번에는 아무것도 들지 않은 빈손이다. 시선은 천천히, 마음은 깊이 가라앉혀 머문다. 과거와 현재, 그리고 아직 오지 않은 시간들이 만난다. 골목을 걷는 것은 사라져가는 것, 잊혀지는 것들과 맺는 무언의 약속이다.

우리가 오늘 무심히 지나는 이 길이 누군가에게는 소중한 기억이 되기를, 그저 스쳐가는 일상이 어떤 이의 새로운 시작이 되면 좋겠다. 존재는 그렇게 서로를 비추고 의미를 만들어 낸다. 그리고 우리는 서로의 풍경이 되어 도시라는 거대한 이야기를 함께 써 내려간다.

땅에 쓰는 시

공원은 사람과 자연의 연결이다

도시를 걷다 보면 마음이 먼저 멈추는 장소가 있다. 차들이 끊임없이 지나가는 거리 한복판일 수도 있고, 유리 건물의 그림자가 드리워진 골목일 수도 있으며, 지친 퇴근길에 들르는 작은 공원일 수도 있다. 이름 모를 꽃이 피어 있고, 오래된 나무가 한 뼘의 그늘을 만들어 줄 때 사람들은 말없이 앉아 잠시 숨을 고른다.

2024년 봄, 우리나라 최초의 여성 조경가 정영선 선생의 다큐멘터리 〈땅에 쓰는 시〉를 보았다. 조경은 건축의 장식이 아니라 삶과 자연을 연결하는 일이라는 그의 말이 오래 남았다. 도시라는 거대한 기계 속에서 너무 많은 것을 너무 빠르게 소비하며 살아가는 우리에게, 공원은 잠시라도 숨 쉴 틈을 만들어 주는 조용한 복원 장치다.

정영선 선생의 대표작 선유도 공원은 원래 정수장이었다. 물을 걸러내던 자리에 이제는 나무가 자라고, 아이들이 뛰놀고, 계절이 흐른다. 콘크리트 구조물과 배관, 탱크를 철거하지 않고 과거의 풍경 위에 계절의 숨결을 덧입힌 이곳은 지우기보다 껴안는 방식으로 도시를 치유한다. "정원의 겨울이 아름다워야 봄이 아름답다"는 그의 철학처럼, 공원은 완벽한 계절만을 보여주지 않는다. 때론 쓸쓸하고, 때론 활기차며, 때론 비에 젖는다. 그것이 바로 우리 삶의 모습이기도 하다.

매일 빌딩 숲 사이로 몰려드는 인파, 끊임없는 경적 소리, 차가운 벽과 차가운 시간들. 그 안에서 사람들은 무표정으로 하루를 견딘다. 하지만 공원은 다르다. 꽃이 피고 나무가 흔들리고 잎이 지는 단순하고 반복적인 변화가 굳어진 마음을 부드럽게 풀어 준다.

정영선 선생은 '조경가는 사람과 자연을 연결하는 마법사'라고 했다. 그가 설계한 정원은 아름다움을 과시하지 않는다. 검소하되 누추하지 않고, 화려하되 사치스럽지 않다. 도시 구석구석에 삽을 들고 꽃과 나무를 심는 손끝에 겸손한 철학이 깃들어 있을 뿐이다.

공원은 시간을 심는 곳이다. 꽃을 심는다는 것은 오늘이 아닌 내일을 준비하는 일이고, 나무를 심는다는 것은 아직 오지 않은 계절을 조용히 기다리는 일이다. 내가 떠난 뒤에도 그늘은 계속되고, 내가 다시 오지 않아도 그 길은 누군가를 위로할 것이다. 그것이 공원이 존재하는 이유다.

다큐를 보는 내내 땅이 이토록 많은 이야기를 품고 있었다는 사실에 놀랐다. 정영선 선생은 땅을 하나의 시로 읽는다. 땅의 결과 지형의 흐름, 계절의 숨결, 그리고 거기에 쌓인 사람들의 기억까지 읽어낸다. 공원은 그 위에 쓰는 시이며, 조경가는 그 시의 작가다. 나무 한 그루, 오솔길 하나에도 수많은 문장이 겹겹이 얽혀 있다.

공원이란 결국 시간을 심는 곳이자, 사람들의 기억과 감정이 쌓이는 공간이다. 발걸음마다 기억이 쌓이고 감정이 스며드는 장소다. 누군가는 첫사랑과 이별한 벤치를 기억하고, 누군가는 아이의 손을 잡고 걷던 오솔길을 추억한다. 공원을 걸을 때마다 지나온 날들의 감정이 조용히 발끝에 닿는다.

"지금 정원을 만들지 않으면, 100년 뒤엔 이만한 크기의 병원이 필요할 것이다." 정영선 선생이 인용한 프레더릭 로 옴스테드Frederick Law Olmsted의 말이다. 자연과의 단절은 정신의 고립을 의미하고, 도시의 초록은 미관이 아니라 생존의 조건이라는 통찰이었다. 이제 도시는 자연을 도려낸 공간에서 자연을 되살리는 공간으로 변해야 한다.

도시의 녹지는 마음의 녹지와 다르지 않다. 우리는 시간을 견디며 회복을 배운다. 꽃이 피고 나무가 흔들리는 그 고요한 리듬이 우리를 붙든다. 공원은 도시의 여백이자 삶을 위한 쉼표가 되어, 우리가 숨을 고르고 다시 걸어갈 수 있도록 멈춤을 허락한다.

도시에 공원이 필요하듯, 우리 각자의 일상에도 그런 멈춤의 공간이 필요하다. 그것은 하루를 마무리하는 의식일 수도, 누군가에게 건네는 다정한 인사일 수도, 햇볕 한 조각 드는 창가일 수도 있다. 중요한 것은 그 조용한 공간이 내 안의 자연을 지켜 주는 울타리가 된다는 사실이다.

결국 공원이 우리에게 가르쳐 주는 것은 기다림의 미학이다. 꽃이 피기를 기다리고, 나무가 자라기를 기다리며, 계절이 돌아오기를 기다리는 느린 시간 속에서 우리는 성장의 의미를 배운다. 도시의 속도에 휩쓸리지 않고 자신만의 리듬을 지키는 것, 효율보다 의미를 택하는 것, 소유보다 공존을 선택하는 것. 이것이 공원이 도시에 존재하는 이유이며, 그곳에서 우리가 배우는 삶의 지혜다. 땅에 시를 쓰듯, 우리도 각자의 자리에서 조용히 내일을 심는다.

지식의 꽃밭, 동대문구 전농동 691-3

나만의 3인치

강익중의 세상과의 소통

　예술은 어떻게 연결을 만들어 낼까. 강익중의 작품을 마주한 순간, 나는 오래된 우물가에 앉아 조용히 물결을 들여다보는 기분이 들었다. 그가 매일 그리고 붙이고 쌓아 올린 3인치의 사각형들은 세계를 바라보는 창이었고, 그 창 너머에는 낯설지만 다정하게 연결된 풍경이 있었다.

　대학 후배인 조영래 대표가 "설치 미술가 강익중을 꼭 만나 봐야 한다."며 소개해 준 자리에서 그를 처음 만났다. 60세를 넘긴 나이에도 소년처럼 맑은 미소를 짓고 있는 그는 어딘지 모르게 빛나는 사람이었다. 말보다 눈빛으로 생각을 전하고, 꼭 필요한 말만 아껴 전하되 단단한 삶의 철학이 배어 있었다.

　강익중은 미국 지하철과 공항, 미술관의 벽면을 채운 설치 미술가이다. 그의 손끝에서 태어난 수천, 수만 개의 작은 그림들이 어떻게 하나의 세계를 만들어 내는지 궁금했다. 그는 3인치 캔버스를 들고 지하철에서, 버스에서, 일상 어디에서나 그림을 그린다고 했다. '쉬운 것을 그린다.', '아는 것을 그린다.', '기뻐도, 배고파도 그린다.'는 그의 말처럼, 특별한 순간을 기다리지 않고 삶의 모든 순간을 화폭에 담았다.

작은 그림들은 서로 겹치고 밀고 끌며 마침내 하나의 거대한 오브제가 된다. 삼라만상처럼 다양한 색과 모양, 기억의 조각들이 한데 모여 '연결의 벽'을 만든다. 그것은 누구의 삶도 단독으로 존재할 수 없다는 진실을 조용히 보여 준다.

그가 반복해 그려낸 손바닥만 한 사각형들은 삶의 단면이며, 하루하루의 숨결이다. 예술조차 이토록 작고 평범한 것에서 시작하는데, 우리는 왜 늘 거창한 계획만 세우다 포기하는가. 그의 작업을 보며 나는 깨달았다.

우리가 무언가를 시작하지 못하는 이유는 '완벽한 준비'라는 환상 때문이라는 것을. 강익중은 3인치라는 작은 캔버스로 그 환상을 깨뜨렸다. 누구에게나 지금 이 순간 시작할 수 있는 무언가가 있다는 것을 몸소 보여 주었다.

그는 자신의 그림을 아주 사소한 것들이라고 말한다. 마음은 피터팬처럼 살고 싶다며 웃는다. 실제로 백남준과 함께 전시를 열었고, 베네치아 비엔날레에 한국 대표로 참가해 특별상을 받았으며, 독일 루드비히 미술관이 선정한 20세기 작가 120인에 이름을 올렸다. 하지

뉴욕 문화원의 한글벽, 강익중 작품

만 그는 그 모든 화려한 이력보다 '못 그려도 그리고, 졸려도 그린다.'는 단순한 원칙을 더 자랑스럽게 여기는 사람이었다.

미국에서 처음 수업을 들었을 때 교수가 "익중, 즐거웠나?"라고 물었다고 한다. 그 짧은 질문은 그에게 강한 전환점이 되었다. 평가와 결과 중심의 사고에서 벗어나 과정을 즐기는 세계관으로 나아가는 계기였다.

즐거움이라는 것은 단순한 감정이 아니라 존재의 방식이다. 그림을 그리는 행위 자체가 목적이 되고, 그 과정에서 세계와 만나며, 그 만남을 통해 조금씩 확장되는 것이다. 그의 그림은 바로 이런 세계관의 결정체다.

백남준과의 만남은 그의 예술 세계를 더욱 확장시켰다. 1994년 뉴욕 휘트니 미술관에서 백남준과 함께 〈멀티플 다이얼로그〉라는 전시를 열었다. 당대 비디오 아트 거장과의 공동 전시는 단순한 협업을 넘어 세대 간, 매체 간, 동서양 문명 간의 대화였다. 백남준이 바라본 예술은 확장과 섞임, 소통의 정신이었고, 강익중은 그 철학을 가장 작고 순수한 형식으로 이어받았다.

백남준은 제주도 무당이 칠성신 위패 대신 칠성사이다를 제단에 올린 이야기를 들려주었다고 한다. 우스꽝스러울 수 있는 이 일화에서 백남준은 예술의 본질을 보았다. 형식은 대체될 수 있지만, 그 안에 담긴 태도와 정성이야말로 신성을 결정짓는다는 통찰이었다.

예술이란 특별한 재료나 거창한 무대가 아니라, 진정성 있는 마음에서 시작된다는 깨달음이었다. 백남준이 텔레비전을 예술의 무대로 삼았듯, 강익중은 3인치 캔버스를 세계와 소통하는 창으로 삼았다.

강익중이 반복적으로 그려온 3인치 사각형은 '의도된 사소함'이다. 예술을 특별한 시간에만 꺼내 쓰는 것이 아니라 생활의 숨결 속에서 묵묵히 실천하는 일이라 믿는다. 중요한 것은 잘 그리는 것이 아니라 계속 그리고 있다는 사실 그 자체다. 이런 태도가 그의 세계를 결정한다. 다듬어진 장엄함보다 흐트러진 진심을, 높은 완성도보다 낮은 숨소리를 더 귀하게 여긴다.

그는 떠오른 태양을 보고 "저것이 하나님이다. 세계와 내가 분리된 존재가 아니라 하나의 흐름이다."라고 생각했다고 한다. 이는 종교적 사유가 아니라 예술을 통해 이어가려는 삶의 방식이었다. 아이디어는 공중에 떠 있고, 예술가는 마음을 열고 기다릴 뿐이라는 그의 말은 동양의 무위 사상과 닮아 있다. 세상을 끌어당기는 것이 아니라 세상과 함께 흐르는 것이 그의 방식이다.

강익중에게 예술은 산이다. 산에 오르면 또 다른 산이 보이고, 그다음 산이 기다린다. 하나를 완성하면 다음이 이어지고, 그렇게 세상은 끊임없이 확장된다. 그의 그림에 자주 등장하는 달항아리를 그는 오천 년의 이야기라 부른다. 어머니의 어머니, 그리고 그 위로 이어지는 수많은 이름 없는 여성들이 흙 속에 깃들어 있다고 말한다. 달항아리를 통해 한국인의 정체성을 기억하고, 그 기억을 세계에 조용히 들려준다.

이것이 강익중이 우리에게 주는 가장 큰 선물이다. 각자에게 '나만의 3인치'를 찾으라는 조용한 격려다. 그것은 매일 쓰는 일기일 수도, 누군가에게 보내는 편지일 수도, 하루를 마무리하는 명상일 수도 있다. 형태는 다르지만 본질은 같다. 작지만 꾸준한 실천을 통해 삶을 연결하고 의미를 만들어 가는 것이다.

강익중의 세계는 작지만 멀리 닿는다. 손바닥만 한 창이지만, 그 너머에는 끝없이 펼쳐진 풍경이 있다. 오늘도 나는 나만의 3인치를 그려낸다. 이 작고 평범한 하루가 언젠가 누군가의 마음에 조용히 닿기를 바라면서.

길 위에서 나를 만나다
걷기의 기적

 2020년, 나는 히말라야의 안나푸르나 토롱라 패스를 걸었다. 해발 5,416미터, 산소가 희박해 한 걸음 한 걸음이 버거웠던 그곳에서 한계를 넘어서는 경험을 했다. 고갯마루에 올라선 순간, 세상은 완전히 다른 얼굴로 펼쳐졌다.

 거대한 대자연의 압도적인 경관 속에서 나는 한없이 작은 존재가 되었고, 동시에 깊은 경건함에 젖어 들었다. 그 순간 내 삶 전체가 새롭게 보였다. 오랜 시간 짊어졌던 무거운 짐을 내려놓은 듯, 존재의 무게가 한결 가벼워졌다.

 그날 이후 많은 것이 달라졌다. 나를 옭아매던 것들이 사라지고 조금 더 자유로워졌다. 사람들은 내 표정이 달라졌다고 했다. 전에 없던 부드러움과 여유가 감돈다고 했다.
 이 변화는 말로 온전히 설명할 수 있는 성질의 것이 아니었다. 멀고 높은 곳을 걷는 동안 세상의 모서리에 부딪혀 닳고 깎이며 스스로를 둥글게 만드는 법을 배운 것이었다. 내면의 불필요한 것들이 깎여 나가고 새로운 여백이 생기는 과정이었다.

그래서 지금도 나는 걷기를 즐긴다. 걸으면서 사유하고, 걷다 보면 생각이 물꼬를 터 새로운 방향으로 흘러간다. 꽉 막혔던 문제의 해법이 떠오르기도 하고, 복잡하게 얽혔던 실타래가 술술 풀리기도 한다. 걷는 동안 외부의 소음은 잦아들고 내면의 목소리는 점차 선명해진다. 길 위에서 나는 진정한 나 자신과 마주한다.

걷기는 때로 압도적인 자연 대신 평범한 사람들의 삶으로 채워진 도시 풍경을 선사한다. 매일 지나치던 길이 어느 날 문득 낯설게 다가와 새로운 깨달음을 주기도 하고, 무심히 바라보던 나무 한 그루에서 삶의 의미를 발견하기도 한다. 도시의 길 위에서 우리는 세상의 다양한 모습을 관찰하며 또 다른 형태의 배움을 얻는다.

하지만 사람과 사람 사이의 관계 속에서 너무 많은 말이 오가다 보면 지칠 때가 있다. 그럴 때면 나는 배봉산, 북한산, 소백산 같은 익숙한 산들을 찾는다. 사람의 소리가 사라진 숲길을 걷다 보면 세상의 평판이나 기대에 얽매일 이유가 사라진다. 서운함, 속상함, 아쉬움 같은 부정적인 감정들은 발걸음과 함께 땅속으로 스며든다.

비어버린 마음을 채우는 것은 새소리, 나뭇잎 흔들리는 소리, 바람 소리, 계곡의 물소리뿐이다. 온몸이 숲의 소리로 가득 차는 경험 속에서 순수한 기쁨을 찾는다. 숲을 걷는다는 것은 마음의 소리에 귀 기울이는 명상이자, 세상의 일에 흔들리지 않고 오롯이 나 자신에게 몰입하는 시간이다. 그 길 위에서 나는 내면의 지도를 새롭게 그리며 삶의 다음 페이지를 준비한다.

문제가 생기면 주저 없이 걷는다. 걸으면 생각할 시간과 내면을 들여다볼 공간이 생긴다. 고민이 너무 커서 감당하기 어렵게 느껴질 때마다 산에 오른다. 어떤 험준한 산도 한 걸음씩 꾸준히 오르다 보면 결국 정상에 이르듯, 산적한 문제들도 하나씩 차분히 풀어가다 보면 어느새 해답이 나타난다. 산이, 걷기가 나에게 가르쳐 준 가장 소중한 지혜는 포기하지 않으면 반드시 길이 있다는 것이다.

걷는다는 것은 삶의 복잡한 매듭을 풀어가는 가장 원초적이면서도 지혜로운 방식이다. 땅 위를 발로 딛는 행위를 넘어 자신만의 삶의 지도를 그려 나가는 과정이다. 걸음마다 새겨지는 발자국은 세상에 단 하나뿐인 나만의 길을 만들고, 그 길 위에서 만나는 모든 순간은 나를 더 깊이 이해하고 변화시키는 이정표가 된다. 거친 비바람을 만나기도 하고 따스한 햇살을 받기도 하지만, 그 모든 경험이 나를 더 단단하고 유연한 사람으로 빚어낸다.

오늘도 나는 어제와는 다른 나를 만나기 위해, 내일의 나에게 더 가까워지기 위해 묵묵히 한 걸음 내딛는다. 길 위에서 우리는 비로소 온전한 자신으로 존재하며 삶의 모든 순간을 걸어간다.

네팔 안나푸르나

우리가 보는 하늘색은 모두 같은 색일까

플라톤의 국가

어린 시절, 나는 수업 시간에 엉뚱한 질문을 던지곤 했다. "선생님, 우리가 보는 하늘색이 정말 다 같은 색일까요?" 선생님은 당황스러워하며 말을 더듬으셨고, 친구들은 킥킥거리며 웃었다. 세상의 모든 당연한 것들이 내게는 끊임없는 의문이었다. 친구들은 그런 나를 소크라테스라고 불렀다. 지금 생각해 보면 놀림에 가까웠지만, 당시의 나에게는 더없이 영광스러운 별칭이었다.

그런 나에게 플라톤의 『국가』는 운명과도 같았다. 특히 동굴의 비유를 읽던 날, 나는 오랫동안 찾아 헤매던 퍼즐의 마지막 조각을 발견한 듯했다. 어둠 속에 갇혀 그림자만을 진실이라 믿고 살아가는 사람들, 그리고 용기를 내어 동굴 밖으로 나가 태양을 본 뒤 다시 동굴로 돌아와 진실을 전하려는 철학자의 이야기는 내가 평생 품어 온 의문에 대한 답이었다.

플라톤이 그려낸 동굴은 우리가 살아가는 세상 그 자체였다. 동굴

안 사람들은 벽에 비친 그림자를 보며 그것이 실재라고 믿는다. 마치 우리가 감각으로 인식하는 세계만이 전부라고 믿는 것처럼. 하지만 플라톤은 우리의 확신에 균열을 낸다. 우리가 보고 듣고 만지는 것이 정말 진실의 전부일까? 우리가 현실이라 부르는 것이 어쩌면 더 큰 진실의 그림자에 불과한 것은 아닐까?

어느 날, 한 사람이 묶여 있던 사슬에서 풀려난다. 처음엔 고통스럽다. 평생 한 방향만 바라보던 목은 뻣뻣하고, 걸어본 적 없는 다리는 비틀거린다. 하지만 그는 용기를 내어 동굴 밖으로 나간다. 그리고 마침내 태양을 마주한다. 눈이 멀 것 같은 고통 속에서도 그는 지금까지 자신이 본 것은 그림자에 불과했다는 것을 깨닫는다.

플라톤은 진리를 본 자는 돌아가야 한다고 말한다. 그것이 철학자의 의무이자 소명이라고 했다. 하지만 이 귀환은 결코 쉽지 않다. 밝은 빛에 익숙해진 눈은 다시 어둠에 적응해야 하고, 그림자만을 진실이라 믿는 사람들에게 태양의 존재를 설명해야 한다. 동굴 안 사람들은 비웃고 심지어 분노한다. 플라톤은 씁쓸하게 덧붙인다. "그들이 그런 사람에게 손을 댈 수만 있다면 그를 죽였을 것이다."

이 예언적인 말은 소크라테스의 운명에서 현실이 되었다. 아테네가 전쟁에서 패배한 후, 소크라테스는 가장 듣기 싫은 진실을 말했다. "문제는 우리 안에 있다. 우리가 잃어버린 것은 성벽이 아니라 영혼의 탁월함이다." 그는 시민들에게 자신을 성찰하라고, 무지를 인정하라고, 진정한 앎을 추구하라고 끊임없이 요구했다. 그러나 진실의 거울을 들이댄 자에게 돌아온 것은 독배였다.

그렇다면 이런 위험을 알면서도 왜 철학자는 동굴로 돌아가야 하는가? 플라톤의 답을 이해하려면 그가 스승의 죽음 이후 무엇을 했는지를 봐야 한다. 소크라테스가 독배를 마신 후 플라톤은 아테네를 떠나 방랑했다. 그리고 돌아와 '아카데미아'를 세웠다. 그는 스승이 거리에서 사람들을 일깨우려다 죽임을 당한 것을 보며, 진리는 강요할 수 없고 오직 대화와 탐구를 통해 스스로 깨우쳐야 한다는 것을 깨달았다.

플라톤에게 교육은 영혼을 어둠에서 빛으로 돌려세우는 '영혼의 전향Periagoge'이다. 동굴 밖으로 나간 사람이 다시 돌아와 다른 이들을 이끌어주는 것은 인간이 인간에게 줄 수 있는 가장 귀중한 선물이다. 한 사람이 깨우친 진리가 다른 사람에게 전해지고, 그것이 또 다른 이에게 이어질 때, 비로소 우리는 집단적으로 동굴에서 벗어날 수 있다.

어린 시절 내가 던졌던 질문은 우리가 당연하게 받아들이는 것들에 대한 근본적인 의구심이었다. 내가 보는 파란색과 다른 사람이 보는 파란색이 정말 같은지 알 수 없듯이, 우리는 모두 자신만의 동굴 속에서 그림자를 진실이라 믿으며 살아간다. 나는 태생적으로 그림자에 만족할 수 없는 사람이었던 것이다.

이제 나는 스스로에게 묻는다. 읽고 배우고 얻은 통찰들을 혼자만의 지적 만족으로 간직하고 있지는 않은가? 아니면 그것을 필요로 하는 누군가와 나누고 있는가? 후배가 진로 고민을 털어놓을 때 내가 겪었던 시행착오와 깨달음을 아낌없이 전해주고 있는가? 친구가 삶의 의미를 물어올 때 진정으로 귀 기울이고 마음을 나누려 애쓰는가? 이것이 바로 플라톤이 말한 동굴로의 귀환이다.

우리는 귀를 막고 계속 그림자만 볼 것인가, 아니면 고통스럽더라도 빛을 향해 나아갈 것인가를 선택해야 한다. 진실은 늘 편안하지 않다. 하지만 그 고통을 통과한 자만이 얻을 수 있는 것이 있다. 그림자에 속지 않는 자유, 진실을 볼 수 있는 자유, 그리고 무엇보다 그 진실을 다른 이와 나눌 수 있는 자유다.

어둠 속에서 빛을 본 자의 가장 큰 책임은 그 빛을 독점하지 않는 것이다. 비록 동굴로 돌아갔을 때 조롱과 배척을 당할지라도, 내가 전하는 작은 빛 한 줄기가 어둠 속에서 홀로 울고 있는 누군가에게 동굴 밖으로 나가볼 용기와 희망을 줄 수 있기 때문이다. 그것이 바로 인간이 인간에게 선사할 수 있는 가장 고귀한 선물이다.

나는 오늘도 평범한 일상에서 플라톤의 가르침을 실천하려 노력한다. 정답을 주입하기보다 질문을 던진다. 때로는 너무 이상적이라는 핀잔을 듣기도 하고, 현실을 모른다는 비판을 받기도 한다. 하지만 괜찮다. 어린 시절 소크라테스라는 별명으로 놀림받던 그 아이는 이제 정말로 소크라테스처럼 살기로 마음먹었으니까.

 어린 날의 질문은 이제 내 삶의 철학이 되었다. 나는 우리가 당연하게 여기는 것들이 정말 당연한지를 끊임없이 묻는다. 이 물음이 누군가의 마음에 작은 균열을 내기를, 그 틈으로 빛이 스며들기를 바란다. 빛을 본 자가 다시 어둠 속으로 돌아가는 그 끝없는 순환 속에서 인류는 한 걸음씩 동굴 밖으로 나아간다. 그것이 플라톤이 우리에게 남긴 가장 위대한 유산이다.

내가 만난 국가대표 선수들

그들은 바닥에서 일어선다

세상에는 극한을 통과한 사람들이 있다. 그들의 이야기를 들을 때마다 나는 한 가지 질문을 품는다. 인간은 과연 얼마나 깊은 곳까지 내려갔다가 다시 올라올 수 있을까?

국가대표 선수들과의 만남은 이 물음에 대한 살아있는 답이었다. 그들은 단지 메달을 목에 건 승자가 아니었다. 자신의 한계와 싸워 이기고, 한계라는 개념을 다시 정의한 사람들이었다.

복싱의 전설 김기수 선수를 처음 만났을 때, 그의 손이 가장 먼저 눈에 들어왔다. 무수한 타격으로 변형된 관절, 굳은살이 박힌 주먹은 그 자체로 하나의 역사였다. 남산에서 훈련하던 이야기를 들려주며 그는 먼 곳을 바라보았다. 소나무 숲 사이를 나무를 피해 전속력으로 내달렸던 시절, 그때는 그것이 훈련의 전부였다고 했다. 프로의 세계는 냉정했고 삶의 현장은 약육강식의 정글이었지만, 자기 자신과 싸워 이기며 이를 극복했다고 그는 말했다.

그가 말을 멈추고 잠시 생각에 잠겼을 때, 나는 그 침묵 속에서 더 많은 이야기를 읽었다. 챔피언 벨트보다 더 무거웠던 것들이 있었다. 그것은 새벽 어둠 속에서 홀로 견뎌 낸 외로움, 한계에 부딪혔을 때의 절망감, 그럼에도 다시 일어선 의지였다.

1966년 6월 25일의 영광은 그 모든 보이지 않는 싸움들이 만들어 낸 결과였다. 그의 눈빛에서 읽은 진실은 명확했다. 진짜 챔피언은 링 위에서가 아니라 매일 새벽 자기 자신을 이기는 순간 탄생한다.

홍수환 선수와의 만남은 후배 선수들을 지도하는 체육관에서 이루어졌다. 링 위에서 젊은 선수들을 바라보는 그의 눈빛에는 지나온 시간의 무게가 담겨 있었다. 그는 자신이 운이 좋았다고 말했다. 4전 5기의 기적을 통해 넘어지고 일어나 봤기에 더 좋은 사람이 되었다는 것이다. 실패를 행운이라 부르는 그의 목소리에는 깊은 확신이 담겨 있었다. 그 순간 한 가지가 선명해졌다. 우리가 피하려고만 하는 실패야말로 가장 귀한 스승이라는 사실이었다.

야구선수 김재박과는 우연히 식당에서 마주쳤다. 동대문구 대광고등학교 출신이라는 공통점이 우리를 빠르게, 가깝게 만들었다. 키가 작고 어깨도 약했던 그는 대학 갈 곳도 없어서 야구를 그만둘 생각이었다고 했다. 영남대가 야구부를 창단하면서 찾아온 기회는 그에게 마지막 동아줄이었다. 살아야겠다는 일념으로 매일 새벽 5시에 일어나 산을 올랐다. 발이 가장 느렸던 선수가 1년 만에 가장 빠른 선수가 되었다. 절박함이 만들어 낸 변화였다. 그는 어려움을 뚫고 나가는 과정에서 자신만의 고유함을 발견했다고 말했다.

1988년 서울 올림픽 금메달리스트 유도 선수 김재엽은 영광과 나락을 모두 보여 주었다. 1984년 은메달의 아쉬움을 4년간 품고 살았고, 그 시간은 죽음 같은 훈련의 연속이었다. 하지만 진짜 시련은 금메달 이후에 찾아왔다. 대인 기피증과 암 투병이 그를 무너뜨렸다. 어느 날 그는 거울 앞에서 웃음을 연습하기 시작했고, 한 달 뒤 눈물이 터지며 다시 세상으로 나올 수 있었다고 했다. 세상을 보고 웃으면 세상도 나를 보고 웃는다는 그의 말은 깊은 울림을 주었다. 우리가 세상을 대하는 태도가 곧 우리의 세상을 결정한다는 것이었다.

이들은 모두 바닥을 경험했고, 그 바닥에서 자신만의 방식으로 일어섰다. 그들을 더 단단하게 만든 것은 정상에서의 영광보다 실패의 순간들이었다. 그들과의 만남을 되돌아보면 실패를 이야기할 때 더 빛나던 그들의 눈, 고통을 회상할 때 오히려 따뜻해졌던 시선이 기억에 남는다. 그 눈빛들은 진정한 승리는 쓰러지지 않는 것이 아니라 쓰러진 후에도 다시 일어서는 데 있다고 말하고 있었다.

이들은 과거의 상처를 성장의 자양분으로 삼았고, 실패의 기억으로 다시 일어설 힘을 얻었다. 이들의 삶은 몸으로 쓴 한 편의 철학서였다. 인간이 어떤 극한 상황에서도 자신을 넘어설 수 있다는 사실을 증명했다.

그들과의 만남은 내게 깊은 성찰을 남겼다. 나는 얼마나 깊이 자신과 마주했는가. 얼마나 정직하게 나의 한계를 인정했는가. 그럼에도 얼마나 끈질기게 일어섰는가. 이 물음들이 여전히 나를 흔든다. 그들의 흔적을 따라 나도 매일 조금씩 나를 넘어서려 애쓰고 있다.

우리는 정말 자유로운가

자유는 공존이다

 루소는 "인간은 자유롭게 태어났으나, 어디에서나 쇠사슬에 묶여 있다"고 말했다. 18세기 『사회계약론』에 나오는 이 말은 21세기를 살아가는 우리의 삶을 여전히 관통한다. 자유는 인간의 본질적 속성이자, 우리가 가장 잃기 쉬운 속성이다.

 인류의 역사는 보이지 않는 쇠사슬을 끊기 위한 치열한 여정이었다. 오늘날 우리가 숨 쉬듯 누리는 많은 것들은 결코 당연한 것이 아니었다. 그것들은 수많은 이들의 질문과 고민, 때로는 희생이 쌓여 이룩한 가장 인간적인 성취였다.

 고대 그리스의 플라톤은 이상 국가를 꿈꾸며 정의와 자유의 관계를 탐구했다. 그가 살았던 아테네는 민주 정치를 표방하면서도 실제로는 강자들이 약자를 억압하는 모순된 사회였다. 소피스트들은 '정의란 강자의 이익'이라 주장했고, 권력자들은 자유라는 이름으로 방종을 정당화했다. 플라톤은 이런 현실을 목도하며 타인의 희생 위에 세워진 자유는 참된 자유가 아니라는 것을 통찰했다.

'기게스의 반지' 비유는 이를 잘 보여 준다. 투명인간이 될 수 있는 절대적 권력을 손에 넣은 사람은 과연 끝까지 정의로울 수 있을까? 플라톤은 이 비유를 통해 묻는다. 처벌의 두려움 없이도 정의로울 수 있는가? 그리고 답한다. 진정한 자유는 '하고 싶은 대로 하는 힘'이 아니라 '하지 말아야 할 것을 하지 않을 수 있는 힘'이라고. 플라톤에게 자유란 공동체 안에서 조화롭게 실현되는 것이었다.

자유가 추상적 이상을 넘어 개인의 권리로 인식되기 시작한 것은 근대에 들어서였다. 르네상스의 인간 중심주의는 개인의 주체성 발견으로 이어졌다. 더 이상 국가나 신의 질서에 종속된 존재가 아니라, 스스로 생각하고 선택할 수 있는 독립적 주체로서의 인간이 등장한 것이다. 셰익스피어의 햄릿이 "죽느냐 사느냐"를 고민하는 모습은 바로 이런 변화를 상징한다. 신이나 운명이 아닌, 개인이 자신의 삶을 선택하는 시대가 온 것이다.

개인의 존엄성에 기반한 이 새로운 자유는 종교 개혁과 맞물리며 확산되었다. 마틴 루터가 개인이 성직자 없이 신과 직접 소통할 수 있다고 주장한 것은 오랜 권위에 대한 근본적 도전이었다. 종교 개혁은 종교를 넘어 사상과 양심의 자유로 확대되었고, 계몽주의의 토대가 되었다.

흥미롭게도 이런 자유의 제도적 실현은 종교 개혁보다 300년이나 앞선 영국에서 시작되었다. 1215년 마그나카르타는 '왕도 법 아래 있다'는 원칙을 확립했다. 영국은 일찍부터 토지의 개인 소유권을 인정했고, 재산권은 곧 자기 결정권을 의미했다. 이 경제적 자유는 점차 사상과 신념의 자유로 확대되었다. 자유는 소유와 그것을 보장하는 법이라는 구체적 토대 위에서 성장했다.

이후 500년에 걸쳐 영국은 꾸준히 개인의 권리를 확대해 나갔고, 18세기 산업 혁명은 이런 자유의 결실이었다. 사유 재산권이 확립되고 경제 활동의 자유가 보장된 사회에서 다양한 계층이 새로운 기회를 찾아 나섰다. 이렇게 형성된 신흥 상공업 계층은 경제적 자유를 정치적 자유로 확대 시키는 주역이 되었다.

경제적 힘을 갖게 된 새로운 계층은 점차 정치적 권리를 요구하기 시작했다. "우리가 번 돈을 왜 우리 동의 없이 가져가는가?" 이 단순한 질문은 혁명적이었다. 수천 년 동안 왕의 권력이 신에게서 온다고 믿어 왔기 때문이다. 이 질문에 대한 답을 찾는 과정에서 국가는 신이 만든 것이 아니라 사람들 간의 '계약'으로 만들어졌다는 사상이 등장했다. 모든 인간이 태어날 때부터 자유롭고 평등하다는 전제가 깔려 있었다. 이것이 바로 자유주의의 시작이었다.

자유주의는 개인의 권리를 최우선으로 하고, 국가 권력을 제한하며, 서로 다른 생각을 인정하는 새로운 삶의 방식이었다. 이런 사상이 퍼져 나가면서 절대 왕정은 무너지고 민주주의가 탄생했다. 자유는 추상적 이념에서 구체적 삶의 방식으로 자리 잡아갔다.

그러나 21세기를 사는 우리는 다시 루소의 말을 떠올리게 된다. 쇠사슬은 이제 왕이나 교회가 아닌 새로운 모습으로 나타난다. 알고리즘이 추천하는 콘텐츠 안에 갇혀 사는 디지털 동굴, '좋아요'에 종속된 관계, 성공이라는 획일화된 기준, 그리고 가장 깊은 곳에는 자기 검열이라는 내면의 감옥이 있다. 남들과 다르면 안 된다는 두려움, 실패하면 안 된다는 강박. 우리는 스스로 만든 쇠사슬에 가장 단단히 묶여 있는지도 모른다.

하지만 역설적이게도, 이런 새로운 부자유를 인식하는 순간 우리는 다시 자유로워질 가능성을 얻는다. 플라톤이 말했듯이, 동굴의 존재를 아는 것이 동굴을 벗어나는 첫걸음이다. 철학은 당연한 것을 낯설게 보게 하고, 익숙한 것에 물음표를 던지게 하는 사유의 도구다.

자유는 거창한 혁명에서 시작되지 않는다. 그것은 작고 조용한 일상의 선택에서 시작된다. 남의 시선을 의식하지 않고 나답게 행동하기, 다수와 다르더라도 내 생각을 표현하기, 나와 다른 삶의 방식을 인정하기와 같은 작은 실천들이 모여 진정한 자유를 만든다.

자유는 혼자만의 것이 될 수 없다. 내가 자유롭기 위해서는 타인도 자유로워야 한다. 그래서 자유는 경쟁이 아니라 연대를 필요로 한다.

서로의 다름을 인정하고, 각자의 속도를 존중하며, 함께 더 나은 세상을 만들어 가는 것. 그것이 플라톤이 말한 조화로운 자유, 루소가 꿈꾼 계약에 기반한 자유, 그리고 우리가 추구해야 할 공존의 자유다.

우리는 여전히 자유를 향해 걷는 중이다. 플라톤에서 시작해 루소를 거쳐 오늘의 우리에게 이르기까지, 그 긴 여정은 아직 끝나지 않았다. 기술이 발전할수록, 세상이 연결될수록, 우리는 더 정교한 쇠사슬과 마주하게 될 것이다. 하지만 인간이 질문하기를 멈추지 않는 한, 우리는 계속 앞으로 나아갈 것이다.

자유는 주어지는 선물이 아니라 지켜야 할 책임이고, 혼자만의 권리가 아니라 함께 만들어 가야 할 의무다. 과거의 철학자들이 그랬듯이, 우리도 다음 세대를 위해 조금 더 자유로운 세상을 만들어 갈 책임이 있다. 오늘보다 내일이, 나보다 우리가 더 자유로운 세상. 그 꿈을 향해 우리는 계속 걸어간다.

말이
세상을
바꾼다

초판 1쇄 발행 · 2025년 10월 25일
초판 5쇄 발행 · 2025년 11월 25일

지 은 이 · 이필형
펴 낸 이 · 황정필
펴 낸 곳 · 실크로드

책임편집 · 윤영란
디 자 인 · 이기남
마 케 팅 · 황정필
관리·제작 · 김신기, 정지수

주   소 · 경기도 파주시 문발로 214-12, 3층
전   화 · 031-955-6333~4
팩   스 · 031-955-6335
등록번호 · 제2014-000131호
이 메 일 · silkroad6333@hanmail.net

ISBN 978-89-94893-57-0(03800)
책값은 책표지 뒤에 있습니다.

이 책은 실크로드가 저작권자와의 계약에 따라
발행한 것이므로 저작권법에 따라 무단 전재와 복제를 금합니다.
이 책에 사용된 이미지의 저작권은 모두 저자에게 있으며 필요한 경우 직접 제공받은 것으로,
저작권자의 허락이 없는 무단 사용을 금합니다.
이 도서의 국립중앙도서관 출판예정도서목록(CIP)은 서지정보유통지원시스템
홈페이지(http://seoji.nl.go.kr)와 국가자료종합목록 구축시스템(http://kolis-net.nl.go.kr)에서
이용하실 수 있습니다.